# 奔跑吧，董秘

## 上市公司董秘的成长之路

唐宋_元明清 著

中国法制出版社
CHINA LEGAL PUBLISHING HOUSE

# 序

　　即将分享的是本人多年来董秘职业历程的个人体会，也是对自己多年来在公司上市、证券事务管理及资本运作等工作中一些心得的归纳。借此整理出来，希望分享给更多的人，也希望给立志跨入董秘行业的朋友（特别是择业中的大学生）或者已经进入上市公司圈子的朋友提供一些建议。不存在好为人师和说教之意，请读者斟酌阅读。

　　文中多数内容为本人多年工作的见闻和心得，因此本书不会是大量使用行业规范性语言来描述的风格，案例分析也不会像专业剖析的文案一样，用法律或财务专业手段，或丝丝入扣的统计分析方法。同时，本书也不是考古寻根，所以也不会标注一些观点和资料引用的出处。

　　股市和资本市场的这些事，你可能早已耳熟能详。当你走进书店，摆放在入口显眼展位上的永远都是"短线高手""股市技术分析速成""股神秘籍"之类的二级市场操作速成秘籍。与资本市场相关的专业书籍，如投资银行类、企业管理类、证券投资类、金融管理类和证券法律类等单一专业方向的学术类资料也比较多。而以企业资本运作、发行上市相关的直接操作者——"董秘"本身为视角的相关书籍较少。

　　董秘作为企业与资本市场衔接最紧密的角色，其职业现状、职业要求和如何成长等问题，一直没有被系统地整理，更多的是见诸短期的培训、研修课程，这里面多少带有些急功近利，借鉴意义不大。形成这一现状的主要原因是"言者不干事、干事者笑而不语"，那些培训班的教授们有点成功学讲师的味道，有系统理论，但谁也没直接参与过实践。还有一个重要原因就是，在实际工作中，董秘岗位实际职责范畴比法律、法规和公司章程所赋予的职责宽泛得多，正所谓冰山一角，大量的冰体在水面之下，而人们眼中只有冰山那一角，对董秘职业的理解就是和助理、秘书差不多。

总之，董秘为完成法规和公司章程所赋予的职责，必须有大量的在书面职责之外的"功课"要做，很多事情不能明确界定是否是董秘该做、要做的范畴。正因为人们对董秘的认识仅停留在法定职责层面上，才会导致这种"为人知又不为人知"的现象。

2021年11月15日，北京证券交易所正式开市后，我国内地目前有上海、深圳和北京三地证券交易所，截至2021年8月末，A股上市公司逾4400家。从最初沪市的"老八股"和深市的"老六股"起，2000年上市企业数量便突破了1000家，尽管在此期间IPO（首次公开募股）进程受政策和环境的影响，节奏时急时徐，但总体呈现加速的态势，第一个1000家和第二个1000家都用了10年时间，第三个1000家用了6年，第四个1000家只用了不到4年。目前我国上市公司的数量在全世界范围内排名第三，可见其规模和发展之迅速。仅2021年，全年IPO数量共计491家，创下历年新股发行数量之最，加上香港交易所中国公司的数量，已经超过美国上市公司数量。除极少数董秘临时缺位，由其他高管代行董秘职责外，最少有6000位董秘在职。科创板、北交所相继开市和壮大，加上"新三板"万余家挂牌公司，加上如雨后春笋般涌现的筹备拟上市申报企业，董秘岗位的需求急速放大。

随着资本市场的发展和多层次资本市场的建立，作为企业资本运作推手的神秘职业，董秘这一特殊岗位也成为职场追逐的新热点。本人用心撰写此书，希望能够与有志于向这一职业方向发展的朋友一起分享心得。当然书中内容并非就董秘言事，还包括一些政策时评、IPO 具体工作历程、个人成长心得、职业规划和职业风险防范等内容。一家之言，不要执着，选择性去看。

# 董秘到底是干什么的？

董秘，即董事会秘书，是上市公司或准上市公司中一个特殊的职位，是一个要求颇高、职责重大、富有挑战性的岗位，可谓责任与风险并存。

董秘的职责，在诸如《公司法》、沪深交易所《股票上市规则》等文件中有详细的规定，在上市公司的章程中也会针对董秘进行专门的规定，上市公司甚至要对董秘的职责范围、开展工作流程等内容单独出台一项专门的制度——《董事会秘书工作细则》，可见其岗位的重要性。

如果将复杂问题简单化，那么董秘的职责大致可以概括为三类，即信息披露类职责、股权事务类职责、内部参谋监督类职责。

管中窥豹，从公开披露的规范要求中，大家很容易对上市公司董秘的职责有个大致了解，那些光鲜亮丽的工作表象也为经过资本市场洗礼30余年的中国大众所熟知，比如主持公司的各项资本运作方案并执行，股东会、董事会和监事会的运作，各项再融资事项，与监管机构、交易所和投资者进行沟通，负责公司收购、出售、合并、分立等，维护公司资本市场形象和市值管理等。

从这些职责可以看出，上市公司董秘的任务十分繁杂，既要和各种"事"打交道，又要和各类"人"打交道，还要兼顾公司内外，能务虚到战略层面，也能务实到案头文案的每一个标点符号的修改。这是已经上市后公司董秘的工作内容和要求，那些处在筹备期或者尚未成为公众公司的拟上市公司，他们的董秘又能做什么？

拟上市公司对董秘的要求与上市公司不一样，因为未上市的公司董秘没有法定信息披露义务，如果将此类公司董秘的工作范围限定在法规、规范要求范围内，局限于"三会"（股东大会、董事会、监事会）的相关工作，这样的董秘工作一定会非常失败。

一位优秀的拟上市公司董秘需要对以下几个事项发挥重要影响：

第一，为股份有限公司改制开个好头。

股份有限公司设立的关注要点是时点、方法、瑕疵消除等。随着国家对公司治理的方式方法越来越科学合理，相较于以前，设立股份有限公司的政策性限制条件较少，市场化程度较高，工商行政管理部门对设立程序、程序性文件的规范也较详细。正因为有较高的选择自由度，反倒对董秘的专业水平有更高的挑战。

首先，不要犯与摆在纸上的条条框框直接冲突的低级错误。《首次公开发行股票并上市管理办法》《首次公开发行股票并在创业板上市管理暂行办法》等规定中，均有上市条件的基本要求，但就有一些董秘因为没有把握好"发行人是依法设立且持续经营三年以上"等看似十分简单明了的基本规定，而让企业错失上市申报时机，此情形时有出现。这对企业而言就是伤害。

其次，股份公司改制设立后，要求业务有较高的稳定性，盈利模式相对固化。

在申请 IPO 审核时的主体必须具有股份有限公司的公司性质，那么有限责任公司改制为股份有限公司的时点就显得非常关键。因为由有限责任公司整体改制为股份有限公司的，其业绩可以连续计算，所以大多数公司都不会急于设立股份有限公司，等到确信公司业务结构已经稳定，并能有清晰的盈利模式的时候，才考虑设立股份有限公司。

再次，必须注意公司资产、股权及其对应的管理层的稳定性。

什么样的业务和战略，就需要有什么样的资产和股权结构与之相适应，千万不要觉得这些和董秘没有关系。在实务过程中，企业经营层都在业务层面上拼搏，董事会、董事长是决策机构和拍板定案的人，更多关注宏观战略层面，上述两个层级对资本运作层面的技术细节都不会刻意地去关心和把控，那么关于公司改制的实施细节就自然而然落在董秘的身上，公司战略、业务模式、资产结构等与资本运作相适应的匹配责任，就需要董秘去思考、评估和把控。

很多资产的处置、业务调整和股权调整都应该尽量在股份有限公司设立之前完成。如果资产变化、业务调整，特别是股权结构变化，必然会引起决策层、管理层的变化，这些都会影响公司上市申报的可批性。

最后，处置公司法律瑕疵，界定重要资产的权属。

在过去的资本市场中，最为流行的是什么？"包装"！什么事都可以套上"包装"一字，经营可以，企业形象可以，财务会计当然也可以。为什么要"包装"？因为企业在资产、财务等方面一定有所谓的"硬伤"，甚至各种指标不好看，必须得"粉饰"一下。

世纪之交的前后十年间，那些筹备 IPO 的公司，如果不进行财务"包装"，都感觉自己不是在为 IPO 筹备一样。中介机构如果不提出"包装"方案，反倒会被评价为中介机构水平太差，真是令人啼笑皆非！

其实在财务范畴以内，根本不存在"硬伤"，财务会计范畴内的"硬伤"，可以通过规范手段经过一定时间区间过渡而消化。涉及影响公司合法性、存续性、稳定性等对业务有重大影响的法律瑕疵，才是致命的坎，才会产生真正的硬伤。法律缺陷不解决，就根本谈不上什么设立股份有限公司和上市申报的事。很多法律瑕疵将影响公司资产的合法性，甚至影响企业的合法存续。

公司既往问题的解决，会产生一系列的决策和运筹，其中很多决策会严重影响公司的发展和未来。作为董秘，需要兼顾远近，审时度势，勇于直言，并向决策层提供周全的决策建议，这其中的周折，就是董秘的价值所在。

第二，协助规范公司的内部控制制度和会计核算体系。

在国家日益重视公司治理的今天，内部控制体系在企业中的作用越来越重要。有人可能会说，财务核算、内部控制是财务系统的事，应由财务总监负责，如果董秘插手，不是越俎代庖吗？其实并非这样，企业管理和控制是企业内部的系统工程，不是哪个部门、哪个岗位可以完成的，董秘必须介入，甚至负责公司内部控制体系的打造工程。也正因为董秘能超脱经营之外，能站在财务体系外，客观观察和评价公司的制衡和控制体系，才可能比董事长、财务总监更容易发现内部控制体系和财务体系中的问题，并提供解决方案。

第三，解决公司有关法律的瑕疵。

先看几组数字，根据中国证监会历次发审会公告的统计数据，2016年，证监会发审委审核IPO排队企业共计270家，通过247家，通过率91.48%；未通过18家；5家企业暂缓表决。2017年发审委共召开116场IPO发审会，479家发行人被安排上会，其中380家通过审核，86家未通过审核，6家暂缓表决，7家被取消审核，全年IPO审核通过率为79.33%。2017年审核数量较2016年增长77.4%；通过率下降了12.15%。值得一提的是，2017年

10 月新一届发审委履职后，IPO 审核通过率断崖式下跌，2017 年至 2018 年上半年，审核通过率呈现前高后低的特点。

管中窥豹，可见一斑，2017 年 1 月至 8 月，47 家公司被否决。通过分析这 47 家企业我们发现，企业的持续盈利能力、企业的规范运作问题成为证监会的首要关注点；另外，企业信息披露情况、经营独立性、主体资格问题、公司财务会计规范、筹集资金运用等问题也是证监会的重点关注方向。

很多企业，特别是中小民营企业，没有专门的法律事务团队来把关公司的法律事务，可能最多也就是聘请了兼职的法务专员，专员们一般大多依赖于公司外聘的法律顾问。层层折扣后，法律事务就基本属于管理盲区。

在企业经营的过程中存在一种通病：只要经营好，就可以"一美遮百丑"。这句话是什么意思呢？就是处在上升期的企业，其经营者大多有两种心态：一是迅速占领市场，把握好赚钱的时间窗口；二是只要钱好赚，一点小小的法律风险就不是什么大事，上下游都是老熟人，不会出现争议。秉承这种理念的企业，到最后落得的结果一般都是经营或者市场稍稍出现疲软，什么问题都会冒出来。小问题一多，每个问题都有可能成为压垮骆驼的那一根稻草，正所谓一场雪崩，没有一片雪花是无辜的。

因为多年市场拼杀的惯性，对一些企业管理中的"三不管"地带，管理层大多天然存在回避和侥幸的心理。作为董秘，应该保持更多的理性，以更好的执行力去尽可能地消除风险。

第四，做好公司财务、法律、投资和投权事务相关工作的协调人、联络官。

在公司处理和决策涉及财务、法务、投资、合作等事务时，大多事务不是董秘直接分管，各业务口都有专门的分管领导，作为董秘就需要有更强的协调能力，调动和协调公司资源，合理、有序地推动相关事务的进程。

在这些事务的处理过程中，董秘也可以逐渐培育和树立起内部的威信。

虽然董秘不是直接的业务经营层，而直接隶属于董事会，对董事会负责，但在内部流程中，董秘要充当董事长、总经理与各业务副总之间的统筹者、协调者。通过具体事务的介入和协同，董秘更容易加强与管理层的融合，树立起独立的威信。

很多财务、法律事务的处置，需要诸如审计机构、法律顾问，甚至保荐机构的参与介入。当然，董秘也需要充当内外机构的衔接人，消除各中介机构因利益诉求的不同带来的矛盾和冲突，以及中介机构与公司内部的意见冲突。

第五，主导和推动上市申报工作。

作为上市申报工作的具体执行者，发行上市的申报工作是拟上市公司董秘最核心、最重要的本职工作，也是董秘核心价值的体现。在人们的眼中，IPO工作的推进就是董秘工作能力、工作成效最直接的"试金石"。

总之，有序推进发行上市的申报工作，就是此阶段董秘的核心工作！这一工作阶段也是董秘价值最集中体现的阶段。

企业今天正在走的路，就是企业明天的沿革。在现今的发展和经营过程中出现的瑕疵，就是明天谋求上市和未来更大发展中的"拦路虎"。一个合格的董秘，不论是在上市前还是在上市后，其核心工作都是消除过去的瑕疵，并且防止当下企业的行为成为明天的"拦路虎"，使之经得起未来发展的检验。

也许你会说，这些事不是股东会、董事会该考虑的事吗？这个说法是对的，但在具体的企业经营决策过程中，股东会和董事会是权力机构，考虑更多的是发展和机会。如何规范和把握监管趋势和细节的事就需要董秘这个企业内部的专业人士去考虑，及时提醒并积极解决。

目 录
contents

第一章

# 董秘工作的
# 风险及防范

从开篇关于董秘工作的内容来看，董秘这一职位主要与公司战略、架构、资本和投融资事项有关，简言之就是与钱打交道，与公司高层、资本、证券、收购、兼并、融资、投资，甚至是论坛、精英等一系列字眼紧密相连，看似风光无限，但天下没有免费的午餐，自然也没有无风险的高收益和无风险的好岗位。所以，我们按下董秘职业风光表象不表，先说说这一职业的风险。这里说的"风险"不是传统意义上干见不得人的勾当带来的风险，这已经不是风险，是犯罪，此处所谓风险是指职业和岗位与生俱来的职业风险，是职务赋予的天然风险属性。

在公司上市前后，董秘职务对应的风险有着天壤之别。上市前董秘的工作一般不存在显性的职务风险，但是有些潜在风险会积累，在上市后才一并爆发。因此本章谈论的董秘风险，主要指上市公司董秘们可能面临的职业风险。

## 就企业内部而言，风险主要来自职场

"明知不可为，企业却为之"，在这种情况下，董秘看到的是"不可为"，但决策者和操作者却往往认为，董秘所坚持的观点是小题大做、不可理喻。这种情形下让董秘最痛苦的是劝不了也得劝，因为绝对不能放任企业去做破坏性试验，不能让企业面临这么干的后果，有些后果的严重性是企业无法承受的。

作为董秘，只能是坚持主张，针锋相对。如果情商够高，可以通过迂回周旋来化解，但不是每件事都有中间路线可供选择，有些事情的处理方案就是非此即彼。久而久之，董秘就成了一个"刺头"，长期有一个"刺头"在身边，总有一天会有人受不了，让董秘卷铺盖走人只是老板一句话的事。

从职务风险角度来看，一些中小民营企业，特别是其中的家族企业的法律风险较高。随着国家相继推出企业板、科创板和2021年国家在"新三板"基础上衍生出的北交所（北京交易所），在丰富了我国多层次资本市场的同时，积极推进注册制，也不可避免地扩大了公司治理风险，一些公司的董秘确实是"高危人群"。企业上市本身不能一蹴而就地改变公司内部治理，也不能直接帮助公司建立起完善的现代企业制度，只是给企业提供了一个可以更快实现战略的平台。完善的内部治理需要公司不断结合业务特性、管理现状进行主动探索，在上市后公司尚未能平稳过渡到完善治理体系的阶段，内部众多不能自控的风险防不胜防，而这些可能都要由董秘来面对与承担。

一些国企中的董秘也有难言之隐，公司的大股东甚至国资委直接就替上市公司筹划重大事项，不要说董秘，就连总经理对一些重大事项都是一头雾水，这种"婆婆"直接替上市公司作出决策甚至代为操作的行为，会无限放大上市公司董秘的个人风险。

还有，企业董事、监事和高级管理人员（以下简称董监高）偶尔会出现类似于买卖公司股票等个人为主体的违规行为，这种事情一查一个准，但违规当事人面对询问时，第一句话就是"这些禁止性规定，董秘从来没跟我们说过"。学习并遵照证监会、交易所的规定、指引或者其他法律法规，本就是企业董监高天然的义务与职责，与董秘何干！更何况他们这种本能的"损人不利己"的搪塞之词肯定不是实情，董秘一定在很多场合"一而再，再而三"地对其进行了有关董监高行为规则的强调和培训。不管委曲如何，董秘极易遭受无妄之灾。

在个别企业中，甚至上市公司员工也不理解董秘的工作意义，"我在生产一线，为公司创造的价值是实实在在的，但董秘为公司做了什么？不就是发个公告吗"？类似言论现在基本绝迹，但这种固有念头还是存在的。长期持续下去，三人成虎，董秘连同管辖部门的威信将会下降。

## 就企业外部而言，风险主要来自各方监管压力

一般而言，如果上市公司受到交易所或监管机构的通报、公开批评、谴责或其他更严厉的处罚，一般情况下公司董事长和董秘都将是第一顺位被处罚之人，不论处罚事项是来自信息披露本身，还是业务环节的违规，董秘都会受到牵连。

在证监会、交易所定期举办的上市公司培训所PPT教材中，有对上市公司违规事实的相关归纳材料，相关媒体和财经频道也曾做过汇总统计，煞有介事地总结出"董秘违规的八大罪"，主要集中在以下几个方面：

1. 控股股东违规占用上市公司资金；

2. 关联交易违规；

3. 违规对外担保及拆借资金；

4. 违规买卖上市公司股票；

5. 募集资金使用违规；

6. 股权变动违规；

7. 选择性信息披露违规；

8. 董监高违反承诺、未勤勉尽责。

看完这些"罪项"笔者只想说，董秘有权力、有能力做出这些事情吗？有上述违规事项的公司，其内部控制体系一定存在较多瑕疵，甚至根本没有有效的内控，估计出现这些事的时候，其董事、监事、总经理等人员都不知情，更不要说处于权力外围的董秘了。

监管机构一方面促成董秘话语权的不断提高，另一方面又加大了董秘的监管责任。但有些责任是董秘不可承受之重，比如以下几个方面：

### ● 要求董秘促成内部控制制度建立和完善

大多数国企的内部控制有其传统方式，虽然有时其内控表现形式与内控指引的要求并不一样，但相对来说基本符合内控基本规范的五要素。有些从小就"野蛮生长"的中小企业，特别是一些民营企业，其内部控制与内控基本规范的要求实在相差很远，尽管这些企业最终也完成了上市这一步的跨越。

在 2008 年国际金融危机发生之后，国家开始重视上市公司内部控制体系建设，很多时候监管机构的要求都是"在 ×× 定期报告前，按照 ×× 规范，形成完善的企业内部控制体系，并予以公告"。这个时候董秘就有麻烦了，面对内部"死猪不怕开水烫"的状态（很多公司的管理层从骨子里认为这些规定都是面子功夫），只有自己干着急。完善的内部控制体系不是一朝一夕建成的，监管机构又要求上市公司在规定的时间段提交一个结果，董秘只好做个形式性文件，先公告交差再说。

正因为许多企业实际上根本无内控、无制衡，审批"一支笔"、会议"一言堂"的情况居多，让董秘牵头制定并公告关于内部控制体系的形式性文件，谁知道哪天企业"出事"了，这些文件会不会成为董秘的"罪状"呢？

### ● 要求董秘对各种规则的执行尺度进行把握

举个例子。在现实工作中，有很多国企的董秘会存在类似的困惑：国资委要求采购集中，证监会要求采购分散（以减小对单一供应商的依赖），上市公司到底该听谁的？此时，把握这个尺度的重担就落在了董秘的身上。但董秘有权限和能力去把控这种尺度吗？

类似问题使董秘不得不纠结，很多规模较大或者历史较长的企业，其内部关系也盘根错节。这种企业里的员工，特别是高层管理者的情商往往特别高，每每出现问题时，各方都会冒出来让董秘拿主意。这种"权力"

也没有人明确赋予，但会给董秘形成事实上的责任。

### ● 要求董秘必须无条件地把握企业发展的最新情况

很多时候，董秘根本不可能有充分的渠道对企业最新情况及有关信息一一把握。面对监管机构、政府机关、投资者和其他利益相关者的责问时，董秘出于本能总是会说，相关情况正在核实，有结果立即向您汇报或者予以公告。

但面对形形色色的交流主体，你根本不知道是不是有人别有用心，一不小心就会掉进坑里。

### ● 要求董秘比其他董监高更多地向监管机构作报告

从劳动关系和雇佣关系来看，董秘不过是拿公司薪酬的职员，又不是独立的第三方，董秘没义务向监管部门汇报。

董秘是公司的一员，维护公司的利益是其作为员工之根本。但有时维护公司利益，则可能与监管要求相悖，从而使董秘处于尴尬境地。

董秘这一职位属于高危职业，但也不必过分地夸大风险，其实身在职场、商场甚至情场，人人都有风险。只要有意识地加以控制，风险也可以最大限度地得到平衡。要规避所有风险是不可能的，但也可以在所处的现实条件下，尽可能地平衡所有相关者的利益，最大限度地保护自己。

## 第二节 ▎ 董秘面临的具体风险类型

### "照本宣科类"风险

何谓"照本宣科类"风险？就是你直接按照《公司法》《证券法》、证监会规章和交易所规则等基本要求办事，就能将这些风险挡在身后。其实这类风险不用刻意去规避，你只要做好董秘分内之事就没问题了。

在证监局对上市公司的巡检中，除少量大是大非的问题外，最多的是什么？我们一起来看一下：

（1）公司章程修订不及时，特别是业务范围、利润分配、董事会专门委员会的工作细则等内容长期不与时俱进；

（2）在具体经营过程中，股东大会对董事会以及董事会对总经理分别的实际授权额度与公司章程规定不符；

（3）公司章程与章程附件内容相悖（说起来有意思，甚至有些企业竟然连哪些文件是公司章程必备附件都还没搞清楚）；

（4）与公司治理相关的，如内部控制体系的形式要件不健全；

（5）经营过程留下的经营痕迹与公司既定的内控流程不符；

（6）"三会"运作资料缺失，主要表现在"三会"记录的董事签名与公告人数不符，还有就是各专门委员会的工作痕迹缺失。

笔者无监管机构工作经历，但"没吃过猪肉，总见过猪跑"。上面这些瑕疵都是一些"小节"，但监管范畴内的事情都是说小就小、说大就大。一旦上纲上线，上述问题就不是小事了。此处要强调的是，董秘的职业风险就在于此，如果这些问题久拖不改，那么必然"积劳成疾"。

至于防范方法，其实在举出这类例子的同时，就已经说明了方法，细节决定成败，是不变的真理。形式性文件可以改，但更重要的是董秘要逐步让企业及管理层明白：公司章程、规则、细则和内控体系、流程等，不是花瓶，不能只作摆设，它们其实是平衡企业发展效率和风险控制的最佳防御武器。

法人治理结构层面和内控执行层面的制度和流程等文件，需要根据企业的实际情况进行及时修正，以便让企业的管理、决策流程既高效又严谨。公司在发展过程中，除了董秘，没人会刻意关注这类"形而上"的东西，时间久了，就渐渐跑出规则之外了。

董秘在日常经营过程中的最大职责就是站在经营之外看经营，视角要比其他人更高屋建瓴，把握好各项与公司治理相关规则的可用性，兼顾发展与效率，才能减少影响发展的束缚。

毫不讳言，上述问题，很多企业从骨子里就不认为是什么重要的事情，大部分问题企业自己也能意识到自身存在这些问题，就是懒得去折腾而已。一改就要开董事会、股东会，太折腾！还不如花点精力去"折腾"经营。因此，很多企业的董秘要想让企业发自内心、不遗余力地去研究和修订这些纲领性文件，并不一定能做得到，长此以往，董秘也跟着得过且过了。

处在经营上升期、稳定期的企业，如果在巡检中被查出前文列举的这类问题，在正常经营过程中，一般不会给公司带来什么实质性的风险，只是对董秘个人职业口碑有些影响而已。

可以试想一个场景：如有本节中所列举问题的企业，巡检后不久，应该就会收到"整改通知书"之类的监管文件，自然，这时董事长、总经理和其他管理团队成员会就此组织专门会议（证监局一般都会这么要求），当他们人手一份监管机构发来的《提示整改函》时，董事会、管理层会怎么想？会怎么看待董秘？从大家看董秘的眼神就一目了然：董秘的水平太差了，这些地方都会出问题！

## "可暂时忘却"类风险

在我们老家有一句俗语，"条条蛇都咬人"。对应人生经历来说，人的一生其实就是风险与机遇的结合体，不论如何选择，每一条路的两边都分别伴随着"风险"与"机遇"，不必过于患得患失。

其实生活中有些风险是可控的，那这类风险就是人生的"益生菌"，伴随并促进你成长，董秘职业过程中的风险也同样如此。

"可暂时忘却"类风险就是这类风险。对于这类风险，并不是让你无知无畏，而是让你知道它的存在，但不一定需要立即强行去消灭它。这类风险有足够的时间、空间来处置，甚至会随着时间的推移，在发展中得到消除。当然它不会无故消失，这需要董秘倾注其智慧，同时也是董秘对公司风险有一定担当的体现，处理得好就会成为董秘提升话语权的机会；处理不当就会显得小题大做，费心费力，甚至将"小事化大"。

这类风险一般都是公司中某些无知无畏的人做出的不恰当之事引发的，但它不会立即爆发，一般会在某个报告末期才显现出来。也就是说，只有到某个报告末期才会对公司造成负面影响。

处理这种事情的一般流程就是：尽早发现—有限度地发飙—反向安抚—拿出解决方案—形式上的忘却—持续跟踪—消除风险。下面来详细逐一剖析。

### ● 知情渠道、知情渠道、知情渠道，重要的事情说三遍

重大信息的内部知情渠道是必须要建立的，没有一个特定、持续性的知情渠道，董秘就成了无知无畏的人。这种知情权保证的渠道是因公司而异的，没有最好的信息收集保证体制，只有最适用的信息收集保证机制。

有了机制保证，董秘才能及早地发现可能导致公司产生风险的人与事。

风险不可怕，看不见的风险才可怕。

证监会、交易所也要求所有上市公司制定"重大信息内部通报制度"，还要求将该制度予以公告。这一要求的本意是试图通过监管的力量来督促上市公司建立制度，保证董秘有重大信息知情权。但从另一角度来看，其实这也间接让董秘戴上了风险的"镣铐"。为什么这么说呢？责任越大，风险越大。具体原因如下：

一是企业有些类似商业秘密的资料就不应该、不愿意或者不能够如期披露，如果董秘已经获悉，应披露而不能及时披露，此时整体风险就完全转嫁到董秘这一个角色上来了。

二是大部分企业正执行的"重大信息内部通报制度"形同虚设，没有配套的操作细则，按照这个制度不可能获得重大信息。原因是大多数公司的内部信息收集机制，是按证监会、交易所颁布的"披露规则"、章程、"三会"规则的标准照搬过来的，但在实际操作中，没有哪家公司的业务部门会去主动在意这个规则，或者即使拿到规则也没有精力去对照参考，可用性较差。

因此，对董秘来说，就出现了两个问题。一是如何真实、准确、及时获得重大信息，防止出现你应该知道而实际不能及时知道的情况；二是要对信息获取的范围和程度进行考量，获取方法可以根据公司特点进行有针对性的改良。超范围获取信息，对公司、董秘来说都是伤害。

● **抓住最容易出现信息遗漏的关键环节**

重大信息遗漏一般集中在两个环节。一是容易出现在第一线业务环节，业务战线与董秘间的信息链较长，业务需要反应迅速和果断，容易出现重大业务事件传递到董秘手中时已经错过了披露时点的问题；二是容易出现在沟通盲区，原因是有些业务分管领导与董秘关系比较疏远，工作之间缺乏应有的沟通，很难及时掌握其领域内的重大事件。

知道容易疏漏的问题，只要指向明确就比较好跟踪。如果发现这类错误出现，该怎么处理？肯定是及时制止，但此时最好不要由董秘直接去制止，否则会激发矛盾，不利于事情的解决，最好是先引导其他环节的人去点拨，然后董秘再出面。只要有理有据，把问题危害性分析清楚，同时配上"有限度地发飙"，让对方真心觉得理亏，问题自然就好解决了。

### ● 有时间和空间去化解的风险就不是风险

相信能做到董秘一职，对职场规则应已烂熟于胸，要想营造自己的良好职业氛围，就必须让那些对你不以为然的力量反过来感谢你。当那些风险制造者真正感到害怕的时候，你就要进行安抚，本着稳定团队的原则，拿出可行的解决办法，让他们对你心服口服。

一般来说，只要有足够的时间和空间，再复杂的事情，其风险程度都会降低。一些纰漏，只要赶在定期报告、季度报告等截止时点前处置好就不是风险了。

### ● 结果可预期，过程不留痕

这类风险的处置过程在你的履职痕迹中一定不要有任何形式的体现，这种"形式上的忘却"就是这类风险处置办法的核心。处置这类风险事项的过程，一定不能体现在流程上，不能有痕迹。

### ● 过程跟踪，定点消除

"形式上的忘却"不等于放任自流，要确保这些风险在时间限期内得到妥善的处理。只要"肇事者"已经完全配合解决问题，并真正认识到危险，剩下的事情就是派专人进行跟踪，防止事情突变或者节外生枝，以确保风险事项在规定的时点前得以消除。

处置风险等级不高的事项，对道家精髓"无为"的度的把握非常重要，要做到不但防范风险，还能树立权威。风险能够毁灭你，也能成就你，就看你用什么样的态度和方法来应对。

## "利己不损人"类风险

这类风险与上一类风险类似，均不是立即爆发的风险，但在处置方法上与上一类风险不同，不能采取"形式上的忘却"，处置过程一定要在履职痕迹中反映得清清楚楚，公司的决策程序也得体现得足够完整。

为什么定义这类风险为"利己不损人"类风险？从形式上看，为处置这类风险，董秘会让很多人补充履行程序、补充资料，完善董秘的履职过程、公司的决策流程。这些过程不会危害其他人的利益，但能使连同董秘岗位在内的所有职位都有履职过程显示，也能通过这些处置风险的后补措施，发现公司管理漏洞或内控失效的风险环节。

这类风险还是通过举例说得比较清楚。比如，在"三会"、经营层会议的召开和关联交易事项等方面，这类风险就会体现得比较集中。

### ● 坚持原则，做好善后工作

前几年有句董秘抱怨的话在网上转载率颇高："明明没有开会审议，董事长却非要你说开过了，你说我该怎么办？不听话就被刁难，违规就要被交易所谴责。"其实这没什么好抱怨的，得分清楚这句话是什么背景。

第一种情况是，该公司董事长（一般为实际控制人）一直擅长"一言堂"，董事会形同虚设，在经营层面更是粗暴独裁，那么不要抱怨，赶快抽身走人，因为这样的公司早晚会出事，而董秘是无能为力的。

第二种情况是，如果会议前已经通过一定的形式和有效的方式进行了科学、民主的决策，只是没有通过法定的流程，那么董秘大可不必对会议的表现形式过于执着，不一定非得正襟危坐才叫开会，特别是经营层面的决策更是如此。

公司是个利润中心，有时受限于时间的紧迫性、现实条件等原因，决策程序的公平、科学性不都体现在一成不变的会议形式上。再说公司董事会成员不都是内部员工，甚至分散在全国各地，如果已经有明确决策结果的事情，非得以正式会议的形式予以固化，是不是过于僵化？至于与决策配套的工作底稿，本来就是董秘应去完善的。

当然，对上面思想的理解不要走极端，不能认为董秘可以毫无原则。没有履行科学、民主的决策程序，形成合法表决结果时，如果连会议的外在形式都不规范，这种情况是绝不能含糊的，是值得以牺牲"饭碗"为代价去抗争的。

总之，此类问题"话分三头、各表一枝"：有科学、民主的决策机制，很多形式要件，董秘必须无条件做好善后工作；没有科学决策，连形式要件都不规范，这种公司不值得服务；只有完备的形式，却没有事实上的公司治理，这种形式也没什么用。

### ● 控制关联交易总量，关注程序和公允性

再比如关联交易，有些人一说到关联交易就有点草木皆兵的感觉，本能地抗拒。其实关联交易是一个中性词，它也是市场交易的一部分，不能一味地反对。但涉及关联交易事项的决策基础、决策程序一定要完备，就连决策的表现形式（如专门委员会事前审核、关联人回避、独董意见等）一个都不能省，正面、反面意见都一定要通过法定程序体现出来。

对于关联交易的决策过程，董秘必须较真一点，决策依据不能缺、决策过程不能免、决策形式不能少，这种较真儿不但利己不损人，反而利人、利己、利公司。

其实在企业经营过程中，存在很多"利己不损人"类风险，总结起来主要集中在对企业影响较大、股东和监管机构均重点关注的事项中，这类

事项的风险点主要在于"阴阳决策"，公司很多重大决策都有"阴面"和"阳面"两部分，"阴面"决策是最好不见人的，这部分决策是最实质和关键的，"阳面"决策是最后体现出来的。

针对这类事项，董秘参与决策并协调组织披露的过程才是专业修养的体现。其处置的方法就是，风险虽然隐藏其间，但要让很多事情变得阳光。因此，要力争让公司和个人决策、履职过程程序化、形式化，让前述的"阴面"决策内容合理掺杂在"阳面"决策中，显得和谐、合理。

本书中所说的风险其实不完全是针对董秘个人岗位进行描述的，很多风险其实就是公司面临的风险，董秘要完全防范个人风险是基本不可能的，覆巢之下无完卵，尽力当好企业的"守门员"（对上市公司来说，守门员这个比喻是准确的，很多时候董秘就是风险防范的最后一道关口，董秘一旦不再防守，公司就暴露在公众视野里了），卡住最后一道关口，用"利己不损人"的方法去处理，可以大大减少公司与个人的风险。如果企业不让董秘充当"守门员"的角色，那么董秘就该反省自己是不是有点不得人心，该企业是否值得效力了。

> ● 小贴士 ●
>
> "利己不损人"类风险较容易防范，董秘在履职过程中，注意细节管理，增强风险意识，对监管机构的规范和指引文件不打折扣地执行，风险就能很好地规避。

## "和稀泥"类风险

"和稀泥"不是指在处理风险时稀里糊涂，而是指遇到风险较大的事项，意见无法统一时，需要寻求中间路线或者有人斡旋。

这类风险，其风险指数非常高，但在对待风险事项的观点和采取措施方面，董秘必须据理力争，因为这类事项的处置存在对立面，导致处置措施无法得到推进，甚至连观点都无法统一。为防止风险扩大或扯皮造成耽搁，只有"曲线救国"，寻求第三方力量加入其间进行协商和斡旋，才能推动事情向自己期望的方向发展。

● **来点"开胃小菜"，先让大家了解一下此类风险事项**

还是举两个案例进行解析。

1. 公司对外担保事项违规问题。

公司在对外担保事项上出现违规行为的主要形式有以下两个类别：

一是对外担保额度超限，超过企业可承受的范围；

二是对外担保不及时披露或者根本不披露。

如果所在公司存在上述情况，特别是第二种情况，董秘的个人风险就会很大，那么应该怎么处置呢？如果对外担保事项已经成为事实，且董秘为此与公司出现分歧时，可选择的方式有三种：

（1）强行披露（后果可能是内部乱成一锅粥。正常情况下，这条路也基本不可能实现，因为董秘无权擅自披露公司信息）。

（2）隐瞒不报（后果可能是先得到一番内部表扬，然后大家均得到监管机构或者交易所的处罚，最后大家都不高兴，其实质是害人害己）。

（3）决策者同意在一个可接受的期限内配合消除风险，配合前述"可暂时忘却"类风险的处置方式。

此三种方式均比较粗暴，其实还有第四种处置方式可选，即引入董事会的力量进行博弈，而不是自己一个人去与决策人据理力争，董事会介入后肯定会选择及时披露，因此可能会被交易所出具的"关注函"警示，但不会引发更严重的后果。用一个可承担的后果去化解可能无限放大的风险，性价比是很高的。因此借力是董秘必备技能。

如果最不愿意看到的后果出现，即该对外担保由风险变成现实债务，那么此时谁来承担这个责任？后续的行政处罚和股东维权的民事诉讼一旦成为现实，肯定是董监高全军覆没。相信以董事会对该类事项的风险识别能力，是能够站在更高的角度来看待，并采取更明智的措施来应对的。

"和稀泥"类风险的处置核心，就是用集体表决来对抗个人集权，这样有助于提升公司的治理能力，减少非经营性的风险。

2. 募集资金使用问题。

募集资金可能出现的风险是公司不按承诺方向、额度去投资。如果因为计划投资项目出现重大市场风险，当然不能再按几个月甚至是几年前的编制募集资金使用计划去实施。市场情况有变化，投资计划也相应变更，这是正常的经营行为，那么董秘要做的事情就是说服公司、董事会按照相关规定，履行相关程序进行募集资金用途变更，并如实公告。

如果有人对募集资金有非正常的想法，那情况就不一样了，一定要及时引入"和稀泥"的一方——保荐机构，保荐机构的引入一定会改变事情的走向。按照保荐机构的保荐责任，保荐机构一定会全力阻止公司（主要是个别人）的不当行为，并且在未造成重大危害前，保荐机构也不可能将此事项对外透露，不会因此带来不可预知的风险。

如果出现更严重的募集资金使用违规的行为，可引入的"和稀泥"力量就可能是审计机构了，他们会定期对该专户资金进行专项审计。如果出现问题，审计机构也会从专业的角度提供整改方案，以扭转违规行为，防止情况进一步恶化，维护好公司再融资的渠道。

● **此风险来临时，董秘该有的思维导图**

不管企业遇到多大的风险，董秘的第一反应都不应是恐惧和推脱，不然在哪里都做不长久。

董秘应该第一时间冷静下来，并迅速分析事情的来龙去脉，推演出事态可能的走向，明确判断出该事件可能会给公司带来的风险，在对可能出现的多种风险进行分级的基础上，分别设计对应的措施。

至此，才是董秘该思考公司相关人员和自己可能面临的个人风险问题的时点。只有到此时，思考个人风险问题才有意义，如果乱了顺序，情况只会越来越糟。

## ● 谁是可以引入的"和稀泥"的力量？

风险事项一般不会走到最极端的结果上来，问题都是有解决办法的，不存在自己与公司有不可调和的矛盾和对立的情况，因此寻找中间力量来"和稀泥"是处理该类事件的较好手段。

对应不同类型的事件，"和稀泥"的第三方力量也是不同的，可以是内部力量，如高管其他成员、董事长、董事会、监事会；也可以是外部力量，如审计机构、法律顾问、保荐机构、交易所的监管员、交易所管理部，甚至证监会。

## ● 火候把握不好，容易弄巧成拙，引火烧身

对待该类风险较高的事项，引入内外力量来博弈，目的是促使事项按照自己设定的走向去发展，并使风险得到释放。将内部力量引入博弈比较好办，这就相当于多了一个支持你观点并帮助你说话的人，用少数服从多数的方法，争取事情向自己设定的风险防范方向去发展。

这比较容易理解和把握，且引入第三方内部力量的风险也较小，但引入董事会及外部力量来帮助阻止风险，从而达到消除风险目的的方式，本身就蕴含着风险。如果处置不当，那么事情就有可能越来越乱，越来越不可控，导致其他不可预知的新风险产生。特别是监管机构和交易所的引入，更是要慎重，引进来是退不回去的。因此，当引入监管机构的力量来"和稀泥"时，只可能是以下两种情形：

一是结果确信可以预知，更多通过此事达到规范公司不合理的却是惯

性的、自身已不可能主动纠偏的行为之目的，适度引入监管做"破坏性实验"，以达到惩戒和警示之目的。

二是对风险事项能够分解，其中只有监管力量才能处理的环节，才能引入监管力量来进行"和稀泥"。如果针对事件的全局去导入监管力量，就是赤裸裸的举报，破坏公司的安定团结，不主张这种小事化大和自曝家丑的非理性行为。

在一些大型企业集团或者上市已经有些年头，且经营本身也较为稳定的企业中，普遍可能会存在一种氛围，即对待资本市场对应的监管机构及相关法律、法规的敬畏心理已经消减。这本就是正常的规律，好的监管和法律、法规也应该如此，大象无形。只有在初级、非正常的市场经济中，法律和国家机器才需无处不在，成为经济生活中的主角。在正常的经营秩序中，法律法规是无影无形的，也是无为的，就像不存在一样。市场和企业酝酿和积累出了风险苗头，国家机器和监管机制才会适时启动。虽然法律、法规和监管机制还达不到如此境界，一般情况下，原理和表现形式还是相通的。

因此，部分有良性发展基础的企业反而更容易失去对规则的敬畏和关注，这种行为如果长期存在就会积累出很多不可预见的风险。这类企业的董秘如果不能及时转换工作方法，就又退步成了"秘书"。即使能看到风险，也很难说服企业去正视和规范。此时，很有必要引入一些第三方力量来"和稀泥"，让企业重新审视经营行为，调整经营方式，以保证企业发展和经营秩序能够长治久安。

#### ● 一定要分解并逐步释放风险，从而消灭它

企业长期堆积风险，其消极影响并不总是直接体现出来，因为很多风险是可以通过疏导得到逐步释放的。

一旦出现较为严峻的风险，比如有很多监管风险其实是经营危机衍生

出的"次生灾害"，其解决的根本之道是改善经营，而不是直接针对危机本身去纠结。

将危机进行分段处置，是引入"和稀泥"类风险的处置要诀。如果直接针对危机本身去引入第三方力量，肯定是小事变大事，大事捅破天。

将危机分成几个阶段或者几个不同层面，分别导入博弈的力量，使引入的力量可以控制，并不会向第三方直接暴露企业的"家丑"，任何时候"家丑不可外扬"，更不要说找监管机构来帮忙解决危机。如果不能按危机事项进行分段管理，轻率引入第三方力量加入博弈，极有可能弄巧成拙，引火烧身。

---

● 小贴士 ●

本类风险重要的处置原则，就是在不放大风险的前提下，引入第三方博弈的力量，促使风险解决措施朝着自己预设的方向去发展。

---

## "吃不了兜着走"类风险

如果是涉及法律红线的事项，干了或者放任别人干了，最后的结果就只会是"吃不了兜着走"，《刑法》中所涉事项一定要严防死守，这类风险是董秘职业风险的最高等级风险，应早加预警。

### ● 因公司风险带来的岗位风险，需进行分类、分时段管理

面对这类风险，完全没有技巧，用技巧你就一定死在技巧上。如果是自身行为触及红线，不在本书讨论之列。对于自身因素之外的严重风险，本文也只讨论会直接给董秘岗位带来较大损害和风险的行为。这种行为主要有三类：

1. 所在公司的法人行为失当；

2.经营层擅越权限，行为触及底线；

3.实际控制人或某类特定股东损害其他股东利益的行为。

具体的行为在此不可能一一展开进行分析，那是法律专家的事情，我们讨论的重点是面对该类风险时如何应对。不论风险大小，只要不是董秘主观故意，被动降临的风险都有两个天然时间段：知悉前、知悉后。我们分别就两个时间段来描述董秘应该以何种方式来应对如此这般凶险的风险。

在分别描述前，先将一类情形排除，也即上述这些行为包含了巨大利益或者诱惑，以至于使人可以忽略掉其中的风险（面对巨大的利益诱惑，甘愿铤而走险），以身试法，那就不用讨论了，直接去请律师吧。因为这种情形不能叫风险，而是叫参与共谋策划。

不论前述的种种行为本身处在事件的哪一个阶段，只要你未知悉，你的风险就处在可控范围内。凡是职责和内部信息获取机制要求做到的程序，都已做到了忠实履责，尽力收集并查证，仍然无能为力，那只能当成未知悉。如果该尽的职责、该履行的程序都没走完，也没有任何痕迹证明做过努力，那么处罚的风险是难免的。

● **当风险已经显现时，顶不住就"闪人"是最不理智的行为**

一旦知悉事件后，你应该以何种态度进行应对呢？此时很多人由于恐惧、出于本能，就想到两个字——顶、闪。"顶"就是守在门口一定不放行，防止出现披露不实；"闪"就是判断自己的防线铁定会被突破，那就提前闪人，溜之大吉。

前面说的"闪"就是辞职，其实客观来说，企业面临重大风险时，高级管理人员离职是不符合职业道德的，风险也会成倍增加，是最不理智的行为。

1.为何此时离职不理智？因为此时离职至少有三大额外风险：

（1）上市公司高管突然离职，会引发市场对公司的猜疑，引起不必要的负面关注，让自己成为一只逆风口上的"猪"；

（2）既成的风险已经形成，不会因为离职而消失；

（3）话语权减少，被故意抹黑或者放大过错的风险会增大。

所以不能意气用事，拍案而起，然后拂袖而去。这是最笨的方法，明显是找死的行为。

2. 职业道德问题。职业道德的权衡问题，虽然放在第二条来说，但在个人思考的顺序中，是必须放在第一位考虑的事情。因为企业面临风险时，抽身不管是极不道德的行为。因此，即使离职也应是内部协商和妥协的结果，而不是一意孤行的结果。离职不能拍屁股走人，原岗位的应尽职责和沟通义务要以新身份继续进行，帮助公司渡过难关。

● **即使抵不住压力时，"闪人"也要闪得漂亮**

风险面前不轻易离职，也只是通行原则，但每个人的抗压能力和行事风格迥异，并非一定不能用离职来锁定风险。如果继续履职过程实在"压力山大"，或者风险完全超过自己的承受范围，且现实风险仍在不断扩大，就不得不通过离职来消解压力和锁定风险。

相对其他高管角色来说，出现以下情况，董秘就不能硬抗，必须考虑自身退路，以防止走到触及刑法的边缘：

1. 不但不能阻止风险事项，反而把自己逼到风险事项之中。比如，出于某种原因，该风险极高的"独裁事项"一下变成了"民主事项"，要求董秘也必须参与无理甚至非法事项的审议或投票时。

2. 董秘岗位已经不能正常履职时。因企业中极高风险度的事项一旦显现，董秘岗位即会成为市场、监管机构和交易所、董事会共同的关注中心，成为所有矛头的共同指向。风口浪尖本不可怕，可怕的是你已经不知道用何种方式、从何处取得资料，来与必须面对的各方进行正常的沟通和披露工作。

3. 风险事项的处置过程，一定会伴随着频繁的信息披露任务，如果信息来源完全受限，或者明知实情是一只"鹿"，外部压力硬要让你披露为"马"，这种"指鹿为马"的履职环境让你不得不选择策略性地回避。

从以上三种情况来看，其核心点就是既然既成的事实和风险均已被锁定，离不离职其实已于事无补。但如继续履职，于董秘岗位而言会导致风险成倍地递增，增加如虚假陈述等新风险，就必须选择离职以避免风险蔓延。

其实事件已经发展到风险暴露无遗的阶段，此时你不离职，对公司来说，你已成了累赘。但此时董秘离职极易引发市场关注，因此如何离职和离职时点就成了一个技术活。

上市公司董监高的离职，按披露要求，必须独立形成"辞职公告"，你的离职时点最好确定在一个董事会召开议案相对较多的时点，会后必定有一大堆议案形成公告，辞职公告夹杂在一堆公告中不容易引起关注。一个处在风口浪尖的问题公司，出现离职事件极易成为一个新热点事件，风险加速激化。

还有一个时点，是选择离职最好的时机，那就是董事会换届的时候。当董事会换届时，必定重新聘任董秘和经营班子，如果协商有新的董秘人选，就可以直接聘请新的董秘，而不必单独形成"辞职公告"。

从实质上来讲，什么形式不是最重要的，该承担的风险必须要承担，风险不会因为离职和离职形式而减少一分。之所以在此处提到这些细枝末节的东西，是因为如果处在风口浪尖的事件中，减少推波助澜的因素，既可以锁定风险，又可以不增加风险事件的关注，减少负面影响。

● 如果需要，离职后也要尽力去为公司化解风险

卸任后的董秘，必须主动参与后续的风险化解工作，原因也有两种：

1. 如果辞职，肯定会离风险事件太远，会完全失去对事件的了解和把

控，容易出现被别人故意抹黑的风险。

2. 在退市制度不健全的资本市场中，所有重大风险化解的重要基础就是，该上市公司的经营能够恢复正常，并有积极的走向；或者该上市公司有被重组的价值和可能，保证中小股东的权益不受到更大的伤害。如果上市公司的主体都不能存续或者破产退市，这是多方利益主体不愿看到的结果，也是监管机构不愿看到的结果。

基于此，就说得更直白一点，不管在任还是离职，董秘如果能参与危机中公司的"营救"工作，既是在帮助公司，同时也是在帮助自己，正应了一句广告词：爱你等于爱自己。

### ● 有"空手套白狼"心思的企业，最好选择不上市，才是防范此类风险最根本的手段

可能有的人要问，如果跟实际控制人、董事长或者总经理关系不错，这种情况怎么办？在触及法律底线的事情上，如果是愚忠和以简单江湖义气行事的话，那你就是开殡仪馆的——"专烧熟人"。

如果不能遵照基本市场规则行事，不敬畏法律，那这种公司最好选择不上市或者私有化，成为非公众公司。此后其面临的风险就不属于此处谈论的话题，得找你的法律顾问去谈。

此次，我们将董秘作为一个新兴职业领域，把可能面临的五类职业风险进行了逐一分类，这种以主观感受进行风险识别和分类的做法，可能更加符合现实环境。我们再将五类风险的应对措施进一步精简，不外乎两个应具备的心态。

第一种情况：风险总是在小疏忽中慢慢积累而成，如遇风险不应推脱，而应冷静主动化解。化解风险不是直接去处置风险本身，必须对风险进行分段、分层瓦解，针对性地引入第三方力量参与解决。在触及法律、法规等红线事项中，不要试图用任何小技巧，否则结果都是弄巧成拙。此时在

不伤害其他人的前提下，保证自身安全是刻不容缓的选择。

第二种情况：很多人不明白具体的风险分级标准是什么。因为此处他也无法确定对你适用何种定量的分级标准，每个人的风险接受度和识别能力都不同，很多具体计算公式的风险判断标准并不能都适用，每个人的风险分级标准需要在具体工作中进行积累和尝试中逐步形成。

但仍应谨记，所有风险处置的手段都是万不得已之法，非上乘境界，上乘之法应该是将风险消灭在萌芽之初。

---● 小贴士 ●---

本类风险级别太高，一定要谨慎对待。对待本类风险，最忌讳害怕而逃避，逃避容易导致风险失控。面对红色警报级别的风险，首先应该冷静分析事态、预判结果，全力配合减小风险，在确信无法阻止风险，且继续履职风险将成倍扩大的情况下，应该果断选择退出岗位。即使离职，也必须协助平抑风险。

## 化解风险不是能力，"治未病"之法才是本事

有人问扁鹊，先生兄弟三人，皆以医为业，何以独先生扬名于世？扁鹊叹曰："长兄治未病者也，教导邻里，顺四时，调寒暄，节喜怒，和五味，故其乡邻无病，亦不知长兄为医。仲兄为医，走千家，访邻里，凡病之初起即治之，随手而瘥，无人知其能。唯扁鹊无能，游诸国以医为业，治验之例由世人等下愚传扬，致使黄钟毁弃，瓦釜雷鸣，哀哉！"[1]

总结起来："圣人不治已病，治未病，不治已乱，治未乱，此之谓也。"[2]

在日常经营过程中，风险是在日常生产经营中慢慢积累的，某一极端的冲突或事件只是长期积累风险爆发的导火线，所以日常工作中的风险意识比某一特定风险防范手段更重要、更有效。

作为职场中的一员，不是任何人都能在企业中做到进退自如，也不是任何人都能在企业中有足够大的话语权。因此，如果在所有工作和决策中，均以风险优先，那么体现出的尽是推诿和不近人情，这样还能在企业待下去吗？所以如何平衡正常履职与风险控制，才是我们将要讨论的问题。

---

[1] 参见《鹖冠子·世贤第十六》。

[2] 参见《黄帝内经》。

## 不要太钻牛角尖，越矛盾的事情越要处理得柔和

### ● 主动获取企业运行状况的重大变化，是为企业发展保驾护航

董秘在日常工作中绝不能留工作"尾巴"，除推动建立有效内部重大信息流转渠道外，更重要的还是应主动获取企业的实际运行状况，只有尽早发现企业潜在的风险，予以提前消化，才能真正起到为企业正常经营保驾护航的作用。发现风险，不是简单地为了自我风险防范之用，自我风险防范只是为企业消除风险这一行为的"副产品"。

### ● 敢于对有重大不确定性的事项提出自己的看法和行使否决权

一般情况下，在内部决策过程中，董秘否决权的有效性大于主动提议权。在日常工作中，董秘主动发起提请审议事项相对较少，但在决策过程中，只要能有理有据地提出明确的反对意见，董事会、经营层都会高度重视，除非该公司的董秘地位尚未提升到高级管理人员应有的高度。

### ● 如果反对无效，要谋求沟通化解，沟通无效，要留下自己的审议痕迹

公司其他分管副总参与决策的事项一般与其专业或者分管范围有关，相较于此，董秘除了证券、股权事务外，还需负责信息披露工作，因此董秘因职责需要，相比较其他副总更有机会参与重大事项的决策过程。

既然有更多的机会参与审议，那么这个职业伴生的"董秘视角"在决策审议过程中就难免会凸显出来，在董秘眼中，凡事"先看风险，再看机遇"。

因此在这里有必要岔开话题，说一下董秘和一般业务副总相比，在性格和行事风格上明显差别的现象。

一般情况下，公司的董秘和其他副总有明显的风格差异，这种差异是长期职业定位影响使然。很多企业董事长最不喜欢和董秘一起讨论事情，

反而更愿意和一些从事业务的副总经理讨论决策。不单是因为业务分工和专长不同，而是无论多么热血沸腾的市场机会和项目，从董秘口中冒出来的第一句话一定是打击人情绪的话，满眼看到的都是风险和陷阱。试想你是董事长，如果老被人泼冷水，你也会恨得牙痒痒。市场机会总是让乐观的人发现和抓住的，所以做董秘职业久了，或多或少会带有一些悲观视角。反观那些业务型副总们却更激情、乐观，更能从市场的角度看到积极因素，因此更让人有积极乐观的印象。立志进入董秘职业的朋友，在保留自身完整个性的同时，要防止岗位角色禁锢自己的思维和性格。

刚刚是题外话，现在话题重新回到审议时如何表达意见，以帮助公司和自然防范风险的问题上来。

擅用否决权不是简单地直接否决，一个议案的提起，总有自下而上、自上而下两类情况，那么如何针对风险事项更有效地提出反对意见或者保留意见，以阻止风险蔓延，达到规避风险的目的呢？

1. 如果议案是自下而上的，由经办部门主导提议，这类议案一般是战术型、技术型事项。如果确实存在缺乏全局观和风险较高的情况，董秘明确反对或者提出修正建议，很容易得到解决，甚至因不确定性因素太多而完全否决该类风险事项也并不是难事。

如果董秘针对这类事项提出明确异议仍无法阻止，则一定要在会议纪要中明确留下意见，如果该事项不能阻止，在后续配套"内部决策流程审批表"或者"合同审批表"流转到董秘审批坏节时，一定要再次留下自己的真实意见。

2. 如果议案发起是自上而下的，这类情况相对更为复杂。该事项由部分董事会成员，甚至董事长站在其他角度筹划，这类事项一般影响重大，甚至会改变公司走向。

到这里，才是真正考验董秘的眼界、全局观及风险预测能力的时候。因此，此处给董秘提个建议：就企业的整体运作高度和眼界来讲，董秘一定要将自己培养成除董事长之外的第二人。如果董秘也和其他分管领导一样，用战术的视野看待公司，那董秘只是个操作者，无法为企业提供更有价值的增值服务，自身价值也会大打折扣，因此，面对很多事项，董秘应该第一反应就能感觉出其真正意图和给公司带来的长期影响。

任何议案到了被提出讨论或者审议的环节，其桌面之下的工作应该已经提前完成，比如技术认证、可行性测算、核心交易条件或者利益分配等，因此那些自上而下推动的事项已经到了提出来让大家讨论的阶段，董秘重点关注的是以下两个事项：

是否需要风险修正，以及该事项是否存在方向性错误。

如果是第一种情形，也就是说该事项从长远和战略眼光来看无重大风险，只需战术层面的修正，那董秘就应该大胆地从战术服务于战略的方向去谈，这样会为职业生涯加分，长此以往，董秘的意见往往就是最后的会议决议。

如果该事项存在方向性错误，那情况较为复杂。如果这项提议本就有市场争议，且程序不合法合规，有可能引发监管介入，那董秘应该怎么办？最好的办法还是对照该事件的性质，按照自己的风险分级标准快速进行风险分类。

每个人的风险偏好不一样，处置方法也不一样，如果选择的是漂漂亮亮地离开，前边已经说过方法了；如果认为其中隐藏的风险最大值，在自己可承受范围内（风险评估还是性价比原则，风险成本为道德底线、人格、利益损失、职业前途、最大风险的危害等；风险收益为利益获得、平安无事的概率、进入实际控制人利益体系等），那就一定要处理得艺术一点，比如要原则上同意，并对重大瑕疵点提出处理意见，如建议责成审计部门介入、责成经办部门对该事项中涉及的资质类严格把关、责成财务部门严格资金收付程序和收付票据合法取得等，还要提出当事部门一定要严格把关，如有不符合规范的情形，不能违规办理，等等。这样既分散了自己的风险，又不至于将自己陷于进退维谷的境地。

还是要强调一下，涉及有损于公司或者根本就是动机不纯的事项，一定不能妄图通过技术处理，去配合别人私欲。不论身处何时何地，风险考量永远摆在职业发展的第一位。

至此，关于董秘职业风险防范的建议全部结束，当然这种建议也仅是一个人的视角，不能一概而论，风险认识和防范，本来就是仁者见仁、智者见智的事情。笔者想说的是，作为面对家庭、社会和现实生活的普通一员，空谈理想、道德、正义和勇气是有害的，一定要结合自己的环境，以及各种规范的底线和自己的风险评估体系加以权衡。

看起来风声鹤唳，其实在经历风险之后，就会知道风险其实就是人一生最有益的伙伴，它会造就你的成熟练达、从容淡定。

● 小贴士 ●

任何职业均有风险，风险也是我们的良师益友。董秘角色越来越重要，正是因为这个岗位要求有处置风险的能力。只要秉承专业、坚守职业道德、多一分谨慎，董秘的职业风险就可以被抑制。

第二章

# 如何做董秘及
# 董秘的职业前景

董事会秘书作为英美法系公司法特有的制度一直在西方国家公司中占据重要地位，我国于 20 世纪 90 年代初引入该制度，目的主要是加强上市公司的信息披露职责。我国的董事会秘书制度目前已就其任职资格、职权、义务责任、任免程序、培训等方面形成了较完备的体系。引入董秘制度后，董秘作为企业中特殊的职务出现已 30 余年。不计算大量在积极筹备上市工作的拟上市公司董秘，主板（包含中小企业板）、创业板、科创板、"新三板"及其衍生的北交所等市场中，至少有近 1.2 万名专业人士活跃在这个新兴岗位之上。

### 主板市场的董秘

在主板市场中的董秘，主要是企业内部培养和提拔的，因为主板上市公司上市时间相对较早，且国企较多，那时董秘多从内部其他岗位提拔，多为投资部、行政部、财务部或者法律事务部等部门负责人或者分管领导转行而来。经过一代过渡后，才逐渐被通过内部人才培养出来的有专业背景的年轻干部取而代之，实现董秘人才队伍的升级换代。

在中国大多数国有企业中，自有其稳定的生态链，基本是"一个萝卜一个坑"，加之受限于国企用人机制的固有惯性，外部引入高级管理人员的机制虽然存在，但从未真正意义上启动过，就连颇具传奇色彩的"打工皇帝"——唐骏也反复在民企中闪转腾挪。

这种董秘来源的现状，不是国企的门槛有多高，而是因国企的人才评价体系与"自由身"（不是体制内出身）的那些董秘的诉求有较大冲突所致。因此对很多有职业选择自由的人而言，国企环境中诸如董秘等岗位成了"鸡肋"，弃之可惜，食之无味，而"有味"的岗位一定蕴含着与收入不对等的职业风险。

## 中小企业板、创业板和科创板的董秘又从哪里来？

根据我国目前多层次资本市场结构分类，中小企业板虽隶属于主板市场的一部分，但我们讨论关于董秘的话题中，中小企业板的董秘来源与创业板、科创板，甚至刚刚开市的"北交所"板块中的公司有更多相似性，因此将它们归为同一类公司进行讨论。

在这几个板块的公司中，国企比例有所降低，其主体由中小民营企业构成，代表了新兴和更有活力的市场经济。这些板块中的董秘又是从何而来呢？下面也从国企与民企两类性质来分析。

### ● 国企性质的中小企业板、创业板和科创板等新兴市场的董秘来源

这几个板块中的国企董秘来源渠道与主板市场差不多，但这几个市场中的国企性质的公司与老主板构成有一些差异。主板中，国企的母公司或者企业集团，一般直属各级国资委或政府投资平台；中小企业板市场中的国企一般是企业集团中的某一分项业务平台，不直接受地方国资管理部门的管辖；由此带来了董秘聘用机制有所不同。新兴资本市场中的国企董秘来源相对多元，通过市场化招聘渠道有所补充。由于体制内"空降部队"难以平稳着陆等因素，市场化补充进董秘队伍的总体数量有限，仍以内部循环和培养为主。

### ● 民营性质的中小企业板、创业板和科创板等新兴市场的董秘来源

这些新兴资本市场中的主要力量为民企，是市场中最有活力的企业群体，其董秘基本为市场机制聘选而来，主要有四个渠道：一是企业内部的

培养；二是从国企这个"人才孵化器"孵化而来；三是从中介机构中的从业人员"挖墙脚"而来；四是PE（私募股权）类股东向公司推荐董秘人选。还有一类是职业董秘的流动，仍没形成主流，现只能作为一种补充渠道。

## 中介机构从业者转型成为董秘的路径

从中介机构从业者中挖墙脚，现已成为众多企业选择董秘的重要来源，董秘的专业背景要求与中介机构中的投行人员、会计师、律师等从业人员有很多的相关性、相似性，从这些中介机构中挑选董秘人选，是众多民企惯用的寻找"千里马"的方式。

这里就有一个疑问，保荐机构的投行人员特别是那些有保代资格的投行人员，为什么会选择到企业中来呢？

"注册制"作为我国证券发行体制改革重大措施之一，已经让我国证券发行方式从"保荐制"逐渐过渡到了全面"注册制"。在我国发行体制实施保荐制的前期、中期，券商中的保荐代表人（以下简称保代）身价倍增，随着考取保代资格的人数增加和注册制到来，保代们"含金量"逐年下滑。保代身价走势曲线，也是我国资本市场发展的缩影，趁这个机会我们一起来回顾一下保代们走过的"钱"路。

2004年的1月，随着《国务院关于推进资本市场改革开放和稳定发展的若干意见》的发布，拉开了解决股权分置的序幕，我国资本资产改革进入新的阶段。同年5月，第一批保荐机构和保荐代表人的公布，拉开了我国证券发行审核制度革命性变革的序幕，证券保荐制度正式在我国推行。2005年10月27日颁布的《证券法》，更是以法律的形式确定了我国发行上市进入保荐制。有了新制度保证，我国资产市场进入了新一轮高潮期，积极筹备上市的企业猛增，具有保荐资格的券商拥有保代数量，成为投行机构的核心竞争力之一。因监管机构对保荐机构拥有的保代有最低人数的规定，同时一个IPO或重组项目必须有两位有保荐资格的保代签字，且不能同时保荐两个及以上项目，保代资格一时严重稀缺，由此迅速提升了保代资格的含金量。

保代资格身价曾经一度比天天靠炒作绯闻的明星更甚，其市场流动有时更像体育明星转会机制，还出现过专门靠"转会费"生财的保代（因为保荐业务签字有风险，转会费绝对安全，为了争夺保代资源，各大保荐机构争相高薪招揽保代加盟）。同时也催生了另一种灰色的业务模式，即坊间传闻一边保荐企业，一边投资企业，企业成功上市后，一边拿着高额的保荐费，一边通过投资的企业股票增值而暴富。

其实这些故事也仅限于部分保荐代表人，不是所有的投行人员都有类似的机会，还有大量的投行人员因还未取得保荐资格，而被挡在门外。即使取得保荐资格，在规定时间内没有作为"项目主办"签署过项目，其资格也会面临失效的风险。前些年，保代考试比公务员考试还难，如范进中举，几家欢乐几家愁，很多人屡试不中，便萌生退意。

随企业上市热潮的兴起，保荐代表人也越来越多，监管机构也不断进行保荐代表人队伍的扩编，不断稀释保代资格的含金量，特别是"注册制"推出后，从制度上改变了我国证券发行制度，同时也改变了老制度之下催生出的一大批保代们的"钱"路规划。保荐代表人资格将不再是"金饭碗"的代名词，于是一些投行人员开始寻求转型，一大批正埋头苦学的投行队伍中的"苦力"们，不再执着于保荐代表资格，开始寻找一些有竞争优势、有细分行业龙头地位、有IPO动力的企业，加入董秘队伍，实现其个人财富的"曲线救国"之路。

从保荐机构投行人员的流动中，可以看出资本市场中介机构人员正有序向董秘队伍流动，董秘来源的补充也日趋多元化，不同背景的专业人员，不断加入到企业内部的投行岗位——董秘队伍中来。

**董秘的职业发展将向何处去?**

相对来说,董秘的流动性较其他公司高管职位来说显得更为频繁一些。频繁变化的原因主要有三个:

一是董秘日趋专职化、专业化。很多公司在上市初期选择了其他高管兼任董秘的方式,一旦有更合适的人选,兼职的董秘就会全身而退。这种流动是内生性流动,是让董秘回归专业。

二是"职业董秘"曾经一度兴起,他们在企业间的辗转,大大提高了董秘岗位的流动频率。这种流动受证券市场宏观环境的影响较大,当资本市场火热、企业言必称上市的时节,职业董秘更活跃;当资本市场万马齐喑时,职业董秘较为沉寂。

三是职业高风险性,加快了董秘的流动性。随着监管力度的加强,企业面临的来自证券监管机构处罚的风险加大。当企业被处罚时,董秘相对于其他高管岗位来说,主动防御力是最差的,有时会有受到类似"连坐"处罚的可能。因此,很多董秘被监管部门"建议"(有时达不到被认定为不适于担任上市公司高管的处罚情形,但监管部门的监管意见中,经常出现"建议不适合担任董秘")掉了。当然,还有更严重的情形,就是涉嫌触犯刑法,若如此董秘的人生之路就强行被彻底改变了方向。

● 小贴士 ●

董秘既是个技术活,也是一个管理岗位,未来职场的提升方向有多种可能。建议沿着董秘专业纵深方向发展,谨慎对待个人职业的选择。

## 董秘职场可选的职业发展类型

面对流动性较高的职业现状，董秘通常的变化方向是什么样的呢？董秘自身又该作何选择呢？在讨论这些问题前，我们一起先看看职场中人一般性的可选职业方向。

这里就要结合职业规划的问题来分析，不论你处于什么地位、什么环境，要想活得明白、轻松，从大处来看，每个人的职业选择无非两个方向：成为技术型人才或资源型人才。

技术型人才就是在一个领域做专、做精，使自己在一个小区域内无可取代，智商只是其中一部分，坚持和受得了寂寞才是技术型人才的必备素质。这种人的杰出代表，如刚出道的诸葛孔明、张良、荀彧等。资源型人才需要与生俱来的天分，需要生活环境潜移默化地赋予足够高的情商。这里需要强调的是，资源型人才不是溜须拍马、卑躬屈膝、阿谀奉承，是利用和整合一切有利于自己的条件和资源。"利己不损人的利用"才是长久的共生关系和生态环境。驭人比做事难，千万不要低估和轻视这种做人的取向，这种人如刘邦、刘备等。

相比较而言，技术型人才的定位有较高的职业风险，因容易成为"劳力者"，且有被取代的风险。三国时期曹操的恩人许攸，那可是一等一的高手，后来被魏国第一谋士荀彧取代，并落得杀身之祸。所以，如果选择走技术型人才的路线，就要对未来社会环境、经济环境、技术环境等有较理性的趋势性判断，不然可能陷入"刚刚成为专家就被淘汰"的尴尬境地。

资源型人才有两个显著特点：一是会"哭"，二是善问"何如"。会"哭"是以情动人，让受用者与自己有共鸣，为己所用；善问"何如"，循循善诱，让被问者愿意知无不言、言无不尽地帮助他。因此，资源型人才较容易成长为"劳心者"，技术型人才较容易成为"劳力者"。劳心、劳力在当今社会中无高下之分，看谁能做到极致，均有自己的"核心竞争力"。同比来看，技术型人才更普惠于我们这些芸芸众生，如果你没有更多可利用的资源，那就好好走你的技术型路线吧。

董秘为复合型路线，走技术路线的同时，又需要整合周边资源。当眼界、视野、层面达到更高台阶时，技术型、资源型的两个职业取向就会走向融会，所以董秘这个职业，就是职业的第三条路线：复合型人才。经常说的复合型人才，不是你想复合就复合的，只有经历了世事的洗礼和磨砺，才能将多种专业技术和社会属性复合在一起。

### ● 目前董秘岗位的变化方向

对任何人来说，当前的岗位相对于你的整个职业生涯，都是过渡性岗位。对已经在董秘岗位上工作的人来说，更进一步的职业方向又是什么呢？通过对上市公司的资料进行统计分析我们可以看出，大部分董事会秘书选择了以下几条晋级路线。

在国企中，董秘一般逐渐转向了行政类工作或者经营管理工作，比如有的转为企业党政领导，或者到母公司去分管集团资本运作、投资等工作，极少成功转型为总经理、董事长的情形。

还有部分董秘规划"职业董秘"路线，找到另一个可塑的企业，"重走一次青春路"，利用自己的经验，再推动另一家企业上市。

当然还有部分董秘选择了转行，反其道而行之，进入中介机构，根据自己的特长，要么进入投行队伍，要么作为合伙人进入各类事务所。

也有部分董秘因为专业相近性，选择转身进入投资领域。有相当多的投资机构，特别是在私募基金中，有相当一部分人有在上市公司工作的经历，甚至是董秘的工作背景。

从职业理想来说，董秘岗位既是成就事业的平台，也可作为更高职业理想的跳板，登上这个平台，就有无数个平台供你跳跃。

## ● 如果在董秘岗位待太久，不要轻易选择创业

一般来说，如果在董秘这个平台站得太久，对待创业就要格外谨慎。虽然董秘已经具备大多数人不具备的创业条件，但千万不要以为万事俱备，只欠创业。长期的董秘"角色扮演"的职业天性，会成为创业的最大障碍。

董秘这个职业的天性，是看待什么事情总是先看风险，甚至只看风险。这也经常会给董秘工作带来麻烦和障碍，董秘很容易成为企业中的"另类"。在许多事项的决策中，明明是一个市场良机，但董秘们总是会挑出风险所在，总是会首先想到合规性。长此以往，董秘看待任何问题的切入点都是风险防范优先。要知道，市场的规则是：当排除了所有风险，机遇也往往被一并排除，没有任何风险的事情已经没有任何价值，也不是一个市场机遇。

当以偏保守的理念去创业时，相比那些勇往直前、激情四射的人来说，失败概率要大得多。

还有另一个重要因素就是，在企业效率与规范之间，董秘都会选择规范优先。而现实是，在创业期的企业，为实现原始积累，都必须经历一个"野蛮生长期"，踏在风险、机遇和规则的边缘，实现快速成长。但董秘总会戴着任何行为都须有章可循的"枷锁"，带有这种眼光和思维的人，创业总是会格外艰难。

因此，如果董秘工作年限过长，对创业一定要足够谨慎。从20世纪90年代初引入董秘制度至今，董秘这个角色在经济社会中出现已30余年，但细细一数，有几个成功创业而升级成为企业家的呢？

## ● 董秘应先立足现状，才能突破现状

如果立志向董秘职业方向发展，现在却仍处在企业中层及以下岗位的朋友，建议就是多做事、少掺和，成为证券事务、财务、法律等多种专业

的专家，在有效沟通的前提下主动表达意见，先向证券事务代表这个职务进发，再"图谋"董秘。对于不同单位的朋友有不同的建议：不建议国企的朋友过于轻率地离开，国企的环境是你进一步学习的最佳环境。对于民企的朋友，建议不要在同一较低层次的平台上反复折腾，否则将在折腾中耗尽青春。立足于现状，寻求在现有基础之上进一步提升职业平台，才有下一个平台更高身价谈判的重要"砝码"。这里所说的职业平台，可不是简单的职务提升，也不是为了自己碗里多一口"稀饭"，而是有自由选择职业的未来。

如果已经是董秘及以上职务，并且确信前路已经有明显的职业"天花板"，谋求更高岗位的提升只是看得见却摸不着的未来。此时，只要自己愿意，任何时候都可以炒掉任何企业。当然轻易离开自己熟悉的生态链并非上上之选，能做到这个职务，说明早已适应这个环境，也具备足够的判断能力，已经无须他人继续絮叨此话题。

## "职业董秘"的路径

曾经有一段时间，董秘中先知先觉者探索出了一条具有中国特色的"职业董秘"的路线图，此处的"职业董秘"被加上引号，因为它非真正意义上的职业董秘，而该称为"职业 IPO 董秘"，优选一个有 IPO 资质的公司，伴随其成长的同时筹备 IPO 工作，等企业成功挂牌上市后，稍加过渡后迅速离职，寻找下一个 IPO 目标，如此往复一两次，财富积累便可完成。这条线路是很多董秘精心设计的职业规划方向。

在每次 IPO 审核节奏非常快的阶段里，"职业董秘"现象都非常热门。如果把董秘这一条路径放大来看，还有类似的"职业 IPO 财务总监"，甚至"职业 IPO 总经理"之类也能包括在内。目前，上市公司屡屡出现的高管辞职风潮都莫不与此有关，其背后的原因可以从产生这类"职业人员"

的路径中找到。可以预见，随着全面注册制的开启、科创板宽松的审核节奏和"新三板"衍生出北交所板块，将进一步加大对董秘岗位的需求，"职业董秘"又将兴起一轮热潮。

● **"职业董秘"路线图**

这条职业董秘的财富之路基本如此：

寻求东家—接手IPO—引入PE或其他投资者—获取股份（净资产值受让股权、大股东赠送、股权激励或其他代持股形式）—IPO成功—过渡任职期—设计股票套现方案（有可能包含大股东）—辞职脱离高管—寻求新东家……循环往复。

其实这条职业"钱路"无可厚非，也是资本市场发展到目前阶段的必然产物。IPO热潮此起彼伏，只要有需求，必定会催生出与之匹配的盈利模式。

虽然规划看起来很炫，成功者也不在少数，但这条路并非坦途，因各种机缘际会结果会千差万别。

● **"职业董秘"对外依赖因素太多，险阻重重**

从"路线图"中可以看出，"寻求东家"这一环节是切换不同工作场景的核心。能够与公司实际控制人达成一致并形成长期的信任和默契，是可遇不可求的机缘，毕竟董秘是单独个体，不能像中介机构那样承揽IPO业务，有那么多与优秀企业、企业家打交道的机会。

再好的千里马，没有伯乐也不行。要找到伯乐，就要求你必须具备足够多可选的企业人脉资源，不然一切都无从谈起。靠的是什么？口碑营销。口碑传播者是谁呢？是对口的政府部门、保荐机构、会计师、律师等IPO资源汇集的单位。除了口碑之外，还得讲点缘分，只有思路和理念刚好与目标企业达成一致，还能有机会聚在一起碰撞，并形成共鸣，才有机会走到一起。

不管多么出色，作为一个外来者，要找到支持你、信任你，又接受你价值观的公司，确实并非易事。

1. 公司 IPO 之路，是一个时间跨度一般为 5—8 年的系统工程，中间还有内外部无数的不确定因素。在操作过程中，很难让管理层、实际控制人保持这么长时间的信任，特别是对一个未曾与自己一起打天下的"空降兵"。

筹划 IPO 是有巨大成本的，特别是规范成本非常高，如果按照相关规范要求，启动了 IPO 之路，开弓就没有回头箭。从治理结构、管理体系、财务核算体系、税收缴纳方式、人员结构和员工利益等方面，都将进行不同程度的调整和变化。在这些复杂的、系统的、涉及公司长短期利益的重大调整面前，"职业董秘"的职业风险也会随着时间的推移不断积累。在跨期很长的筹划期内，要么工作能力和方法有可能不被认可；要么筹划期的系列调整对实际控制人伤害太大、成本太高；要么在调整时触及其他既得利益者的利益。总之，在企业 IPO 的征程中，也许就在敲钟前的一刻，你可能提前被迫出局。

2. 企业成功走完 IPO 之路，除了内因，还依赖于众多的外因，如市场周期变化、监管环境、审核标准发生重大变化等。

比如，企业所处行业发生颠覆性的改变，使企业基本面和财务指标出现急剧变化，出现重大财务风险，以至于出现财务指标的"硬伤"；又如，资本市场极度萎靡，出现不可抗力的系统性风险等，如历次暂停 IPO 审核的情况，都将影响企业 IPO 的成败。2013 年酝酿、2014 年启动、2015 年达到极致疯狂的最近一次股市行情，却在 2015 年下半年由"牛"转"熊"，2016 年年初的波动市场中，IPO 暂停又重启，注册制推了又停，这一折腾使 IPO 排队企业已经形成了"堰塞湖"。这漫漫无期的排队审核中，很多企业熬得基本面都已经发生了重大变化，却仍看不到上市的希望。因此很多底子不硬的排队企业，也不知猴年马月才能排得上上市日程。在等待过程中，很多"职业董秘"因各种原因纷纷离开企业。

因此，一条看似"钱路"坦途的职业规划图，并非一帆风顺，"职业董秘"之路并不好走。

●小贴士●

职业董秘可提前布局自己的职业路线，积累专业和人脉，实现自己的董秘"钱途"。

## 第三节 ┃ 董秘的职业困境与解决之道

如果可以把"董秘岗位"放在淘宝上作为一个商品出售，差评一定比好评多。差评最多的关键词一定有：同流合污、恶意、起诉等，好像上市公司发生的任何坏事都与董秘有关，任何遗漏、延迟信息披露都是董秘恶意为之。

体制更新是完善公司治理和催生真正意义"职业董秘"的当务之急，逐步增加董秘身份的独立性，扩大董秘岗位的独立职业判断空间，也需要制定对董秘评价的全新体系。

举两个例子，通过分析下列案例我们思考应该如何评价当事董秘。

(1) 公司签订了一个达到披露标准的合同，但通过各种信息的汇总，董秘判断出现违约概率极大。董秘可采取的弥补措施是在公告中，进行重大风险提示。但迫于内部压力，条件不允许进行重大风险提示。此时董秘该如何处理？难道需要向证监局和交易所主动报告，是公司不让进行风险提示披露？如果未披露，假如在不久的将来，正如所预料的那样，刚披露不久的合同出现毁约情形，股价一定会随着合同的变化情况，出现大起大落的异常波动，对公司的处罚将在所难免，那么如何评价董秘在这过程中的功与过？

(2) 一家公司财务指标存在严重虚假的情况，而市场甚至董秘前期并不知晓实情，后期经过董秘的努力和挖掘，才发现这一重大风险点。通过多种方式的博弈（肯定不可能采取直接向相关部门报告的方式，这是最粗暴的方式，最终结果是多输局面），让事实逐步恢复原貌，在每一步恢复原貌的过程中，都伴随一次有关于业绩变动的公告。虽然这过程中的业绩"变脸"不好看，但它却是在引导公司一步步归于真实，以最小的代价挤干上市公司业绩泡沫。由于业绩多次变动，公司及董秘受到处罚是不可避免的，那么又该如何评价董秘在这过程中的行为呢？

上述情形在现有的体制之下，当事董秘承担的责任肯定存在被放大的概率，董秘甚至很可能被"错杀"。因此，单纯增加董秘岗位话语权，同时加大岗位风险责任，不能从根本上解决董秘在公司治理结构中的困境，必须改变董秘的产生机制和评价体系。

那么，董秘的未来将走向何方，在这方面还是得先借鉴再优化创新。

## 推进"董秘公会"的认证机制

先将眼光放在我国香港地区市场去，那里传承了来自英国的"董事会秘书"的正宗精髓。"董事会秘书"类似职业在我国香港地区被称为"公司秘书"，有100多年的历史了。有人建议内地市场的董秘也改为"公司秘书""董事会书记"，以防止混淆"董事长秘书"的尴尬，也理顺董秘与公司之间的关系。但是仅仅改个名作用有限，不进行内核的改变，叫"交易所秘书""证监会秘书"都没用。

目前，董秘资格考试都由深圳、上海两大证券交易所组织和考核，参与人员一般都必须由上市公司或者拟上市公司推荐并报名，进行两天到三天的专业培训，然后组织现场考试，通过者可颁发董事会秘书任职资格证书。随着网络技术的发展，董秘培训现今已不需要人到交易所指定的现场进行学习，通过网络学习，再去交易所现场考试就可以了。从取得任职资格这一过程可知，相对于注册会计师、专业律师、保荐代表人等资格，董秘这一岗位准入门槛较低。

这种董秘任职资格的模式，其中存在三大问题：

1.两大交易所在董秘资格管理上各自为政，中小企业板刚刚推出时，上交所颁发的"董秘资格证"在深交所中小企业板范畴内还不被认可，在一定程度上制约了董秘正常的流动和两大交易所间的人才交流。

2. 2005 年《公司法》对董秘的产生方式、任职资格、职责范围进行明确规定后，两市《上市规则》不断进行强化，提升了董秘的话语权。交易所各自认证并颁发"董秘资格"。获取资格，说明经认可后的任职专业资质已经合格，如果在上市公司中董秘出现明显渎职或专业能力弱、无法胜任的情形，作为董秘资格认证的交易所是否应该承担相应的责任呢？这种争议与驾驶员出现重大违法交通事故时，其驾校或教练是否应承担连带处罚是一个道理。

3. 董秘培训一般只有两天到三天的时间，随着网络技术的发展，培训方式延伸到了网络同步培训，这样的培训是否能起到真正意义上的培训作用呢？只要稍稍体恤下属的董秘，都会让董办、证券部的同事们分期分批地去考取"董秘资格证"，相当于为部门员工争取点福利。这也表明，董秘资格考试相对比较简单。更有甚者，就是"先上车、后买票"，根本没拿所谓的"董秘资格证"当回事，只要公司领导愿意，让谁当都行。先聘任董秘，再向交易所申请"突击考试"。

"突击考试"即交易所专门为某一特定公司组织的专场董秘考试，就一个人，会议室一坐，就开考。交易所类似的让步（其本意是方便和服务上市公司），让很多公司得寸进尺，以至于没人"拿村官当干部"。

所以，可以借鉴并改良我国香港地区的"特许秘书公会"的模式，用更严格的专业认证模式对董秘资质进行培训和考试，考试包括专业素养、从业经验和品德考量，以保证董秘资质的专业严肃性。

董秘实行会员制，由类似的"秘书公会组织"对董秘会员进行管理，实行类似人才库的形式，由上市公司在公会人才库中进行选取和匹配，以保证董秘候选人员的基本专业素养，防止上市公司中出现大量的"影子董秘"（即正式聘任的董秘并无董秘该胜任的能力，挂个名，由后台的专业人员从事具体工作）。

同时，秘书公会对会员实行诚信考核，根据上市公司反馈和交易所考核的结果，计入个人诚信档案，一旦诚信出现风险，可自动取消会员资质和董秘任职资格，形成董秘从业人员的优胜劣汰和市场竞争机制。

## 催生真正意义上的"职业董秘"出现

随着类似"特许秘书公会"组织和机制的建立，实行上市公司与特许专业资质人员进行双向选择，可真正实现《公司法》关于董秘在公司治理结构中的作用，强化董秘的身份独立性。一旦企业出现重大风险或者违规事项，董秘可以选择更加有效的监督手段，也可以通过公会平台选择更多、更好的退出机制。

这种职业董秘以良好的道德素养、优秀的专业技能、广泛的人脉资源和超强的沟通能力为基础，必将形成一批为中国资本市场发展做实务贡献、保驾护航的后台力量。

## 强化董秘独立性的同时，加大道德违规责任

在体制健全的公司中，如果仅仅专业素养和履职能力不足，这类董秘对公司和全体股东的危害性还相对有限，但道德违规的风险则贻害无穷。在通过机制建设，强化董秘身份独立性的同时，必须同步加大董秘从业人员的违规成术，特别是道德范畴内的违规责任。

"董秘"角色从股份有限公司诞生的那天起，就带有对英美法系中类似角色的"模仿"色彩，虽然一直在追随，仍未实现超越。当然这也与我国经济发展阶段、法治环境、公司治理体系等诸多因素相关，不能一蹴而就。

第三章

# 董秘与投资人
# 的关系

## 第一节 ┃ 资本的两面性

在资本流动作为市场资源最佳配置方式的今天，资本已经渗透到经济社会的每一个细胞。可以毫不夸张地说，当今世界每一个成功企业背后都有一个甚至是一批有远见卓识的投资者，封闭资本之门的企业在竞争中将无法真正融入经济的主流，即使凭一己之力达到辉煌，最终也只能苟延残喘。

纪录片《资本的故事》选取了 20 个有全球影响力的资本故事，其中匡特家族对宝马品牌的拯救尤为经典。

1954 年，京特·匡特在一次旅行途中去世。他的企业王国由其子赫伯特和哈拉尔德继承，其中包括戴姆勒—奔驰公司的控制性股权。当时戴姆勒—奔驰的发展非常好，赫伯特和哈拉尔德掌握的股份达到 9%。兄弟俩想继续增持股票，但是他们遇到了一个非常强劲的对手——弗里克。弗里克拥有戴姆勒—奔驰 25% 的股权，和德意志银行并列第一大股东。眼见再增持股票都无法撼动弗里克的地位，匡特兄弟只好退而求其次把目光投向当时正处水深火热之中的宝马。

由于投资风险高，哈拉尔德并不同意收购宝马。于是赫伯特先斩后奏，收购了宝马的部分股权并成为大股东。但宝马公司并没因此立即起死回生，宝马公司大部分股东和管理层都计划定向向戴姆勒—奔驰发行 700 万马克股份，从而成为戴姆勒—奔驰的一个子品牌。就在重组计划即将成功之际，一些小股东突然发难，打破了这一计划。赫伯特暗下决定，要尽全力挽救宝马这个代表巴伐利亚荣耀的汽车品牌，经过巴伐利亚财政部长的支持，其成功控制了宝马汽车。

后来营销奇才哈恩曼出招，才逐步缓解了宝马的燃眉之急，通过新股发行逐步增持宝马股份，并筹集发展所需的资金。哈恩曼通过实践提出的"夹缝理论"，将宝马定位于轻捷、运动型的豪华轿车方向，这个策略取得了巨大成功，宝马一直沿用至今。（后来，当赫伯特发现哈恩曼的个人影响力已超越了一个职业经理人的界限时，他立刻"痛下杀手"，炒了这位大功臣的鱿鱼。）

其间，半路出家的匡特家族作为成功的投资者而收获了巨大的财富，宝马汽车也因此起死回生，这就是资本的力量。但不是每个资本故事都如此皆大欢喜，还有更多不为人知的赤裸裸的争斗，也有无数的企业因此而功亏一篑。资本的逐利本性有时极其泛滥，毫无约束，其破坏力惊人。

资本的天使与魔鬼两面性往往集于一身，同一个投资机构也会因时、因势而在同一个投资标的上呈现多面性。资本的不同面孔，对标的企业的未来影响巨大，正所谓"成也萧何，败也萧何"。

前些年尽人皆知的"太子奶"的故事，至今都让很多企业对资本心有余悸。2006 年，"太子奶"为谋求上市，引入英联、高盛、摩根士丹利等三大投行，以太子奶控制权作为"对赌"的方式借入巨额资金。后因资金链断裂，太子奶控股权旁落他人，其实际控股人还身陷囹圄。当然该事件还有更多复杂的背景，但让局外企业家不胜唏嘘的同时，也多了一分思考，如何才能更好地借力资本实现企业宏图，又最大限度地让资本的嗜血性得到抑制。

2010 年秋，本人受托与一从事花卉种植的公司董事长咨询式聊天，本次谈话我只是他试图寻求帮助的众多人中的一个，因为那时他被引入的投资者弄得极度困惑。或许是因从事农业产业，阳光炙烤使其面目黝黑，一脸沉重，心事重重。当然，我们最后的谈话结果也和他与其他人的谈话结果一样，未对其提供任何实质性帮助，唯有安慰和一些无关痛痒的建议。和他相比，从岁数上来说，我称其为长辈都毫不为过。虽然深为其对企业的执着而感动，但也只能陪他一起骂骂投资方解解气而已。

他创办的企业曾因生产 2008 年奥运会颁奖礼仪用花而辉煌一时，奥运会期间引入一家深圳的创业投资公司，引入方式仍然采取"对赌"的形式，若达不到预定的业绩，则无条件转让一定比例的股权予对方，这部分"对赌"所涉股权足以影响双方的控制权之争。后来因行业整体影响而未能达到预期业绩，他也愿赌服输，失去了多年经营企业的控制权，于是对方接管了公司并派遣了职业经理人团队。几十年摸索出的特色鲜花种植和鲜切花经营经验，岂是一群纸上谈兵的理论家能比拟的，结果使一家原本资质不错的企业慢慢步入深渊。

站在投资人的专业角度来看，这是一笔失败的投资，真正达到了"炒房炒成了房东，炒股炒成了股东"的境界，不但炒成了股东，还炒成了大股东。这位愿赌服输的企业创始人不忍看到企业就此没落，试图通过多种手段挽回控制权，但后来的情节发展使正常的商业行为演化成了股东间的私人恩怨。此时以局外人的视角来看，该投资公司当时也犯了投资领域的大忌，意气用事，不懂得止损。由于新入驻的管理团队并不懂鲜花种植行业的特性，也没有慢工出细活的经营耐性，后来搞得公司无人打理，那些职业经理人早早溜之大吉，投资公司也无力收拾残局。这是大家最不愿意看到的结果，竟然就这样发生了。

我问他以企业目前的状况，如果重新接管经营，还有没有起死回生的希望，老董事长觉得肯定没问题，所以他愿意一试。再问前后两任大股东有没有可能坐下来心平气和地谈一谈，他说没有这种可能性，对方甚至连面都不想见。这家投资公司在我印象中是一家不错的创业投资公司，为何有如此幼稚的做派？不过也许是一面之词，不用深究。我再问他，有没有可能通过当地政府出面，以保护当地特色花卉产业为由，从中斡旋，他说这个还没有试过。这次谈话就这样结束了，老董事长说回去向当地政府部门汇报，请求帮助。

后来事情的发展相当简单，经介绍，通过第三方投资公司低价收购了那家投资公司所持股权，并重建了管理团队，由老董事长重新执掌企业大权。后加入的第三方投资公司仍想继续持有该公司股权，但老董事长仍执意拿回了公司控制权，也许这位老人从此惧怕和资本的合作，企业走了一个圈又重归原点。

这是资本之祸还是资本之福？是天使？还是魔鬼？身在局中，无法下定论，但我想在那家企业老董事长的心中可能自有他的答案。

未来资本的演变将向何处去是无法预知的，但有一点可以肯定，关于资本的善与恶、是与非，是天使还是魔鬼的争议仍将持续下去。

经常会遇到这样的企业家，吃饭间作沉思状："别人要给我们投资，要不要让他们投资？"按目前的形势，现在投资公司已经遍天下了，企业家也许真遇到了这样的选择难题。

网上有人总结出了不少关于引入风投的过程的段子，有史上"十大企业谎言"和"十大风投谎言"，看了让人忍俊不禁。但笑过以后，细细回想，这正反映了企业与投资者之间暗自揣摩的博弈。无利不起早，我想用你的钱度过公司发展的"瓶颈"期，你想尽可能无风险地获得丰厚的投资回报。

站在长远的发展角度来看，企业真正需要的只是投资资金吗？企业应该选择和什么样的投资机构牵手呢？

这是困扰很多企业的问题，可能只有企业自己才能准确回答，因为是什么样的企业，才可能和什么样的投资者走到一起，不然"婚配"出错，会打一辈子的架，两口子打架久了，再有钱的家庭也会被打成穷光蛋。

找合适的投资者，就跟谈恋爱一样。在选择投资者时的纠结，正说明准确把握选择标准的难度。

### 选择什么样的投资者，先用镜子照照自己

"最难认识的是自己"，这句话同样适用于企业。有的企业在暂时成功面前得意忘形；有的企业在黎明前的黑暗中迷失了自己，错过了伟大前的最后考验。

曾经遇到过这样一家生产小粒咖啡的企业，号称可以生产媲美南美洲的优质咖啡豆，旗号来得相当大，故事讲得相当完美，并得到当地政府的

极大支持，在其极风光时，众多风投机构蜂拥而至。企业管理层也在与跟风来的投资者的接触中，慢慢找到了"坐地起价"的感觉，越来越傲慢，对投资者抛来的橄榄枝也极尽欲擒故纵之能事，再后来干脆不接受风投们最基本的尽职调查要求，公开喊话：看你们谁出的价格高，就让谁来投！2012年年初，随着市场萎缩和经济下行，出口受阻，加之政府对其扶持停止，企业立即举步维艰，难以为继。因为错过了最佳引资期和之前的恶劣市场口碑，再也无人问津。

只想通过编织故事来玩弄市场的企业，最终会被自己玩弄。要清醒地认识到企业自身所处的行业劣势和自身短板，这样才能知道企业真正需要什么样的资源来弥补，也就能清楚，究竟需要和什么样的投资机构牵手，以使实业与资本形成合力，为企业长久发展注入动力。

如果企业发展已经到了能够引起一些投资机构注意的阶段，必然有其独特价值所在，但此时一定并非完美。反之，从价值投资的角度来看，真正完美的企业已经没有什么投资价值，所以有的企业只是暂时缺少现金流，有的企业缺少稳定客户，有的企业对环境和行业依赖过大。总之，有发展潜质、处于发展期的企业才有可以提升和成长的空间。

缺陷也是一种美丽，每个有成长空间的企业都有其独特的缺陷，而每一类缺陷总有一类投资机构风格和市场资金能够将其弥补，与之契合。

参与市场竞争和选择投资者，最重要的就是内省，充分而理性地认识自己，才能充分认识自身亟须弥补的缺陷。不能认识自己，谈何找到好的投资人呢？

### 选择什么样的投资者，先弄清楚企业将走向何方

如果说企业认识自己的现状很难，那么清晰知道自己将要走向何方更是难上加难。可能很多人不同意这一观点，说太小看企业，不是每个企业

自创立起都在不断确定自己的长期战略吗？是的，但又有几家企业创立时树立的目标，仍然是当下不忘之初心呢？企业愿景往往随发展不断修正，甚至是屡次颠覆。

如果你还没有真正想明白自己企业的终极奋斗目标，那么请慎重对待将股权向外部开放。因为一时之需，引入没有耐性和时间伴随你寻找目标的投资者，最终他们会成为企业发展的绊脚石。

记得八年前，曾经和一家专业经营坚果类食品的连锁企业有过合作。当时企业所有产品均来源于OEM（原始设备制造商）贴牌生产，后来经过精巧的营销策划，其连锁门店迅速地出现在大街小巷，形成了较好的区域市场口碑。后来为了连锁门店扩张需要，引入了一家战略投资者，注入新鲜血液，企业如虎添翼，门店业务进一步扩张。也正在此时，问题出现了，企业将定位于门店扩张的渠道经营战略进行了调整。因为企业慢慢发现自身经营的产品无法控制源头，质量无法控制，门店扩张越快，越受制于前端生产商的制约。于是企业试图将业务链向前延伸，涉足前端坚果产品的生产。但外部投资者却有不同看法，认为只要销售渠道足够广，就什么都可以销售，不能仅仅定位于坚果类较为单一品种经营，所以认为应该横向扩大经营品种，而不是将产业链向前延伸，应继续坚持"轻资产"结构的渠道建设。曾经一团和气的股东们因此渐渐出现了裂隙，后来相互之间不再信任并分歧愈演愈烈，长达一年的内耗让企业筋疲力尽，业务陷于停顿，至今再难见到其身影，让人不胜唏嘘。

正所谓成也投资，败也投资，这就是引入了战略上不能最终与自己走在同一道路上的投资者造成的后患。所以最好要有足够的预见性，规划好未来的目标，找到目标一致的投资人，陪伴自己同行，即使有风雨也会一路欢歌。

## 在我国，真正的天使投资是亲人朋友

说起天使投资，便心生好感；说起硅谷，就肃然起敬。因为有完善的天使投资体制，汇集了大批天使投资人，成就了一个个商业传奇。但很遗憾，国内大批创业者在他们最艰难的创业早期，却得不到理解和支持，比起在完善投资体系之下的创业者，他们格外艰辛。

在那些成功企业家的回忆录中，很少能够看到我国天使投资者们的身影。虽然在传奇不断上演的网络创业领域，活跃着一批天使投资掘金者，但这只是特定行业和特定阶段的产物，并不代表我国天使投资体系化的成熟。

曾经在CCTV-2无意中看到一个节目，一位毕业不久的大学生，以出差为名，去东北学习梅花鹿繁育技术，后将东北梅花鹿南迁引入浙江丽水山区进行繁育，千里迢迢赶着30头梅花鹿回老家，结果被传统意识浓厚的老父亲劈头盖脸地一顿痛骂：辛辛苦苦培养出一个大学生，毕业后放着好好的工作不要，偏要回家来养梅花鹿。创业初期最艰难的时候，还是那个骂他不争气的老父亲，拿出所有积蓄支持他建立了一个试养场。当然后来的结果肯定是皆大欢喜，东北的梅花鹿不但引种成功，还建立起年净收入1000多万元的养殖场，并在当地政府的扶持下，对梅花鹿附属产品进行深加工，成为带动一方地方经济发展的特色产业。

不是每个创业故事都能如此让人欢欣，有更多满怀激情创业的人走得头破血流，但也没能成功。那些能够展现在大众面前的成功者背后，都有一个类似前述故事中"老父亲"的角色，他们才是我国天使投资人的主力军。不知话题至此，是该哭还是该笑，我国经济领域期待真正的天使投资者的大批涌现。

在电影《中国合伙人》中，被学校开除的教员成东青以家教开始创业时，有谁关注过他呢？第一个天使投资者就是死党王阳和后来在美国失意的孟晓骏，最后成就了"新梦想"的英语培训王国。

反观现今投资领域，浮躁的投资环境，并不是催生天使投资人的沃土。完善的天使投资体系的建立，远不是投资理念变革的问题，夹着笔记本满天飞的投资人，可能他们满怀梦想都是成为像雅虎、谷歌、脸书、推特背后那些天使投资人，成就伟大的企业，也成就巨额财富的奇迹。

今天那些所谓的天使投资人，天天在各种创意选秀中指点江山，表面为一个创意和产品血拼出价，可这真的是天使投资吗？当今国内一个号称目前最成功的天使投资人，最后成了自己投资产品的操盘手，这是天使投资吗？他们只不过是在投资自己、只相信自己而已，虽然获得了巨大成功，但不能说他就是天使投资人。

所以，成功也好，失败也罢，至少现阶段，我们最好的天使投资人就是我们的亲人和朋友。善待我们身边的每一个人，也许他们没有用金钱来投资你，但他们一定会用支持我们的心和爱进行天使投资。

### 能帮助弥补缺陷的，才是最好的投资者

投资界的资本流动热潮在我们每一个人身边涌动，但实业界的企业经营却不能头脑发热，只有那些能够实现实业与资本共舞的合作才会形成化学反应，催生出一座又一座的企业高峰和财富巅峰。

企业真正的短板不是由别人来指点的，能够拯救企业的只能是自己，所有助力自身发展的外部力量，都只是成长之路上的阶段性"走一程送一程"的过客。

在主动理性选择投资者时，企业可根据自身实际情况进行研判，发展阶段和企业短板各不同的企业，选择投资人的标准也千差万别。

1. 如果企业只是受限于资金困扰，这是最简单的一种需求，把投资的

概念放得宽泛一点，那么银行类金融机构才是最佳的投资人。

在目前金融市场环境下，所有融资方式中，银行融资仍然是最有吸引力的。但是银行融资受限于内部严格风控的要求，一般要求有对应的足额抵押或担保，往往将很多亟须雪中送炭却有极强生命力和活力的新兴经济体挡在门外，如一些轻资产结构的企业、流通企业、农业企业和互联网企业，所以企业往往只能转而寻求以股权融资方式获得资金。这类仅仅需要资金支持的企业在股权融资时，对引入的投资者应重点考虑其资金来源和诉求，因为获得稳定和较为长期的资金才是企业继续扩大经营的坚实基础。

2. 如果企业需要的是稳定的供应商和客户资源，那就重点选择一些产业投资者进行接洽。

有的投资公司有清晰的产业投资方向，有对所投产业链进行整合的能力，将可能为被投资企业带来业务相关类资源。因此，有的企业将开放资本作为引入重要的供应商或者客户的手段之一，既获得企业发展所需资金，又获得稳定的产业链资源。从另一角度来看，投资人的概念就显得十分宽泛，不一定非得是从事专业投资的投资机构，具有超强资源整合能力的实业企业在投资领域具有更独特的优势。目前，在互联网产业内的一些巨头们纷纷跑马圈地，触角延伸到与自己相关业务的每个角落，但对于那些被投资的公司而言，他们因此成功地获得自己需要发展的市场。

反观一些专业投资机构和各类基金公司们，如果仅靠从 LP（有限合伙的基金投资人）那里筹集来的资金，从事纯粹的 PE（私募）投资，想突击入股那些有条件或正在筹备 IPO 公司的方式，这种投资的盈利模式，无异于抢劫。随着注册制全面推行，市场化定价导致二级市场新股发行定价会日趋理性，一、二级市场的投资剪刀差会越来越小，这种模式已经没有生存空间了，除非权力寻租。曾经云集了专业从事 PE 投资公司的北京、上海和深圳，很多类似没有核心竞争力的投资公司不是销声匿迹，就是在艰难度日，寻求转型。

在和一个朋友聊天时，他提到中国平安收购深圳发展银行，更名为平安银行后，平安银行正在下一盘很大的棋局，因为平安银行正将以前的保险客户与原来的深圳发展银行客户资源进行相互置入，太可怕了。如果真是这样，这不正是收购兼并的精髓吗？曾经的深圳发展银行因为平安的进入，业务已经深入中国的每一座城市，进入了每个社区，这不正是深圳发展银行曾经想要的吗？

3. 如果企业一直从事实业经营，已具备可谋求资本运作的条件，甚至渐已具备上市的可能，那么可以寻求一些有辅佐企业上市成功案例的投资机构合作。

通过与有 IPO 经验的专业投资机构合作，将获得政府机构、其他中介机构处无法提供的支持和帮助。选择这类投资机构时，企业最好低调或慎行，因为当企业已经基本具备筹划上市条件时，已被不少投资机构关注。如果像前文中举例的咖啡企业一样，把自己企业的股权弄成一个可拍卖的产品，价高者得的话，可能会给企业进一步的资本运作带来许多意想不到的麻烦。

一般情况下，一家企业最终能够牵手的投资者不会超过 3 家，那么其他被拒之门外的投资者，总有那么一些害群之马或别有用心者，让企业真的会躺着中一枪，甚至中 N 枪。做人要低调，做企业何尝不是如此（产品营销除外，不在此讨论范围）。

4. 如果企业需要转型，一般的操作思路是主动出击，对拟转型产业进行收购、兼并或合作，此时也可以考虑引入战略投资者以实现转型。企业转型的条件有三类资源必须具备：资金、新业务的引入和相应的管理能力。如果引入在拟转型产业方向有丰富项目储备和实施经验的投资者，那将对企业的转型起到至关重要的作用，可以达到"一石三鸟"的奇效。

5. 如果企业需要引入管理和人才，在引入投资者时，可偏重于投资机构的该类资源背景调查。

本人曾在深圳一家创业投资公司工作，该投资公司分别向 5 家被投资企业派驻过业务高管。当时企业之所以与我们合作，就是因为投资公司有他们亟须的专业人才。其中一个案例，能够成功投资该企业，正是因为投资公司其中一位合伙人在华为工作期间，曾被派驻北美区长达 5 年，后来该合伙人解除与投资公司的合伙关系，直接到该企业任分管业务的副总裁，专业背景使其在企业大有用武之地，使企业业务得到极大的提升，后来企业顺利成功上市。

类似案例数不胜数，但在选择投资机构时，投资方所拥有的人才资源往往被很多企业忽略，因为一旦进入投资的讨价还价阶段，着眼点就集中在价格这一件事情上。

总之，企业对投资者引入的主线条是对资金的渴求，但不能只盯着资金，对投资者的选择第一要务是研判投资者是否认同公司的长远战略，是否有足够的耐性等待企业的成长，对企业的发展有多少投资附加值的注入能力。到最后，资金的引入反倒变成了投资的附属品。

从这里，也可以倒推出投资机构的核心竞争力该如何打造，不能仅围绕投融资两点做文章，否则即使有了发现价值的眼光和机制，最后也只能眼睁睁看着中意的标的企业与自己擦肩而过。企业需要的是能带来资金的同时，还能带来更多的增值服务和合作空间的投资者。

———● 小贴士 ●———

冷静看待企业自身特点和优劣势，看清企业现阶段最迫切的需求，思考公司战略实现的战略配衬资源，从而弄清企业最需要什么类型的投资者。能带来最多资金的不一定是最好的投资者，最能弥补自身短板且理念一致的投资者才是最佳选择。

## 第三节 ┃ 企业何时与投资机构"联姻"才是"最佳婚配期"？

男大当婚，女大当嫁，企业也不能免俗，唯一不同的是男女间婚配必须遵从一夫一妻制，而实业与资本的联姻则不限次数和人数。既然比喻为婚配，那自然得门当户对，乱点鸳鸯谱，必然带来终生遗憾。上一节已经就实业与资本结合时门当户对的条件进行了分析，本节就来讨论一下两者联姻的最佳婚配期的问题。

企业千差万别，很难用一些量化的尺度和标准来约定，所以下文将用排除法来分析，说说企业在哪些情况下要慎重引入投资机构。在这些时段不谨慎引入投资者，很容易把"婚事"搞成"伤心事"。

### 弹尽粮绝时，要慎重引入投资机构

看到这个小节的标题，读者也许会纳闷，为何企业弹尽粮绝了，还不去找投资机构来投资，那不是等死吗？

其实在经营过程中，随着规模不断增长，业务投资的纵深不断拉长，加之不可预见的金融信贷政策调整，企业难免会出现暂时性现金流不足的情况。出于本能，很多企业在此时就会急于作出通过股权融资引入投资者的决定。不是说完全不能这么做，而是强调应该慎重对待这一重大决策，必须先想清楚当下面临困境的危险等级、需要的资金额度以及持续时间，这对企业至关重要。

如果轻易通过股权融资，至少有 3 个隐患：

1. 容易交友不慎，贻害无穷。

其实本章前一小节中已经进行了全面的介绍，如果企业急于寻找投资者，匆忙将自己委身于人，将很难真正站在未来长远规划的高度来审视自己的行为，很难找到真正能够长期相处的投资者。解决一时的小伤，也许将带来终生的痛楚，即使不是痛楚也是长时间的瘙痒。

2. 最不值钱的时候不具有主动权。

古人有云，人穷志短，如果主动送上门，与投资机构的博弈过程中，很难获得足够的议价权。有的企业可能会想，把握节奏，淡定一点，这样对方就看不出企业的窘境，但仅凭装装样子就可以应付明里暗里的尽职调查吗？所以，最好不要急于把自己辛苦创立的企业低价卖掉。

3. 可能有更适合的融资方式被错过。

如果一心只想用股权融资缓解困境，抓住一根稻草的同时，可能会陷于一叶蔽目，不见太山的窘境。办法总比问题多，一定有比轻易采取股权融资更好的融资方式。根据面临困境的具体情况，采取诸如银行融资、抵质押借款、拉长前端供应商账期、加大应收款项的催收（或者干脆与银行协商应收款融资），甚至是可接受的民间借贷等，总有一种能满足企业的需要。

### 在信心爆棚时，冷静引入投资机构

此处的信心爆棚是指乐观过度，以至于忘记了自己是谁。过犹不及，这个时候也容易给自己找个错误的"婆家"。

比如，在引入 VC（风投）的过程中，最常见的投资条款就是对赌。在你乐观过度时，很容易签下"卖国协议"。不是说对赌的方式完全不可取，而是在签约前，应好好分析一下企业的利润增长根源，是来自企业的"护城河"，还是来自整体行业增长和宏观环境带来的市场机会。对市场环境过度依赖，会削弱企业的核心竞争力，如果外部环境出现不可预见的系统性反转，那么这类企业即使规模再大，也没有任何抵抗风险的能力。

本人曾协助一家生产 LED（发光二极管）晶片的公司进行引入风投谈

判和中介机构选择工作，当时正值 2010 年下半年，LED 行业已经出现了市场饱和的迹象，但整体市场环境非常好。该企业通过 10 年的技术研发拥有了晶体生产自主知识产权，也拥有了晶体生长设备制造，晶体生长工艺的开发、生产以及 LED 衬底片切割等完整生产链，预期新项目投产后，业绩至少有 10 倍的增长。包括 IDG 在内的多家风投都对其青睐有加，后来通过对赌协议的方式，以 10 倍 PE 的价格，总价 1 个亿的投资额引入了一家投资机构，并启动了 IPO 工作。但考虑到市场风险，还是采取了先借款再在合适时机转股的策略。随着 LED 行业整体降温，业绩并非如预期那样迅猛，后来企业干脆放弃了 IPO 计划，走了一个圈，又回到了以前家族经营的方式。因为没有直接以股权投资的形式操作，避免了无休止的股权之争。

## 在战略方向不清晰时，延缓引入第三方投资者

一般在成长中的企业，每隔三五年就会讨论并修正一次企业战略规划，这不是朝三暮四，是针对不同的发展阶段和外部环境顺时而动。战略方向和产业调整方向变化，资金匹配需求自然也大相径庭。找到符合企业发展方向的投资者助力，能事半功倍。所以，当企业还没有确定长、中、短期战略规划时，要延缓实施新股东的引入，不然会因为加入第三方的博弈，造成企业战略摇摆不定，面对瞬息万变的市场机遇时会显得犹豫不决。

这一点，在本章的讨论中已反复强调，旨在说明战略规划的重要性，也说明战略对投资者选择的重要性。企业的战略规划是个很宏大的概念，在总体愿景之下，还有很多分支战略的支撑，包括产业规划、股权扩张规划、融资规划和人力资源规划等战略资源陪衬，是一个系统性工程。如果缺少用以支撑企业总体战略的分项规划和实施策略，那么战略就无法落地。因此，需要在制定战略时，一并考虑企业的股权扩张规划。

什么样的产业就会催生出什么样的企业，什么样的企业就会配置什么样的股本和合理负债结构。股权规划包含了两个内涵：投资资金额度和股东构成性质，这两个内容又常常交织在一起，不可简单地分割。

股本扩张主要有两种形式，一种是内生式扩张，另一种是外延式扩张。

内生式扩张是通过企业自身经营积累，形成的经营所得再投入企业。处在创业期或高速成长期的企业，主要依赖原始股东的投入，对经营所得有分配和再投入的双重冲动，需要加以平衡，不然股权合作方很容易闹得不欢而散，这在创业期的企业中尤为常见，也是今天家族式企业十分普遍的原因。

外延式扩张通过吸收新的投资者加入即可实现，随着合作者的增加，原始股东特别是创始人特别需要注意扩张节奏。在成为公众公司前，企业的股权不宜过分分散，不然很难协调各方利益，无法形成对市场的快速反应能力，加之如果再实施 IPO 及 IPO 后的再融资手段，原本控制权不强的公司容易形成控股权的淡化，甚至丧失相对的控股权。在成长期，如果过于封闭企业股权，又不利于企业引入新鲜力量和发展所需的资金支持。因此，控股股东对企业股本进行规划时，需要针对企业内外实情进行左右权衡和规划。

所谓最优化的股权结构没有可以量化的标准，只有最适合自己企业的结构。如果不将股本规划纳入企业战略层面，就很容易在股权稀释过程中拍脑袋办事，造成无序的扩张。

**越是被外部力量忽悠引入投资机构时，越是要保持清醒的判断**

其实这一条最想说的是，对于资本运作或者引入外部投资这些事，企业面对政府机关的游说时，要保持对事情的清醒判断。因为目前很多投资机构接触企业的方式都进行了改进和优化，不再像以前一样，直接与企业

065

第三章 董秘与投资人的关系

接触，很难与中意的企业彼此情投意合。好企业投资门槛很高，于是它们转而开始与当地政府合作，在各地设立各类产业投资基金，打着扶持当地产业特别是成长型企业发展的幌子，顺利借用政府机构或者干脆动员政府机关为其投资行为游说，极大地提升了投资机构的亲和力和权威性。通过间接策动当地政府机关或者行业协会充当说客，异地的投资公司据此迅速实现本地化。

此处讨论不对这种方式带有任何褒贬和情绪，这也是投资公司一种正常而有效的业务拓展行为。只是企业在选择投资者时，最好不要被游说得为了引入投资者而引入，企业需要根据自身实际进行纯市场化的判断。

## 前述几条都规避的前提下，在企业做出价值时再引入投资者也不迟

企业的股权稀释总是有限度的，股权才是企业最稀缺的资源，不要通过仓促的股本扩张行为，白白浪费宝贵资源。如果企业已经考虑清楚可以吸收新的投资者进入，并规划了多轮融资的步骤，那么问题就更简单了。越是临近可引入投资者时点，越是要将重心放到经营上去。

一个企业的价值，不仅仅是盈利能力，根据企业性质不一，企业的核心价值所在也不一样，对企业的估值方法也不同。相对来说，上市公司的企业价值更容易计算，但非公众公司的估价差异性较大，一般来说，常见的估价方法有客观估价法、市场比较估价法、收益法和折现现金流估价法等，不一而足，处在天使阶段投资的估值方法更是一本天书，流行的方法都有十种以上。其实到了最后议价阶段，还是通过协商定价。所以有些企业鬼心眼多，知道你投资机构想要什么，就做什么东西给你看，到最后呢，丑媳妇总归是要见公婆的，真正看明白后，便失去了相互信任的基础。

对企业价值的认定，不是可以长期粉饰的。收起小算盘，沿着企业既定的业务发展规划走，才会走得比较踏实。小富靠智，大富靠德，小手腕

不是大智慧，人生如此，企业亦是如此，企业的财富一定不能超过企业智慧，不然定会为财富所累，说不定还会带来灾难性后果。

●小贴士●

股权是企业最宝贵、最稀缺的资源，不能随意扩张或稀释。不能在一些特殊时间点，为融资而融资，引入新的投资者时一定要放在战略层面去进行整体评估。

第三章 董秘与投资人的关系

## 第四节 ┃ 天下没有免费的午餐，股权融资是最昂贵的融资方式

在大多数人或者企业的眼中，吸引更多的投资者进入，是用别人的钱实现自己梦想的最佳途径。确实，这是一条被证明可行的发展壮大之路。在很多成功企业的背后，都有投资人的身影，沉静、分享、支持、独具慧眼是他们的共性。

美国红杉资本第二代领袖莫瑞兹先生曾在接受采访时说："红杉的定位始终是做创业者背后的创业者。"正是秉承这一逻辑，红杉才成为总管理资本超过100亿美元，管理着30余只基金的投资公司，投资超过500多家公司，其中200多家成功上市，100多家通过并购出售退出。在苹果、甲骨文、思科、雅虎、PayPal和谷歌等新经济明星企业背后，都有红杉的投资和支持，以至于被称为统治硅谷的"风投之王"。

这些辉煌投资成就了一个个伟大的企业，但这只是看到了资本的天使一面，月球的另一面是从未露峥嵘的阴冷，魔鬼和冷漠总是在控制和利益面前不断闪现。当年乔布斯因为衣着邋遢而被红杉资本的第一代领袖瓦丁纳拒绝投资，天才的乔布斯的创业激情差点因此被扼杀。这已经是最温柔的冷漠了，本节以后的内容会详细聊聊风投是怎么"玩"死企业的。

总之，对于企业，如果你爱它，就让它引入风投；如果你恨它，也让它引入风投吧。因为实施股权性融资，虽不总是陷阱，却绝不是免费的午餐。有时它确实是馅饼，却是代价昂贵的馅饼。

### 总有人期望以短期的资本投入分享长期的企业增值

风投对有的企业而言是资本的盛宴，有的企业吃下去却是如鲠在喉。成熟的资本市场中，风投机构总能在有长远未来空间的企业最需要的时候

出现在身边，一起承担压力和困难。反观国内部分投资机构不断跑马圈地，却只能共富贵，不能共患难，这种投资价值取向是风投整个产业链的疾患所在。

不管有没有未来的企业，只要是出现风险，必定遭受资本的抛弃，这是实业界对现阶段国内投资界的一致印象，所以很多企业选择用审慎的态度对待风险投资，不能带来长期增值服务的风投，很难得到企业的青睐。

其实还有另外一层不言自明的担心，自己努力创造的价值被别的投资人不劳而获，虽然这不免有些狭隘，但也确实是不容回避的事实。不做企业背后的创业者，就不配分享企业创造的高回报。

本人曾跟一家从事饲料加工、生猪养殖、屠宰和副食品门店连锁企业相识，到 2012 年该企业就已经占领了区域市场 70% 以上的生鲜猪肉市场份额。受上市的一轮轮热潮的冲击，加之作为区域龙头企业，该企业多次受到政府鼓励，希望其走入资本市场。企业也曾多次萌生引入战略投资者并上市的念头，但至今也没有跨出实质性的步伐。2013 年 8 月的一天，在与其总裁微信聊天时，他曾说：我们已经暂时放弃了引入投资者和上市的计划，如果引进投资者和上市的话，可能迫于上市后短期经营压力和引入投资者短期需求，而不得不变动长期做实基础产业的规划，等公司真正想要的战略布局完全定型后，再择机而动应该会更好。这是他的原话，话中有其从战略全局出发的考虑，也透露出对引入投资者不合拍的担忧。

很难站在局外评论其做法的对错，但其从长远思考而选择相对保守的做法，也是值得称道的。如果那些游弋在优秀企业身边的投资机构还不因此而警醒，并实施投资理念转型的话，这个产业将十分危险。

## 短期经营压力，可能影响长期的发展战略

一家公司上市后，经常会被"多事"的媒体扒拉出一些名人在股东名

单中，即使这类人不是在 IPO 前突击入股的，也会引发一轮热议。从这里可以看出一层弦外之音：目前的形势下，企业相对更喜欢与一些以自有资金入股的投资者接触，因为他们比纯粹有限合伙的基金管理人更有耐性。

以私募形式筹集的资金，一般都要求在短期内退出，所以他们热衷于那些一旦投资便能启动上市的公司，但僧多粥少，加之市场环境瞬息万变，具备 IPO 条件的企业总是有限的，市场被发掘到一定程度，投资人们只好将投资阶段前移，物色那些有潜质但尚需要进一步打磨的企业。

随着发行定价机制逐渐市场化和有上市条件的企业估值过高，以 Pre-IPO 为主的投资机构迫于市场压力，不断向风险、共享、发掘和辅佐的投资风格转型，早期项目投资出现颗粒无收、血本无归的概率会大大增加，一旦投入不能按预期发展，慢慢就会撕破脸皮，不断加码于企业。

不断加码就会导致矛盾渐起，后果总是两败俱伤。此时站在企业的角度来看，从其引入投资者开始，就暗藏了危机。新增资金追加投入，但新建项目或者战略方向需要时间去兑现，如果迫于投资者利润要求的压力，可能会使企业从此走向错误或者过于偏重短期的选择，失之毫厘，谬以千里，严重的会使企业走到万劫不复的境地。

### 合作破裂后，企业再难回到原点

投资者与企业的合作和默契一旦被打破，股东层面的动荡必定会极大地影响到公司的稳定和发展。因投资人与企业纠纷影响企业发展的案例数不胜数：雷士照明、太子奶、亚信、红孩子、亿唐等，无一不是明证。

笔者不是想证明风投就是魔鬼，而是想说，在资本血液中，天使与魔鬼本就是一母双胞，天使面容的背后总是潜伏着魔鬼冲破封印的危险。企业在引入投资者之前，需要根据自身特点和资本方的诉求，谨慎分析利弊得失，不能因噎废食，也不能在吃馅饼时囫囵吞枣，不加掂量。

## 可能带来更科学的决策机制，但也可能影响决策效率

企业发展到一定阶段（以跨入上市门槛为分水岭），就需要渐渐褪去个人对企业过于强势的影响力。但在分水岭之前，特别是创业期，企业需要一定程度的"野蛮生长"的勇气和"用乱拳打死师傅"的创新力，也就是说，此时的企业需要一定程度上的集权，需要企业中有人去坚持，感染、激励他人。

引入新的投资者，就是引入了新的制衡机制，这也是现代企业的精髓。多元化的股东结构，必定会催生更民主的决策，促使决策机制逐步走向民主化和科学化。但在发展初期的决策中，需要快速和独裁，此阶段多元的博弈力量就有另一个代名词——扯皮。长时间的坐而论道，将大好的决策时机白白错失，这也是很多企业与投资人之间矛盾爆发的一大原因。

有些带领企业高速发展的企业领袖，在引入投资者后，突然不会经营了，这恐怕也是多了掣肘，而导致企业决策效率低下。

看似前后两种矛盾的观点，其实自有其合理的区别。在一个相对积极的宏观环境和市场中，对企业自身能力考验较小时，需要企业效率优先，抓住市场高速发展带来的成长机遇；在高度竞争的红海市场中，则更需要精心准备和周密策划，应更加审慎地进行决策，在蹚着雷区前进时，莽撞就等同于粉身碎骨。企业发展初期，需要快速反应抓住机会；进入稳定发展的阵地战时，需要谨慎稳健决策，此一时彼一时也，不能一概而论。

> ● 小贴士 ●
>
> 引入新的投资者，就是加入了新的博弈力量，必然给企业的治理、经营和管理等带来新的挑战，不提前预判可能会给公司带来更多的负面影响。

第四章

# 董秘与
# IPO 之路

## 第一节 ┃ IPO 筹划期，董秘初步启程

不管企业出于什么动因启动 IPO 之路，从不同目的、不同基础条件出发，最终都要汇合到同一条筹划、申报之路上。这条路上，始终都有董秘们的身影，尽管有的企业出于谨慎考虑，没有聘请合适的董秘，企业内也总有一位高管会充当这一角色。

### 上市，究竟是什么？

大家说得多了，IPO 就成了一件熟悉而又陌生的事情。因为 IPO 被一些所谓的专业人士不断强化而不断被异化，企业如果不朝着上市目标前进，都不好意思提"战略"两字。

本文不谈论上市给企业带来的各种优势，这种话题随便拉一个股民就能跟你聊出 100 个理由和好处，只想把上市究竟是什么这个问题说清楚。

其实，上市对企业而言，只是因为公开发行股票，而导致企业股东结构相对分散；只是因为有交易所这个交易市场，而导致企业股票的流通变得极其活跃；在其他事项上，上市与不上市没有本质意义上的区别。比如，信息披露、监管和资本运作等，不上市的企业也在做，只是在披露方式、监管方式和资本运作空间等方面有些差异而已。

上市的过程中，企业其实就是进行了一次向非特定股东增资扩股的行为（存量股份上市除外），所以不要觉得非常神秘。把企业经营好，并如实向全体股东进行披露，这就是所有企业的义务。因为引入了公开交易，这次增资扩股显得有些不同：

1. 股份发行对象不同。日常增资扩股的股东都是既定的，不论是老股东增资、新伙伴加入还是风投机构的投资，都是通过讨价还价来确定价格；

而上市行为中涉及的公开发行股票行为，是向交易所注册的股东发行，根据价格优先、时间优先的原则来进行竞价。不管什么样的形式，它只是一次增资扩股的行为。

2. 股份定价机制不同。上条已经进行了描述，由于在 IPO 过程中，通过价格发现机制和风险溢价机制，企业股份对应价值的价格得到极大空间的溢价。因为公司在境内上市须经监管机构审核，上市公司资源较为稀缺，其价格被不理性地进行了更大空间的放大。

3. 对公司的长远影响不同。IPO 后，企业成为证券交易所可流通的交易标的，因为流动性极强，企业有更大的资本运作空间。上市对企业有着深远的影响，比如企业的重组、兼并、收购、配股、增发等手段，可以让企业实现多次、持续而方便的融资。

上市只是把普通的增资行为的各种影响力和数值进行了数倍的放大。所以，不必对上市这件事有畏惧心理。

但我们在资本市场的初级阶段待得太久，说到上市就想到"圈钱"，类似概念根深蒂固。例如，老干妈创始人陶华碧给自己筑起了一道永久的保护伞——踏实经营、不偷税、不贷款、不欠钱、不上市，并称："我坚决不上市，一上市，就可能倾家荡产。上市那是欺骗人家的钱，有钱你就拿，把钱圈了，喊他来入股，到时候把钱吸走了，我来还债，我才不干呢。所以一有政府人员跟我谈上市，我就跟他说，谈都不要谈！免谈！"旁人听起来倒是荡气回肠，但这些观念是现代企业的经营理念吗？可能也只是在我国特殊的发展阶段才适合吧。

不应该把上市的行为神化，但也不至于邪恶化，冷静、客观地看待上市，也冷静地看待企业发展方向。企业朝着最适合自己的方向去前进，上市就成了自然而然、水到渠成的事情。

## IPO 启动筹划的时间点不断前置

我国资本市场由"乱"到"治"、由混沌到规范，企业 IPO 筹划工作的启动时间点被不断前置。大致在 2005 年以前，企业的 IPO 启动时间相对较晚，因为那时市场刚刚经历了较长时间的低迷，实业界对上市的意愿还不太强烈，且上市公司规模的基数较小，有大批成熟可供上市的标的企业，一部分已经十分成熟的企业只要稍加打磨，就可以上市。后来随着企业上市的感召力越来越强烈，大批企业试图涌入上市公司行列，加之具有成熟上市条件的企业被大浪淘沙后，具有上市条件的企业数量日益减少，让有意走向资本市场的企业不断将筹划时间前置。因此，准备和筹划时间较前些年的企业要长一些。

目前，我国对上市条件的审核要求，即"重现实基础条件的审核、轻价值发现的功能"，使得一些现实中还较为弱小，但未来具有广阔市场空间和增长潜力的企业被拒之门外，这在新兴的互联网经济领域内尤为突出。这些企业只好纷纷将眼光放眼境外，使得一批优秀的新兴经济体成为境外上市公司，让国人无法分享自己市场培育出来的成果。随着 2009 年创业板开板，这一矛盾才在一定程度上得到缓解，2019 年、2021 年，鼓励创新和弱化盈利指标的科创板、鼓励中小企业拓展融资渠道的北交所分别创立，给不同条件的企业都量身订制了上市渠道，让更多有广阔市场空间的新兴经济体和中小企业得到更多选择的机会。

好的上市交易标的被境外交易市场吸收，也进一步加剧了我国上市标的供给不足的矛盾，因此"炒新"成了我国股票市场的一道奇观，也成为监管机构的一大"心病"。为了限制疯狂的新股炒作，监管层出台了许多条条框框，但这些手段只能头痛医头、脚痛医脚，治标不治本。

当然，在国家法律法规体系未进行根本改变以前，这些非治本的治疗手段仍显得非常有必要。当我国真正具备推行市场化的发行方式和上市条件时，才可能真正消除我国资本市场一些久治不愈的顽疾。

## IPO 的筹划，不是拼凑，而是有计划地做准备

不管过往是什么样的状况，未来靠业绩拼凑的手段已经不能大行其道了。每个有志于成为上市公司的企业都应该放弃一些不现实的想法，将关注的重心重新转移到合理的轨道上来。

曾经"包装"一词被神化，以至于成了企业上市的代名词。现在已经很少有人说它了，因为大家已经渐渐明白，"包装"出来的企业总有一天会显现原形。这个结果对企业、实际控制人、全体股东和对资本市场发展来说，都是一种伤害。

类似案例太多，几乎每个人都可以随口说出几个典型企业的名字，所以此处不再举例说明。包装上市看似对中小股东伤害很大，其实对整个企业（企业与其实际控制人是有区别的）来说，伤害更大。

比如，一家企业在有限责任公司的状态下，在非透明的监管环境下，小日子过得非常舒坦，在它自身所处细分行业中也有较强的竞争力。但面对目前的审核和监管时，一定要把自己打扮成行业龙头，甚至是"独角兽"，不是第一，至少也要第二。有些细分行业的行业数据本就是一部"天书"，认真翻看一些公司的《招股说明书》会发现其行业数据来源五花八门，甚至来源于一些咨询公司的统计数据。有些公司让一些数据公司或者行业协

会去制造一些行业数据，更有甚者，赞助一些咨询公司专门为企业所处行业编写一本工具书。这样是在形式上满足了监管机构的品位，但何苦呢？

这种行业数据造假的行为尚不能被大众接受，更不用说业绩指标造假的行为了。曾经有一段时间，审核阶段如果发现有业绩不真实的情况，企业悄悄地撤销审核就完事了，现在可不行了，甚至可能导致刑事立案，偷鸡不成蚀把米。如果侥幸成功，发行上市，也不是无事无忧的，除"填窟窿"带来的巨大经营压力外，还会有两种结果等着你：

一是为消化上市前的业绩欠账，只好先来个业绩大变脸，将之归咎于行业形势萎靡不振、应收账款回收不理想、重大资产损失等，如果运气好，监管机关会接受这种理由，但高手在民间，估计众多的市场人士和股东们也不是那么好应付的。

二是被内部人、股东、竞争对手等实名举报，这下就吃不了，兜着走了。因为这事翻船的公司太多，所以最好还是对规则保持敬畏，这才是企业最明智的选择。

企业明白了保持理性态度的重要性，就很容易找到企业筹划上市之路了。

着重打造企业市场核心竞争力和打好持续增长的基础，才是企业筹划上市的核心工作。最高境界的筹划就是不用筹划，沿着企业既定的战略规划不断创新发展，好事自然来。

有很多人说，对企业而言，行业选择才是王道。在一个高速成长的行业，即使你不急于发展，放在风口一头猪也能飞起来；而在一个竞争充分的红海市场中，你再怎么努力也只能如履薄冰、战战兢兢。但这句话并非完全正确，因为不管是阴差阳错也好，认真规划选择也好，大多数人还是在自己熟悉的领域做熟悉的事情，不是所有人都可以任性，舍弃现在，重新选择，当你跑到风口时，风已经停了。再说，再好的行业也有新陈代谢和淘汰落后的时候，再差的行业也有精英企业独辟蹊径、崭露头角。找准企业的定位和自己存在于市场中的理由，企业总会在熟悉的领域不断前行。有的企业在实体经济整体低迷时，不断转战房地产、小额贷款、投资等领域，但最后连企业的根基都"玩"丢了，面对筹划 IPO 时，自然也只剩下"玩"了。

## 不要让现在的冲动成为未来上市的羁绊

这个观点在本书中曾经被数次提及，原因是太多企业为此而吃亏。企业的沿革反映出企业的行事风格，在 IPO 筹划期的"现在"，就是未来企业记录在案的"沿革"。不要让现在的经历成为企业未来挥之不去的阴影，不要让现在的不谨慎成为未来发展的羁绊。

2013 年 9 月 27 日《经济参考报》评论长城影视"股权沿革复杂或成放弃 IPO 主因"，引用一位上市公司法务工作律师所言，证监会对 IPO 公司的股权沿革问题一向非常严谨，在报告期过于复杂的股权转让，以及隐藏关联方的情况都有可能成为公司的硬伤。事实上，从 2010 年开始，鹏翎胶管、金冠汽车、欣泰电气等多家公司就因历史沿革问题导致 IPO 被否。

早知如此，何必当初，这是经常挂在嘴边的感叹。如果是因为过去导致今天失去某一个赚钱的机会，这不算是最坏的结果；如果因为过去而导致今天失去生存的基础，这结果就难免令人悲叹。公司在筹划期涉及出资、投资、股权变更、权利归属等问题，一开始就应该充分重视和谨慎对待。

以一家有特色的医药企业举例，该医药企业生产的藿香正气水、人参再造丸、大活络丸、六味地黄丸等，在所在区域性的普药市场占据 70% 的市场份额，自行研发的心血管类特药也极具特色。企业创立至今已经有 50 多年的历史，前身为集体所有制企业。在计划经济向市场经济并轨期间，企业经营一度陷入困境，于是企业经历了国退民进的变革，所在县政府将企业职工进行了集中身份转换，安置费折换成全员持股，并在改制批文中象征性地留下一句：品牌不再单独计价，由企业免费使用。当时因为企业发展无门，地方政府也无意盘活，当作一个烫手山芋将企业完成改制，转换职工身份自行经营。该企业却在后来的经营过程中，因为职工转换了身份，工作积极性得到了极大增长，经过近10年的发展，重新成为医药市场的"宠儿"，焕发活力，并开始筹划上市工作。不筹划还好，一筹划就让当地政府心有不甘，县属的集体企业怎么就成了全体员工发财的平台呢？于是找出当时的批文，认定品牌的无形资产没有确权，要求重新按现在的品牌价值进行评估作价，重新折算成股权。过去弃之如敝屣的品牌，按十年后状况一评估，单就一个品牌价值，就成了这家药企的单一最大股东（因为股东均为职工，股权极为分散）。于是企业员工不干了，当时你抛弃的企业被我们盘活，现在却为他人作嫁衣。双方为此闹得互不相让，自然IPO也成了泡影。

此处的案例中所涉瑕疵，是企业自身无法规避的，有点无可奈何。但如果我们现在有能力去主动防范和规避，就不要留下类似的权属瑕疵。

●小贴士●

在筹备IPO过程中，企业最容易陷入"猴子掰苞谷"的循环。一面整改历史遗留问题，一面不断制造新的问题，这样IPO筹备效率就会极其低下。

## 某些类型企业不适合上市

如今的实业界，经过上市热潮洗礼和财富放大效应的影响，已经言之必称上市。甚至有很多公司从一成立，就按照上市要求的条件去设计，这也是目前发行审核体制之痛。这问题怎么来的呢？主要还是发行体制带来的，是审核机关代市场作价值判断，好心办了件越俎代庖的事情。早期市场是需要的，规矩还没建立起来，造假太多，劣币驱逐良币。渐渐市场不断成熟，合格投资者越来越多，维权手段搞出来，通过市场手段去规范，此后阶段再用保姆式审核手段，就反过来被市场里的"坏公司"利用了。先不谈降低还是提高上市门槛的问题，只要监管越严，监管标准就越明晰，越是用明确的审核标准去审核，就越容易被那些"聪明"企业家利用。

这些"聪明"的企业就会"比着框框装鸭蛋"，反正"鸭蛋"有的是，总会对着标准造出一个上市公司出来。

反观美国等国家的上市审核要求，由律师编制招股书，由券商向市场兜售，好东西自然有人买，烂鸭蛋只好收起来，无人问津，发行失败。如果你把烂鸭蛋吹嘘成好鸭蛋，那么就会有大批的股东通过民事诉讼来维护自身权益。

为什么我们的市场目前尚未达到市场自治的良性循环阶段？原因是我们市场中鸭蛋"壳"值钱。现阶段相对一般企业数量来说，上市公司还属于稀缺资源，上市公司的"壳"值钱，并不表示上市公司的业务也值钱，正是因为"壳"太值钱，本为企业核心的业务本身反倒成了鸡肋，导致企业最初的业务被反复抛弃。

上市公司旧有业务被挪出上市公司体系之外，除因上市公司的"壳"被重组，随着控制权转移后，有新的业务注入上市公司，原有业务因盈利能力不佳，被重组或者置换出了上市公司的情况外，其实还有部分原因是，有些业务本不适合放置于公众公司的透明状态之下（法律、法规不容许的业务不在本文讨论的范围内）。

通过对上市公司主营业务变更现象的了解，如果在我们筹备上市过程中，如何评价自身业务是否适合追求上市？我们无法一一列举说明哪些类别的业务适合上市，这里采用负面清单的形式，一起来看看哪些业务不适合用来上市。

1. 出身沿革有问题的公司最好别上市。

2009 年 4 月 3 日，中国证监会发审委公告，通过会后事项发审委决议否决了"立立电子"的上市申请，并退还已经募集到位的资金。原因就是"立立电子"与浙江海纳之间部分股权转让交易决策过程存在瑕疵。"立立电子"成为首例"募集资金已经到位但 IPO 最终被否"的公司。

2. 业务只能悄悄发展的公司最好别上市。

这类业务一般是指业务潜规则太多的行业，如单纯的医药销售公司（平价零售药店除外）。这种公司代理很多品牌的产品，每年经营业绩金额不菲，国家上市的硬性财务指标对他们来说都是"小儿科"，但为什么不上市呢？因为其中涉及太多医药流通背后的药、医、销三者之间牵扯不清的利益纠葛。

3. 决策效率低下的公司不一定适合上市。

有些企业在初创期那几年成长迅速，而随着规模越大越显得乏力。原因不是竞争对手和市场容量问题，而是规模大了，决策效率下降，缺乏把握市场机遇的快速反应能力。为了便于理解，我们用极端的案例来进行说明。为什么在我们市场中不可能出现以二级市场投资为主的阳光私募公司上市？从目前法规框架之下去设想一下这类上市公司该如何决策。需要用超过总资金量的 50% 去购买一只股票，然后需要董事会、临时股东大会审批，公告后才能再进行投资！

4. 对单一主体太过依赖的公司不适合上市。

这个倒不是绝对，只是需要慎重考虑。此处的"单一主体"可能是公司的母公司、供应商，或者可能是客户等，这容易导致公司关联交易过多或独立性存在重大瑕疵。比如，酒厂、烟厂的配套企业，有的生产烟盒、过滤嘴、纸箱、产品招贴广告、瓶盖等，除行业属于限制性行业的原因外，更主要的是他们效益虽然好，却是在老母鸡的庇护之下才能生存，有的根本就是这些主体企业的"小金库"或者"蓄水池"。

5. 经常做"一锤子买卖的生意"的公司不适合上市。

持续盈利能力不强，经常是"三年不开张，开张吃三年"的状态，这种公司即使闯关 IPO 成功，最后也会因为市场需要不断提振的盈利要求，让企业疲惫不堪，难以招架。与其如此，还不如不要混成上市公司，自己乐得清闲，不开张我就喝茶，谁也管不着；一开张我就吃肉，吃胖了好冬眠迎接下次生意开张。

6. 市场空间极为有限的公司不适合上市。

这类公司不要说目前审核门槛的审核，就是在筹划新增募集资金投资项目上也很是为难，因为市场空间和容量就那么大，你的募投项目的故事还能怎么编？曾经有一段时间，企业最喜欢讲的故事就是，全国有 13 亿人口，几乎每个人都用筷子，如果每个人都用我一双筷子，一双筷子赚 0.1 元，那么我就有 1.3 亿元利润。这个虽然已经成为笑话，但不管怎么说，从数学公式推理来说是无懈可击的。有的企业就更为难了，按目前的经营小日子过得挺好，也没人刻意盯着，但如果新上个项目就立即撑死。

7. "爱吹牛"的企业最好不要上市。

管不住嘴，就会病从口入、祸从口出。当你是有限责任公司或者在未改制前，不说说大话，在目前市场环境里，是做不大企业的，有时面子就是说出来的。但是当你成为上市公司后，还是继续说大话，不出三个月头上就会挨无数"闷棍"。所以，经常会听到一些刚上市的公司感叹，什么话都不能说，太没劲了！

不要说上市公司，就是从股份有限公司改制那天起，就应该谨言慎行了，低调才是王道。关于这一点，以后再来讨论。

8. 上市后没有后续措施维系核心员工的企业最好不要急着上市。

华为创始人任正非说过，猪养得太肥了，连哼哼声都没了。科技企业是靠人才推动的，公司过早上市，就会有一批人变成百万富翁、千万富翁，他们的工作激情就会衰退，这对华为不是好事……员工年纪轻轻太有钱了，会变得懒惰，对他们个人的成长也不会有利。如果华为真的哪天上市了，那时的华为可能就不是今天的华为了吧。

总之，有许多企业并不适合，至少当前阶段是不适合上市的。公司上市好处自然不少，但要筹备上市需要审时度势。

每当抛出类似的观点，都有唏嘘声和质疑声：现实是所有老板都在削尖脑袋往上市公司圈子里钻，公司烂不要紧，"壳"值钱就行！类似观点确实是目前社会的主流，但主流也不一定就正确，这类观点的持有者，可能未切身体验过管理一家企业或者不知道资本市场反噬企业等切肤之痛。

得不偿失的结果倒还是其次，甚至还可能净身出户，甚至身陷囹圄。局外人看上市公司，就是典型的"只看到贼吃肉，没看到贼挨打"。

再者，"壳"在现行发行体制之下确实是资源，但要成为"壳"，有些行业要付出的代价太大，本小节中汇总的"八不适合"的公司，要霸王硬上弓，其代价实在更大。

有人一定会说，新的"注册制"出来，是不是就没这些禁忌了呢？其实在新的看似宽松的"注册制"之下，市场这把无情的刀，更要慎重对待，本节所称的"八"不适合，就可能是"九"不适合、"十"不适合……

因为一旦发行和上市环节完全交由市场去进行自我评判和决定，那么后续的上市违约和违规成本会更高，市场化的股东维权索赔才是不可承受之重。也只有从制度上为包括中小股东在内的上市公司股东打开上市违规处罚以民事经济索赔为主的方便之门，方为资本市场由乱到治之时。

●小贴士●

随着资本市场日趋成熟，资本市场多层级结构已经成型，企业呈现状态也更加丰富多彩，不必扎堆寻求 IPO 这一条路。同时也有一些企业行业特性决定了其不宜走入一个透明度较高的市场，需要冷静分析 IPO 对业务运作、对企业未来战略是否有长效的利益，切忌头脑发热，为名而上市。

## 如何选取上市地和何时启动上市进程

1. 如何选取上市地？

关于上市地的选择问题，很多企业都很关心。境外的企业股票上市地太多，在此将中国香港、新加坡、美国等常提起的交易市场统称为"境外市场"，至于境外各市场间的特点和差异不在此处讨论范围内。

（1）业务模式和盈利模式有太多创新，最好选择境外上市。

怎么判断自己的模式是否"创新过度"呢？最简单的办法就是，站在一个入住率较高的生活社区的出入口，把企业的业务模式讲出来，如果只有 20% 的人能听懂或接受；在写字楼电梯口调查，如果只有 40% 的人能听懂或接受，那么你尽量选择去境外上市。因为上海主板市场基本已经不接纳新股，一般规模的企业只会选择中小企业板、创业板、科创板或者北交所。反之，你就可以考虑在境内市场上市。境内市场不是不容纳创新，而是受限于发行体制和社会属性差异，一些业务模式无法突破现有审核体制的壁垒。

如果企业的前景能够被市场无限看好，但目前仍没有盈利的话，也可以选择境外上市，因为境内的交易所只接纳已经成熟并有明确业绩支撑的企业上市，这也是由发行审核体制的根本差异性带来的。因此许多新兴的互联网企业纷纷将眼光向外投放，只有极少数真正的互联网企业是在国内上市之路上闯关成功的。随着科创板推出和发行上市规模扩大，很多技术创新和模式创新的企业就有了更多选择。

一些极具生命力和广阔商业前景的新兴产业公司在美国上市，而这些公司主要业务又在本地，这就相当于国内企业利用国内的市场资源，创造了极大的经营成果，主要的股权收益却只被国外投资者所分享，对我国国内的普通老百姓极其不公平。

（2）对照自己企业的治理模式，评估国内外市场的监管品位，即可知道你应该在哪里上市。

在 2013 年的资本市场和电子商务市场中，最"热"的事件是什么？非阿里巴巴选择上市地的事件不可。阿里巴巴的盈利能力和市场前景早就是尽人皆知的事情，但就因其治理结构中争议极大的"合伙人制度"，造成马云先生亲自四处游说都无法消除香港市场的顾虑。类似这一治理制度的安排，就连国际一体化的香港市场都无法接受，更不用说刚刚解决了"同股同权"、才推出优先股这种最常见股权结构的内地市场了，从审核制度上根本不可能被接受。

在一些资本市场高度发达市场的公司治理中，有许多创新性的制度安排，特别是在创始股东权利、控股权稳定性、管理层控制等方面，更是花样百出，比如"毒丸计划""牛卡计划""金色降落伞保护""银色降落伞保护"等。这些特别的制度设计，目前在国内审核环境中还是有障碍的。对一些制度创新领先于国内，使监管审核者惊讶的企业来说，怎么选择就很容易了，要么寻求境外市场上市，要么放弃不符合现行规范的制度设计。

（3）在一定程度上可以根据产品、服务主要消费区域决定在哪里上市。

企业上市是为了什么？首先是为了实现业务发展和服务于企业战略。因此从战略层面来说，上市并不神秘，只是一个有助于企业发展的工具和手段。从企业产品或者服务的层面来说，上市最大的功能就是注入资金和树立企业形象。企业产品的主要消费人群在境外，何不选择去境外上市；如果生产地和消费人群全为境内，去境外上市就需要多一些谨慎。

记得以前供职的公司旁边有一家药业公司，2006 年就在美国完成了上市。在一次省内企业参加的会议中，笔者与该公司财务总监邻座闲聊，该总监抱怨道：我们 2006 年首发时，融资 250 万美元，后来再没有融资过，每年还要请"四大"来进行审计，采用风险导向审计，这对我们企业却毫无意义，审计费用还高，企业每年为境外上市服务支出的费用太高了。上市这么多年，好多人都不知道我们是一家海外上市的公司。看他的表情，感觉他肠子都悔青了。

该总监的后悔当然不该完全归咎于境外上市，还是与其企业发展风格和战略定位有关，但笔者仍不免有所触动。上市地的选择，对企业的长期发展有深远的影响。该药业公司的产品受众不在海外，本就是个区域性市场产品，消费者根本不知道它已经在海外上市。企业为了符合境外监管需求，以较高的经营成本，保持了相对高的经营透明度。但这一切换来的却是，从交易活跃度来看，在其挂牌的交易所里该股票是一只垃圾股，每天交易极其清淡，再清淡下去，可能都够得上因为交易极不活跃而退市的条件了！如果有机会再遇到该企业负责人，我甚至想劝他私有化，重新回归国内市场。

（4）公司现有产业已经确定，且不可能随意转换，但上市地可以自己选择。

企业在谈上市筹划的时候，已经注定不可能轻易选择产业了。而有些产业如果在境内的资本市场环境中，天生就只能被挡在门外，不具备上市条件。如果硬要上市，只好选择可以接受企业产业的一些境外市场。

造成这种差异的原因主要还是与发行体制不同有关，也与股票市场、交易所这个平台在经济领域的定位有关。我国交易所是一个准政府性质的股票交易平台，而境外一些交易所是一个参与市场竞争的市场主体，没有任何超越普通企业而拥有格外权利的主体，只要符合其发行、上市条件，企业就可以发行上市。因此，一部分境内市场阶段性受限的产业，可以选择到境外市场上市。

笔者以前供职企业的所在地为一个国家级经济开发区，邻居是一家生产工业麻黄素的企业，效益很好，这家企业看起来有点神秘，防范挺严，听名字在国内上市都不容易。一直无缘与企业的管理层见面，后来听开发区管委会说起，他们曾试图在境内上市，后来又转向了境外市场。后来再没有回过该经济开发区，不知道他们成功没有。他们对上市地的选择就是受限于业务特性而不得已的选择。

(5) 根据自己的发展战略去选择上市地。

一个企业尽管目前主要业务仍然停留在国内市场，但根据企业战略，未来主要业务市场就是欧洲市场，企业产品在欧洲也有被广泛接受的市场基础。如果这样的定位已经确立，还有什么理由留在境内市场上市呢？企业提前在欧洲市场上市，相当于给企业的欧洲市场战略作了最好的广告。

上市交易所的选择对公司影响至深，不能恣意妄为。"此处不留爷，自有留爷处"，听起来很过瘾，其实这是选择股票上市地的大忌。此言何来？这种江湖豪气的选择就是"有奶便是娘"，只要哪里能接纳我就去哪里，不认为上市地的选择对企业有深远影响，这就与上述 5 种选择方式完全冲突了，本末倒置。

不根据企业的战略、规划、治理特性、产品特征等因素有针对性地筹划上市，就像无头苍蝇一样四处乱撞，这很容易造成前边提到的那家在美国上市的药业公司的尴尬情形，后续的纠错成本太高，因此企业需要谨慎选择上市地点。

2. 何时启动上市进程？

很多企业从设立那天起，就宣称企业的目标就是上市。在"一夜暴富"的财富神话感召下，奔着上市去的企业太多，如意算盘大致都是这样：一切按照监管机构设定的条件去设计，选择一个可以讲故事的行业和业务，通过揠苗助长的手段，使一些硬性的财务指标迅速达成，奋斗一下就上市了，然后设计出股份套现路线，最后能全身而退最好，不能抽身就在市场里耗着，等重组。

这些如意算盘，现在可能要落空了，随着上市审核制度的改革，注册制时代来临，"壳资源"已经不是稀缺资源，同时审核思路也在进行不断革新，从硬性的财务指标审核过渡到企业软实力判断，拼凑的企业很难达到审核要求。

（1）股份有限公司改制不要太急，上市之心"早怀揣、晚表露"。

要步入上市企业的殿堂，必经之路就是改制设立股份有限公司。之前，股份有限公司有两种设立方式：募集设立和发起设立，但募集设立在现行制度之下根本不可能，唯一的路径就是发起设立。发起设立一般常用的又有两种形式：发起人新设和有限责任公司整体变更，后者是股份有限公司设立的最主要形式。

过去对股份有限公司的设立，国家采取了较保守的监管原则，需要省一级体制改革委员会和人民银行批准，后来逐步放宽了设立门槛，直接在工商行政管理机关备案即可。既然设立的限制性条件放宽了，设立难度降低了，有限责任公司整体改制为股份有限公司的，其业绩可以连续计算，企业就不要匆匆忙忙将自己打扮成"股份有限公司"。

从设立时间来说，没有急着设立股份有限公司的必要，抓好企业经营管理才是当务之急。

从国情现状来说，更没有必要提前将自己的企业改制为股份有限公司。在企业经营过程中，难免涉及与其他利益相关者的冲突。名声大了容易"招风"。企业太"招风"容易出现以下尴尬境况：

第一，容易无端招致"羡慕、嫉妒、恨"。

企业在经营过程中，总是难免各种树敌，有的来自企业内部，有的来自竞争对手，有的是实际控制人或者其他管理层自身生活中的"敌人"，他们总是不想看到企业飞黄腾达。

本人经历过一家上市未成功的企业，未成功的原因就是实际控制人共同创业伙伴兼同学们的"实名举报"。因为最初企业就是由一帮大学同学共同创业，通过近 10 年的努力，企业经历了"三来一补""出口转内销""自主研发"到最后形成有自主知识产权畅销产品的创业历程，规模也日渐增长。但最初几个地位平等的同学，渐渐成了身份差异极大的"老板和打工仔"的关系，最初都是相互称呼昵称和外号，慢慢不行了，得叫"董事长""总裁"；进门得敲门，站着汇报工作。于是矛盾暗生，最后上演了一幕"围追堵截"的大戏，兄弟间相爱相杀。

除来自内部的消极力量会干扰上市进程外，外部的竞争对手也不会放过你，不论是横向的竞争对手还是纵向的合作伙伴，都可能成为你上市之路的绊脚石。有些行业最多只能容纳几家上市公司，你一上市就没有我的活路，你想想我能放过你吗？所以不要太过张扬地表露你的心迹，低调对企业是有好处的。

第二，太早改制可能面临不必要的干扰。

此处说的干扰，可能更多的是指政府机关和各种闻讯而来的投资机构。

企业要想把经营做好，经营行为应尽可能规范，待上市时机一成熟，便可以迅速将有限责任公司整体变更为股份有限公司，迅速启动上市申报，让人想要干扰都没机会出手。

没有哪家企业在上市申报过程中，能躲避各种名目的举报。企业过早地表露心迹，无疑会加大逆水行舟的难度。上市之阻力不可能完全避免，只有尽可能地减少企业上市的外力阻碍。

（2）曾经上市时点的铁则是：企业在市场中已小试牛刀，准备御风飞行的时候，才可以启动上市工作。科创板的出现已经打破了盈利指标的限制。

如果认真翻阅主板及中小板、创业板的"首次公开发行股票并上市"的相关规定，你一定会发现审核主导思想是，鼓励那些已经成熟并具有相当的市场竞争力的公司走向资本市场，而不是用市场手段交由市场筛选。即使十八届三中全会提出了"注册制"的审核理念，改变也不可能一蹴而就，一定是一个循序渐进的变革过程。

按照目前的审核理念，审核机关没有义务把自己看待企业的角度转换成一个"风投人员""天使投资人"的角度，不可能用投资眼光来评估企业的未来。企业只有用实际的经营业绩实实在在地去证明，才可能让审核机关相信企业已经具备足够的上市条件。

根据这一审核理念，企业启动上市的时点就可以确定了。就是当企业有一定的经营规模，且经营模式经过市场检验，具有一定的竞争力的时候。如果发行成功，募集资金到位就可以进行复制和放大。这时，就是启动上市的最佳时点。

当下，企业对这一时点的把握有了新的突破，市场化程序更高的"科创板"横空出世。2018年11月5日，国家主席习近平在上海举行的首届中国国际进出口博览会开幕式上宣布，设立科创板并试点注册制。这是深化资本市场改革开放的基础制度安排，是推进金融供给侧结构性改革、促进科技与资本深度融合、引领经济发展向创新驱动转型的重大举措。2019年6月13日，在上海举行的第十一届陆家嘴论坛现场，科创板正式开板。从科创板的审核条件来看，核心有市值、净利润、营收、研发投入、现金流等多维度指标，根据企业不同情况，审核指标进行组合而不是同时满足。由此可以看出，审核更重视市场化的标准和科创属性。原有的以盈利为核心的价值和时点判断标准就不适用了，只要能够清晰证明企业有广阔的未来和竞争力，并能够得到市场化的投资者用实实在在的投资作背书，能够展现出浓厚的科创属性，就可以启动科创板的上市申请。随着市场化进程的加快，深交所的创业板市场也逐渐开始注册制的审核转型，并将原中国证监会审核的权限下放至深交所，虽然目前在谨慎推进注册制转型，看起来有些迟缓，但浩浩汤汤的全面注册制的时代已经来临。2023年2月1日，中国证监会就全面实行股票发行注册制涉及的《首次公开发行股票注册管理办法》等规则向社会公开征求意见。这意味着，经过4年多的试点之后，覆盖现有多层次资本市场的股票发行注册制改革已经全面正式启动。全面注册制实行之后，企业发行上市条件将更加包容。上交所、深交所同步对《股票上市规则》等规则进行了修订，新标准不仅丰富完善了上市条件，增设"预计市值＋收入＋现金流""预计市值＋收入"两套上市标准，同时，明确红筹企业以及存在 AB 股表决权差异安排的企业的上市标准。这些制度性安排，正有序拉开我国全面股票注册制的大幕。

(3) 管理控制能力已经成熟。

随着经济领域的覆盖半径日益扩大，企业所涉及的业务领域和地域也会越来越大。很多企业伴随扩张步伐，没有愈加兴盛却日益走向衰落，其中大多数不是因为市场竞争力下降，而是由于企业的管理控制能力下降。不能否认的事实是，很多企业的核心竞争力和所谓的"护城河"是相当窄的，这一点从国家倡导经济结构转型的呼声中和身边企业的经营实际都可以感受到，特别是传统领域内的产业，很少是通过科技创新硬实力带动企业发展，而是从管理和控制中出效益，所以管理水平尤其重要。

一些区域性的公司活得相当自如，一旦跨区经营就显得力不从心了。针对自身业务特征和产业现状，找到符合自身需要的管理办法，才是企业发展的机制保证。

应站在业务需要的角度，冷静看待和评估自己企业的管理和控制现状，从中确定启动上市进程的时间节点。

(4) 业务盈利模式已经清晰。

随着注册制的推出，在审核备案中，已经逐渐弱化对申报企业的当前盈利指标的限制，而强化对企业核心价值的判断，并交由市场进行发行定价。所以，未来发行失败的概率会大大增加，如果没有充分的市场前景和核心竞争能力，将很难获得市场自由选择的认可。这无疑进一步对企业的盈利模式的清晰性提出更高的要求。

也就是说，未来企业要上市，不要求现在有多么赚钱，但必须告诉市场未来将怎么赚钱、凭什么赚钱。曾经靠政府垄断和行业许可的一些行业，随着进一步深化改革，将逐步取消一些特殊的经营壁垒，成为充分竞争市场，特殊许可类经营方式将再难得到市场的追捧。企业只有靠独特的盈利模式和技术壁垒，才可能形成有自主权和话语权的竞争能力。

当企业的盈利模式已经清晰，企业的"护城河"已经建立，需要更多的融资手段支持时，在"注册制"下的企业就能更方便快捷地跨入上市公司行列。此时，启动筹划上市的进程就理所当然。

（5）管理层已经调整到位，核心团队已经成型。

不论在什么样的发行审核体制之下，对企业的经营管理团队的判断，都是最重要的上市判断依据之一。在一些创新型企业和民营企业中，管理层的稳定问题一直较为严重。

很多民营企业几乎是一年一任总经理，每一任总经理又进行一轮新的团队调整，这样"摸着石头过河"的管理现状，很难向市场展示持续稳定的竞争力和发展空间。

现在拟上市公司的老板经常讲的一句话就是：大家要努力，等上市了我们就搞股权激励，让大家都戴上"金手铐"。意思是，上市后大家就可以发财了，上市前大家继续坚持一下、艰苦一下。这是一种非常奇怪的思维，企业上市成功就可以享受了？可能又是把上市当成企业终极目标的观念在作祟。稳定的管理团队，长期、合理的利益分享机制，是企业成为上市公司的基本标准，其实这更是每个企业在任何发展阶段必须探索和努力的方向。

（6）股权结构已经基本稳定。

很多企业在上市前，经常频繁出现股权调整事项，很多股权调整不是为引入新的资金和股东，而是进行眼花缭乱又看不出战略意义的股权转让事项，这其中最主要的动因就是在上市前进行最后的利益调整。此事本就无可厚非，调整一般出于以下几个方面的原因：

第一，对拟上市的主体进行股权清理，以保证其独立性。很多企业的实际控制人有多个产业，受限于类似"主业突出"的规定，加之多个产业间盈利能力差异较大，一般会将盈利能力不强的资产进行剥离，形成较为突出、盈利能力较强的公司，以保证符合上市的审核条件。

第二，部分国有企业的股权调整，一般会涉及其沿革中的瑕疵事项。国企的发展历史较长，遗留问题较多，如果不是为上市筹备，一般就得过且过，没有人认为是大问题。比如，集团共用商标权和专利权等，这些一般都是国资管理部门或集团公司授权其共同使用、免费使用，且使用年限不定。说到上市就不行了，必须处理清楚。对此类事项的处置也可能引发股权调整。

第三，处理一些在非上市公司中的常见股权瑕疵，比如委托持股、代持股行为。这种行为虽然属于法律规定的禁止性行为，但现实中却大量存在，这些情况都可能导致代持股行为的出现。国内上市的财富效应和审核风险，使很多此类情况必须在上市启动之前予以解决。

第四，还有一些涉及利益输送的情形，其股权转让的方式、定价和实际支付等事项，完全让人摸不着头脑。

不论何种原因导致的股权结构调整事项，都必须在上市启动前予以清理和消化，这与发行审核方式的转变与否没有任何关系。一些涉及触犯法律红线的行为，更应该及早修正，不然将引发后续纠纷，继而引发对其他股东的利益损害行为，受到市场的严厉惩罚。

（7）战略构架已经趋于稳定。

战略构架清晰，是可以启动上市进程的实质性标志，可以作为上市基础工作成熟的标志。这里所说的战略不是流于形式的，而是可以落到实处的，是企业真正想实现，也能够努力实现的目标。

处在摸索期的企业往往目标不清晰且不断进行调整，一旦言不由衷地承诺了战略目标和方向，上市后再调整的难度就会大大增加，因为加入了多方博弈的力量，如果因战略调整给其他股东带来利益损害，可能引发更多的质疑。随着未来股东维权手段的增加和股东维权意识的苏醒，甚至可能会引发民事诉讼。

所以最好在上市前，明晰企业的长中短期的战略目标，并制定具备可操作性的操作步骤，这将对企业上市工作的顺利进行起到重要的保障作用。

## 企业的遗留问题尽量在筹划期予以消灭

没有哪家企业可以在发展中不留下历史上的瑕疵，很多瑕疵都要通过一定的方法和时间来予以消除。本处讨论一些无法通过规范现有主体进行消化的问题。

1. 企业主体合法性的问题。

有的企业一出生就是个"畸形儿"，这种问题一般会出现在国有或集体改制企业，以及一些设立较早并依据早期规范要求设立的企业中。

这类企业的设立时间一般都较早，从国有或集体企业改制而来，其设立时就存在产权不清晰、资产来源不明晰的问题，甚至存在国有资产被侵蚀的现象。这类企业改制前一般都是原有计划经济下的主管机关或企业集团的"遗腹子"，经过多年的发展，其原权属主体现在基本已经消失或者转移。此时最好多借助于审计机构和法律顾问的力量，协助处置，实现重新确权和弥补差价。在实务中，因为无法完成重新确权手续或者涉及金额过大，很多企业因此而放弃了上市计划。

还有一类企业在《公司法》出台前设立，可能存在"超比例、超范围"发行的问题，作为股份有限公司，其上市前的股东人数远超过 200 人的限制，或者存在工会、职工持股会的代持股行为，这类问题后来国家专门出台了相关规范意见进行清理。在当时没有及时清理的企业就会因此而遇到问题：股东人数远大于 200 人上限，且其他股东根本不愿合并或转让股权，致使企业不能将股东人数降到法定数量 200 人以下。

为解决股东人数超限的问题，一些企业想尽了各种招式，有的企业故意人为操纵业绩，制造企业经营不济而面临倒闭的假象，然后由实际控制人暗地低价收购或者由一些投资机构出面收购那些散落在职工手中的股权，对职工权利造成二次伤害。也有厚道的企业，通过股东个人影响力，游说职工自行转让股权，予以合并（其实有些根本没有转让，为部分人代持），将股东人数降至200人以下。

还有一些企业穷尽各种办法，都无法使股东人数低于法定数量，只好将企业核心资产予以出售，重新设立公司。这类做法代价相对较大，除收购款项外，还涉及资产交易中的税费。还有一种做法是用该企业的核心资产出资重新设立公司，虽然可以避免部分交易税费，但仍存在出资人身份合法性的问题，因此仍留下瑕疵。不论哪种方法，只要原股东争议太大，都可能引发诉讼或者举报，导致法律风险。

2. 历史上的严重违规问题。

有的企业因某事项受到过主管机关的严厉处罚，这类问题一般可以经过彻底整改，并通过企业存续时间来予以消化，不存在持续的影响。比如质量问题、环保问题等。

由此企业遗留的问题并没得到根本解决，而且一直蔓延，这类问题集中体现在环保问题上。2018年4月山西某公司引起热议就是因长期环境污染和排放不达标。该公司始建于1970年，是国家大型一类高科技化工企业和山西省优势企业之一，1997年在深圳证券交易所正式挂牌上市交易；2005年与阳煤集团重组，为阳煤集团全资子公司；2017年山西省国资委将阳煤集团所持100%股权转让给山西路桥建设集团有限公司，成为其全资子公司。该公司长期违规生产，直到引起周边居民的强烈不满，才最终曝光。山西省人民政府为此成立联合调查组，至少有5人因此被免职，当地村干部依法被行政拘留。

公司最终步入资本市场危机，甚至引发司法介入，就是上市之初没有完全整改到位所致。

3. 税收问题。

在未上市前，很多企业都有税收问题的存在，这是很多企业普遍存在的现状。历史上欠缴或漏缴的税收，在企业经营规模足够大、有一定影响力的情况下，同时在地方政府鼓励企业走向资本市场的宏观背景下，对此都采取了相对宽松的政策。

筹备 IPO 时，政企默契的处置方式一般为：企业应将历史上欠税金额向主管税务机关进行足额补足，然后通过其他名目，向当地政府和税务机关申请一定金额的返还。实务中返还的名目五花八门，甚至很多都是由企业自行从相关法规中找到扶持和鼓励的政策，地方政府再以此名义对企业进行补助和扶持。地方政府更多地着眼于企业发展和上市后，将加大对地方经济的贡献。对企业来说，通过上市申报工作，将历史上的"原罪"进行清洗，能够实现轻装上阵。

这是一种非常和谐的政企间的共生关系，能够实现双赢。但这不是每个企业在每个区域都能实现的，一些企业正是因为需要补缴数额巨大的税金，所以才放弃了上市计划。还有的企业在大额补缴后，上市却未能如期完成，导致企业从此一蹶不振。正因为有规范成本过高的担忧，一部分企业才会对上市工作犹豫不决。

## 最好在上市申报工作正式启动前，把专业团队建立起来

笔者接触过许多准备上市的企业，他们有一个共性，那就是董事长或实际控制人对上市这件事都是行家里手，说得头头是道，大有专业人士的风范。确实应该如此，上市作为阶段性的头等大事，他们有过太多的咨询和考量，见多了、听多了也便成了专家。但毕竟术业有专攻，你是无法取代更专业的人才的作用的，除了董事长自己有了坚定的上市信念外，必须组建一个以董秘为首的真正专业团队来落实和推动上市工作。

企业找到一个合适的董秘，并由其组建一个二人到五人的班子、日常性的上市申报工作就有了组织保证。可以依托这个班子，组织一个类似"上市工作组"的机构，由董事长亲自挂帅，董秘挂个副组长，由主要经营班子参加，"上市小分队"就此开张。

对于董秘职业规划来说，这里有个诀窍，千万不要忽略了。董秘的话语权就是由"上市小分队"这个机构逐渐诞生的，通过这个机构的运行，只要方法得当，就可以迅速确立董秘在公司中的地位。

有了专业机构，就能够全方位与保荐机构及其他中介机构进行对接，有序推进上市申报工作的进程了。

至此，企业的上市筹划期已经结束，开启了真正意义上的上市进程，企业的发展也可能由此开启新的篇章。

## 第二节 ┃ IPO 启动期，董秘整装待发

当企业基本条件已经具备、专业人员已经到位，启动企业 IPO 就已经是顺理成章的事了。这个较为庞杂的系统性工程千头万绪，但必须有条不紊、忙而不乱，否则欲速则不达。当各事项交替进行，还是排一个时间进度表比较实用，下面就按这个时间进度表来逐一梳理分析。

### 赶快找到组织是当务之急

如果企业品牌和产品经营是高调进行的，那么稳健的企业经营和管理本身应是低调的，特别是在上市工作的筹划期更应该低调，不要在上市工作的准备阶段就搞得轰轰烈烈，否则无数不可预见的干扰因素会接踵而至。

相反，IPO 工作一旦进入启动期，就应该一反低调形象，大张旗鼓地进行。

1.组织在哪里？赶快进入地方政府上市企业培育名单中。

由于各省市对企业上市工作日益重视，一些与推进企业上市工作相关或者不相关的部门都在这一领域暗战，暗战其实质就是权力再分配。目前为推进企业上市，相关的政府机构不断设立，客观上为企业上市起到了很好的服务作用。

从企业上市工作的专业垂直体系来看，由中国证监会到地方证监局是一条线；从各省市地方政府的分工来看，各地的金融办、工信局、科技局（各地部门名称不同）等几个机构又是一条线。一般省市按企业所处上市阶段不一，分为三块来管理：

（1）拟上市企业的培育工作。

一般省份都由省工业和信息化委员会（主要班子是原来的经委，大部委制后，各省可能存在名称上的差异）、地方政府金融服务（工作）办公室（隶属于地方政府，与地方证监局性质不同）来牵头管理，筛选出有上市潜质的企业名单，重点加以培育，形成各地上市冲刺的"黄埔军校"。

上市培育主要以定期专题培育会的方式进行，会请一些交易所的领导、包括券商在内的中介机构人员和一些业内专家举办讲座，鼓励企业提前布局上市工作，交流一些筹备的注意事项和步骤规划。这其中，交易所起了很大的作用，交易所设有专门负责上市推广的推广部，有些培育会就是交易所和当地政府联办的，旨在加强交易所本身的推广和上市理念的宣传，对中小民营企业的影响还是相当大的。

（2）对拟上市企业进行辅导期后的监管工作。

培育期的企业一般都有潜质但需要时间来发展壮大，一旦成熟后，就需要与地方证监局对接，开始接受证券监管部门的辅导和监管。进入这一层次的企业，一般都已经全面启动了 IPO 申报工作。

（3）对国企上市工作的管理。

至于国企，如果有改制上市的意向，首先就得跟国资管理部门进行沟通，同意后方可启动上市工作。国企上市参照的规范更多，除法律层面的《公司法》《证券法》和《股票发行与交易管理暂行条例》《首次公开发行股票并上市管理办法》等行政法规和证券监管部门规章外，还需要遵守《企业国有产权转让管理暂行办法》《关于进一步规范国有企业改制工作的实施意见》等国资范畴的规定。

在国资体系中，地方国资委旗下企业主体较多，可能有些区域内同时有多家主体公司具备上市条件，根据业务性质、对资源的占用、区域经济的带动作用等因素，会有整体的上市节奏安排。

2. 各种金融机构、投资公司等候多时。

一旦进入这些政府机关的培育范围，企业就需要注意了，因为那里有许多金融机构和投资公司等候你多时了。许多金融机构和投资公司寻找投资目标的方法就是在每个省市确定的上市培育名录里面筛选。

金融和投资机构积极与地方政府合作，推动上市培育工作，是因为地方政府机关和这些投资机构有着很明确的共同诉求：政府机构需要扶持当地企业发展，投资机构需要找到合适的投资标的企业。当地政府的"上市企业培育目录"对投资机构而言，就相当于经过"海选"过的名单，多好的投资标的清单，多省事啊！

3. 既然上市是既定战略，为何不向国家争取扶持政策呢？

很多地方都出台了鼓励企业上市的政策，从产业政策、税收政策到具体操作层面的资金扶持等，反映出地方政府对企业上市工作的重视。很多地方 IPO 补助和扶持办法相当具体，比如为上市而改制、辅导等中介机构费用可以补贴；上市申报材料上报到中国证监会可以有专项补贴资金等；还有的行业主管部门也有专项的扶持资金。

这些扶持资金额度都不会太大，但如果既能推进上市进程，又能得到政府对该项工作的补贴资金，何乐而不为？

4. 中介机构的选择问题。

如何选择中介机构来服务企业的 IPO 工作，这个问题对企业来说一直很难解决。也许审计机构相对来说要容易选一点，律师次之，保荐机构的选择最难。

随着更趋市场化的发行体制改革，可能会使这一纠结状况日益加剧。注册制之下，导致执行多年的发行审核体制——保荐制彻底终结，市场化的发行体制之下，对中介机构的要求会更高，也定会进一步加剧企业对中介机构选择的纠结度。

随着审核体制的不断转变，国家对企业上市发行过程中的中介机构的要求也正在不断变化。最初国家对上市服务的中介机构都有市场准入要求，券商、会计师事务所、律师事务所及其从业者都必须有证券业务从业资格。根据《国务院关于取消第一批行政审批项目的决定》的规定，从 2002 年 11 月 1 日起，取消律师事务所从事证券法律业务资格审批、律师从事证券法律业务资格审批，由此律师及其事务所从事证券法律业务不再受资格的限制。当时有资格的律师和没有资格的律师分为两派，争论四起，认为取消从业资格和准入门槛后，将导致过度竞争而引起证券法律业务的混乱局面，还将导致证券法律监管难度加大。事实证明这只是两派人士"位置决定想法"的说辞，到今天也没出现他们预言的混乱，反而市场更加有序，收费更加亲民。

2012 年 2 月 3 日，财政部、证监会联合发布通知，进一步提高了证券资格会计师事务所申请门槛，要求申请证券资格的事务所上一年度的收入不少于 8000 万元，其中审计业务收入不少于 6000 万元，注册会计师不少于 200 人。同时加强了对证券资格事务所的动态考核，加大了证券业务的审计准入门槛。

对于保荐制下的保荐机构和保荐代表人，本书前面内容已经多次谈及，虽历次制度调整均加大了保荐机构和保荐代表人的责任，特别是 2011 年 6 月出台的《保荐业务内部控制指引》，进一步将保荐机构责任人范围予以扩大并加大了保荐责任风险，同时也在不断对保荐代表人进行扩编，但仍然不能有效缓解保荐代表人"僧多粥少"的局面。

十八届三中全会明确提出了"注册制"，并通过 2019 年 11 月开板的科创板开始落地注册制，接着深交所创业板也逐渐向注册制过渡。2013 年初，主板市场也已经推出了注册制，全面注册制的大势已经形成，但现阶段发行体制仍处在注册制过渡期，IPO 申请已经转由证券交易所审核，仍带有浓重的审批制之下痕迹，但全面推行注册制这一趋势不可逆转。在新的发行体制之下，保荐制下核心角色保荐代表人的"金饭碗"已经快到头了。真正有市场经验和能力的证券承销人员将重新成为焦点，券商作为企业股票发行和上市的承销机构，其整体实力的判断标准将彻底转变。潜伏在证券监管环节、保荐环节和企业间的"灰色产业链"将逐步退出市场，或者演化升级成新的模式。

聊完国家对证券业务中中介机构的监管和资格要求，那么企业对中介机构应如何选择呢？这得根据企业类型、规模、基础条件等多方面进行综合判断。

（1）会计师最好选在当地有分支机构的有证券业务资格的审计机构。

自 2012 年财政部和证监会提高了从业门槛后十年间，会计师事务所行业经过了数轮合并潮，逐渐形成了几所大的事务所垄断的趋势，再加上加大了对违规事务所的处罚力度，多家事务所销声匿迹，可选的会计师事务所进一步减少了，境内具有资格的企业会计师事务所大约有 50 家。除了在有无处罚前科、及时性、专业服务能力等方面进行选择外，还增加了对事务所软实力的考量。

如果你选的会计师事务所不在公司所在地或在当地没有分所，那么服务的及时性将很难保证。有些财务、会计问题电话交流起来很难，得面对面交流，还是建议选一些在当地有直接服务能力的审计机构比较好。

（2）最好选有丰富从业经验的律师事务所。

由于国家取消了对律师及事务所的证券资格的准入，可选的范围相对较大。选一些大型律师事务所，它们有更多的实务经验，遇到问题可以提供更多的备选方案，也能有更多资源调遣可供解决问题之用。

特别值得强调的是律师事务所调动资源的能力。从IPO的工作要求来说，较其他中介机构，法律顾问的方案材料和工作底稿要少一些，甚至部分文字材料可以与其他中介共享。此消彼长，在IPO的书面材料制作之外的服务，就要拥有更多的能力。

（3）券商的选择要兼顾新的发行审核体制变革方向。

多年来形成的惯例是，券商的选择重在行业内的排名、背后资源的调动能力和券商的重视程度等几大因素。但资本市场瞬息万变，审核环境也亦紧亦松，变幻无常，特别是保荐制逐步向注册制转轨后，对券商的要求可能将与现行环境下有完全不同的标准。我们分别来说一说应该如何选择：

①保荐制下的券商选择。

原有保荐制下的券商选择，很多企业总是求多求大，"求多"是指保荐代表人做的项目越多越好；"求大"是指保荐机构规模、名气越大越好；其实这是一种非理性的选择。很多承担业务较多的券商总是"三忙夹两闲"，如果企业成熟度和可批性不强，他们会将你束之高阁，你只好干着急。所以最好选择一些与企业规模相适应的券商，重点考察派驻公司的项目负责人及其团队。

保荐代表人自身的能力和带团队的能力千差万别，一个保荐代表人的注册资格根本不能证明其水平高低。因一纸"资格"的包装，很多只能考试不能实战的纸上谈兵之辈充斥其间。他们只会签字，干起事来挺让人着急的，恨不得让他站一边，自己动手来做，他只管签字好了。其实，保荐团队与企业配合出现问题，大多不是能力问题，而是态度问题。

重视执行团队的职业能力，其选择优先级是高于对券商主体的选择的，不要买椟还珠，如果选择与一个表面光鲜的券商合作，最后落地的团队根本无法全心留在标的企业的项目上，自然矛盾就出来了。

②"注册制"下的券商选择。

新的"注册制"虽在全球证券市场中不是新鲜事物，但在我国却是个不折不扣的"新生儿"。在科创板和创业板开始尝试注册制的大背景之下，对于券商我们该如何选择呢？

要回答这个问题，得先搞清楚"注册制"下的券商在其中是做什么的？

保荐制下，企业上市太难，需要"过五关、斩六将"才能闯关成功，因此造成二级市场的交易标的供给不足，只要能够通过审核，发行环节就没有太多技术含量了，管它什么"死猫烂耗子"，基本不可能出现发行失败的概率。所以承销环节就形成了奇货可居、不愁卖的状态。前两年因为热钱打新，导致发行主体大多是超额发行。

试想在新的"注册制"下，企业上市本身的门槛将大大下降，供给问题解决了，发行行为本身就成为一个相对开放和公平的交易行为，就可能存在发行失败、卖相不好、严重低估等一系列风险，这就对券商的承销能力有较大的考验。

保荐能力之外，在未来发行环境中，必须强调承销能力，这就是新的变化趋势。什么是承销能力，说直白点，就是推销能力。产品类营销公司销售的是具体产品，券商销售的产品就是公司，其核心还是营销能力。那些市场化程度较高和营销能力较强的券商就可能在新制度下胜出，这也是企业在选择券商时的最主要因素。

---

● 小贴士 ●

由保荐机构牵头，有会计师事务所、法律顾问、评估机构等参与的中介机构团队，将是整个 IPO 的核心连接带。选中介机构时，最重要的是选执行团队，其重要性甚至大过中介机构本身。IPO 项目启动后，中介机构将与企业共同应对风险，一般不会临阵换将。如果因为特殊情况，出现不得不更换中介机构的情况，需要安排好过渡、衔接与报备工作。

## 企业上市辅导工作赶快进入状态

选择完中介机构后，就应该赶快进行上市辅导。不过这件事可长可短，企业根据自身对证券市场的理解和治理水平不一，可与保荐机构斟酌相关工作。上市辅导期相当于"学前班"，让企业提前知悉和掌握一些证券法律法规和市场规律，以便能够预热上市后的节奏。

2009 年 6 月 14 日以前，要求企业的上市辅导期不低于 1 年。随着《首次公开发行股票辅导工作办法》的颁布，上市辅导期不低于 1 年的规定就此停止，办法只规定了辅导的强制性内容。在保荐机构辅导工作完成后，应由发行人所在地的监管局进行辅导验收。2021 年 9 月 30 日，证监会发布了《首次公开发行股票并上市辅导监管规定》，规定了辅导期原则上不少于 3 个月。从政策变迁可以看出，证监会及其派出机构对企业上市辅导验收周期在不断缩短。

关于辅导的环节，由于这是程序性规定，可讨论的内容有限，如果选定了保荐机构，并且上市申报材料已经初步具备，走完这个程序即可。如果连辅导验收工作都通不过，只能说明企业的各种条件"嫩"了点。

## 如何设计规划募集资金投资项目？

此处所说的"设计"，不是拼凑项目或者无中生有的意思，而是一种有序的规划，并在规划基础上有所取舍。募投项目本身是企业正常经营和投资的一部分，更属于公司战略的一部分，募投项目因市场环境变化的影响具有巨大的不确定性。对具有战略意义又具有重大不确定性的募投项目，对待它就会产生两个极端态度：要么极其谨慎，要么极其随意。

不论是谨慎还是随意，其实都不可取，最好的募投项目就是沿着战略路线走，沿着经营惯性走，根本不用特意配合 IPO 这件事。换言之，企业即使不做 IPO，也要投资建设项目，IPO 只不过是项目建设筹集资金的一个手段，只有这种自然而然的项目才是最好的项目，没有任何刻意或负担。

曾经风靡一时"凑"项目的情况，如今已经在新监管环境下越来越难混了。随着"注册制"全面展开，必然伴随而来的就是严厉的"退市制度"，退市后不可能简单地进入什么过渡用的"老三板"，如涉嫌欺诈或其他虚假行为，都将因刑事或民事的诉讼而招来倾家荡产之祸。

虽说最好的募投项目是沿着战略规划自然而然派生出来的项目，但并不表示不需要规划和设计。

1. 募投项目已经具备主要的实施条件。

募投项目是什么？全称就是"首次公开发行股票募集资金投资项目"，一看名字就清楚了，就是企业的一个投资项目，只不过其资金是企业通过发行股票筹集而来，因为它是上市期间或者其后的第一个重要建设项目，所以显得格外重要。

现有审核体制下的募投项目，异化成了公司设计出一个向监管机构交差的项目。未来引入市场力量加以监督的注册制发行体制中，就必然回归原位，项目应该向全体股东交差，而不是向监管机构交差。

不管是向谁交差，在申报过程中，企业都得证明自己有足够的能力和条件去实施这一项目，项目有足够的盈利能力为股东带来回报，所以新的募投项目就应该形成这样一个局面：万事俱备、只欠资金。意思是基本条件企业都具备了，只要有股东愿意来认购股份，资金到位就可以启动项目了。

一般情况下，项目的主要条件有以下几个方面：

（1）建设用地已经确定。

土地作为项目的承载物，没有它什么也白谈，最好是已经有了土地，并完善了相应的权属转移手续。如果你告诉股东们，现在还没有地，等你钱一来我就找地；或者物色好了土地，钱一来就可以确定下来，相信股东们是没有勇气来投资的，害怕钱白白打了水漂。

（2）项目相应的审批手续已经完善。

跟建设用地一样，不可能等资金到位再去审批。具体实施过程中，募投项目的立项、规划、环保等任何一环节出了问题，项目就可能泡汤，所以还是先把这些审批环节走完再说。

也不怪股东现实，确实是因为审批部门权力太大、审批环节太多，股东们也是没办法。

（3）为管理、经营项目已做好了组织和人员保证。

项目建成后，要正常运营，实现承诺的收益，必须得有强大的组织保证和人才储备，这可是项目发挥效力的最重要的条件，不说清楚可不行。

2. 市场空间只如"茶杯大小"，你说你的项目可以产生"碗大的蛋糕"，谁信？

对行业空间和市场容量的认证问题，在现阶段的环境内尤其重要。目前改革的新方向是什么？就是结构调整和产业升级。为什么？因为在产品创新和附加值不够的现实下，更多企业的成长高度依赖于行业推动和市场成长空间，分享行业红利。所以我们在募投项目规划时，把企业的产品及技术的领先性说得再好，只要市场空间不足够大，股东也不会相信你的。这里不是有意诋毁我们企业的产品生命力及技术领先性，这就是我们现阶段企业所处的真实阶段和市场现状。

当然也有例外，但不一定会发生在你的企业身上。诺基亚曾经独霸天下，将功能手机做到了极致，手机越来越小，恨不得可以放在指缝间，但苹果却开创了新的智能机时代——移动互联网时代。这个故事之所以传奇，是因为罕见，所以还是"在哪山唱哪歌"比较好，老老实实把市场空间说清楚才行。

3. 募投项目规划方向最好是成功模式的复制和放大。

说清楚了市场，就该说项目本身了。募投项目如果是一个全新领域，没有经企业的经营实践证明，很少有人会相信你有能力把这个项目经营好。在市场有足够成长空间的情况下，最好选择自己熟悉的领域来设计募投项目，这也是顺理成章的事情。对于成功率更高的项目，股东有足够的信心和理由投资企业，放心将资金交给企业，这样IPO时才更容易成功。

现在所说的复制和放大，不能生搬硬套，否则画虎不成反类狗，有些行业项目贪大求全就是死。一家曾经做提炼植物精油的种植和加工型企业，IPO申报前，自有基地2000亩，并有较好的管护能力和经济效益。在募投项目中，企业提出要新建1万亩菊花种植生产基础，结果IPO过程中就被"毙"了。为什么？因为监管机关认为菊花是有生命的产品，不是流水线生产，不可以无限制扩大，2000亩可能管护得很好，新增1万亩就不一定能行。

4. 募投项目最好有助于形成企业的核心竞争力。

企业的核心竞争力，根据行业特性、产品特性和资产分布情况不同，其表现是不一样的。何谓企业的核心竞争力，企业已经到了可以IPO的阶段，一定有足够深刻的理解和认识。比如，升级现有的产品技术、产品结构、上下游产业链延伸、整合竞争对手、减少对关联方的依赖、打造独立性等，都是手段，此处就不再班门弄斧，这里只想说这个原则，"条条大路通罗马"，能通过新增项目，把企业核心竞争力进一步打造出来，它就是好的募投项目。

● 小贴士 ●

募投项目也是IPO成功与否的关键因素，其投资方向和设计方案一定得证据、论据充分，有助于提升企业的竞争力，且有能力去实施。因此，最好的募投方向是公司已经有成功经验，并有复制和放大可能的项目。

## 上市进程和方案设计的主动权一定要抓在企业自己手中

不论是保荐制还是注册制，审核过程和形式虽然不断变化，但其实质条件并未发生根本性转变。现行严控为主导的审核体制，其目的是发掘一些具有市场活力和宽阔前景的企业，旨在推动规范、持续发展的企业经营理念。审核，仍然是目前企业上市必须面对的道道关口。

上市的进程，对长期在产业路线上磨炼的企业来说相对陌生，企业更加依赖券商等中介机构的力量。在实务中，中介机构和企业的利益诉求不总是一致，如果对中介机构依赖太大，必将不利于将企业诉求最大化。因此，由自己的专业团队主导自己企业的上市进程和方案设计，显得格外重要。

正如讨论过的话题一样，中介机构总是希望企业的上市进程越快越好，支撑条件越耀眼越好，在一定程度上，将不断绑架企业，不断透支未来。企业如果成功上市，中介机构阶段性任务达成，皆大欢喜，但为上市付出的代价，却要用企业未来沉重的经营压力来偿还。回归到现实中，上市成功之前，用什么态度来主导上市工作，就显而易见了。

中介机构曾经是一片灰色的监管地带，后来监管机构不断加大中介机构在企业上市过程中的责任，最大的立法主旨就是用严刑促使中介机构履职尽责，另外就是遏制中介机构对企业造假行为推波助澜的冲动。

## 很多企业的行业数据和竞争优势就是一本天书

看"预披露"出来的《招股说明书》很有意思，各种行业数据和竞争优势被描述得天花乱坠。因为企业为了上市，特别是中小企业板、创业板企业，一定要把自己包装成为全国性公司或细分行业龙头，不然上市申报的底气都要弱几分。

招股书中一定会披露行业数据，行业数据最权威的就是行业主管机关的统计数据，次之是权威的行业数据分析公司的行业数据，再次之就是对应的行业协会的统计数据，实在没有，就找一些商业化运作的行业数据调查公司。

一些新兴产业或者业务，像"新生儿"一样刚刚诞生，甚至连竞争对手都在培养中，找不到对口的行业协会，即便有，行业协会也没有什么公信力，更不要说行业主管部门了。这些企业的行业数据从哪里来？如果站在企业角度，兼顾公信力和可操作性，相对容易获取且有一定的权威性，还是从行业协会得到行业数据性价比最高。如果协会根本没有数据，或者没有全国性数据，为了上市需要，只有多加沟通了，请行业协会汇总或者调研出一些行业数据，供编制《招股说明书》之用。

搞不到行业数据，又该怎么办？一些企业就从一些行业咨询信息公司去获得，有的甚至干脆出钱请专业数据公司。经常听到非上市的同行公司对部分上市同行公司嗤之以鼻：什么行业第一，比我差远了。虽然他们的话有点酸酸的味道，但也意味深长。

没有哪家企业在《招股说明书》中总结的竞争优势有少于8条的，有的甚至有几十条！仔细一看，大部分是非核心优势，如区域优势、行业优势、人才优势、资质优势、综合优势。就区域优势而言，无非就是产品靠近消费地、生产靠近原材料产地、农业行业中的气候地理条件或者消费者的区域偏好等，但在信息网络、交通运输和跨区投资便利性很高的今天，这些还能构成真正意义上的竞争优势吗？综合优势就是说所有的竞争优势汇聚一身，形成更强大的综合优势，道理上说得通，但总感觉拼凑感怎么这么强呢？

管中窥豹，可见一斑。招股书中的有些段落，只有自己才能读懂，投资者一读就保管迷糊，迷糊迷糊着，也就相信了，这是周星驰的无厘头电影中经常出现的情节。为什么一些投资者会相信呢？不是投资者愚钝，首先是因为他们认为反正发行又不会失败，中签新股就赚钱；其次是因为这些信息的出炉都是专业人士和权威部门审核过的，他们没理由不相信。特殊发行审批制下就容易形成这种尚权和从众心理在牵引着大家判断的情形。

不知道没有权威部门来审核并全由投资者自行进行发掘和判断的全面注册制之下，这些招股书还能不能说服市场和投资者，我们拭目以待。

### 财务报表的猫腻多，逮着一个算一个

关于申报材料中的财务数据，特别是所有财务数据的基础来源地——财务报表及其附注，历来都是企业作弊的高发区。不过关于反财务舞弊这类教材，市面上多如牛毛，本书就不涉及了，还是说点其他的，算是来点友情提醒吧。

1. 研究一下该企业的行业，才能知道它的核算体系是否合理。

《会计准则》和企业的会计制度，是通用的、广泛适用的制度，但不能面面俱到，有些行业需要根据所处行业的特性进行把握。比如，对"消耗性生物资产"中的"郁闭度"的把握，用在林业企业一点问题没有，同样是与林木有关的行业，绿化苗木你怎么来确定"郁闭度"？这种林木产品特殊，其用于个性化培养，有特殊的分叉点、灌幅和间种株距等，与经济林木业有不同的要求，不能简单用"准则"中规定的"郁闭度""郁闭期"来衡量。"郁闭期"的确定又涉及成本、费用的划分和资本化的问题，可以看出即使同一大行业内的企业，划分标准也不一样。

2. 各种会计政策变更、会计估计变更中，可能带有某种目的性。

如果看多了市场上的阴谋，就会产生"小人之心"。各种会计政策变更、会计估计变更等行为，除规范调整引起的会计政策调整外，一般自行修改特别是突击修改会计政策的相关行为，都带有一种目的性。这里说的目的性是一个中性词，不代表邪恶之意。因为对投资者来说，任何会计政策和

会计估计的微小变更，都可能带来成本、费用、利润值的重大变化，有必要对投资者说个明白。

随着更具市场化的注册制不断推开，"市场化"这把"双刃剑"的威力就会显现。放开后，需要投资者有更多的专业精神，人云亦云地投资可能行不通了，分辨各种数据及调整背后的真正意图，需要投资者有更加敏锐和专业的判断。这也是成熟资本市场中，中小散户的比例极低的原因，主要参与者都是专业机构和成熟投资者。

3. 老生常谈的关联交易还是要注意，关联交易非关联化更是防不胜防。

2013 年 11 月 20 日，上海家化（600315）公告，称公司收到中国证监会上海监管局《责令改正措施的决定》，主要还是因为其中涉及关联交易及信息披露问题。这是一个很应景的案例，这么成熟的上市公司，老牌"白马股"，都会存在关联交易瑕疵的问题，何况那些"千军万马过独木桥"冲刺上市企业呢。

关联交易本身不可怕，因为关联交易本是正常的市场交易行为，只是不允许关联交易出现利益输送，导致中小股东利益受损的情况。只要程序完备、决策得当，关联交易是没什么不妥的，但现在一些企业的关联交易逐渐非关联化，这是非常可怕的事情。一些当事者的借口就是关联交易程序太过烦琐，但这肯定不是真的理由，谁会为了这个简单的理由去承担如此大的监管风险，一定是有足够人的利益才可能覆盖其中的违规成本。

4. 各种资产转让特别是权益性资产转让都要多看一看。

在企业的非经营性交易中，各种资产的转让经常出现，这本来是很正常的事情，但由于我国资本市场所处的初级阶段的特性和发行体制的原因，企业在上市前后经常会出来两类极端：上市前利益输送向上市主体倾斜；反之，上市后出现上市公司利益向体外输出。这种前后逆转的利益输出情况，可能是由于上市后弥补上市前拼凑利润的利益安排，也可能是上市公司控制者纯粹对其他股东利益的侵蚀。其中各种资产转让就是这些利益流转的载体。

在资产转让中，实物形态的资产转让相对水分较少，因为这类资产有较为公允的价值标准。而权益类资产可能会因为评估方法的不同，出现天壤之别，因此更需要股东在判定该类交易时擦亮眼睛。不管有无此类行为的出现，作为猫腻的高发地带，还是需要多花点心思来看一看。

5. 至于资产、利润虚增，负债不实等，就请多补补财务、会计知识吧，再不济就委托专业机构帮你投资。

新的"注册制"之下，发行审核朝"轻审核、重市场"的方向转变，必须在转变前就做好迎接改革新变化的准备。

可以预见，在未来我国资本市场中，中小散户会逐步退出市场，有专业能力的机构将成为市场的主力参与者，二级市场中一大批投资机构，包括公募基金、阳光私募、信托机构和一些境外合格投资者等都将成为市场的主力。一些专业能力、精力均有限的中小投资者将转向依托专业投资机构，开始新的投资生涯。

随着市场开放度越来越高，上市门槛越来越低，对五花八门的上市公司进行选择和甄别要求也越来越高，特别是一些业务类型和盈利模式创新的公司，一些非专业投资者很难能读懂并发现其价值。当然，也会有更多的鱼目混珠者进入上市公司队伍，如何发现其虚假繁荣甚至空中楼阁，发现其财务信息中的虚假成分，这些都对投资者提出了全新的要求。

在这样的形势下，作为中小投资者，为何不让更专业的投资机构来代我们完成投资呢?

## 《招股说明书》，越来越精致的八股文

翻看任何一家公司的《招股说明书》，都能感受到公司的特别用心之处。在招股书编制框架之下，有明确统一的标准和格式，但各公司在规范的框

架之下，仍竭尽所能地展示着各自的特色和优势，信息极其庞大和复杂。

随着新股发行体制改革大幕徐徐拉开，未来的招股书又会出现什么样的变化呢？为防止企业在上市过程中的选择性信息披露的情况，强制性披露的《招股说明书》框架不会有太大的变化，只是企业在最低披露内容的基础上，可以有更多的主动披露空间。

可以预见，未来新体制下的《招股说明书》将是越来越精致的八股文。全球主要交易所中上市公司披露出来的招股书，其框架大致无异，仍然摆脱不了八股文样式，只是这"洋八股文"更加精美，近乎一本企业宣传手册，让人爱不释手。那么我们的招股书究竟有哪些特点呢？

1. 形式上一个比一个精美，图文并茂。

大部分股东看到的企业《招股说明书》都是电子版，可能很多经常参与首次公开发行股票认购的投资者或是参加路演的研究员，会有更多机会接触到纸质印刷版的招股书。印得特别精美，精美得如同艺术品一样，扑鼻而来的印刷油墨的味道，让人微微有些眩晕的感觉。

按照目前监管机构对招股书的编制要求，不允许在招股书中有广告、宣传、过分渲染的描述，也不允许有宣传性的图片出现。所以保荐机构代企业编制的招股书中，就将招股书中的排版、编号、字体、段落等形式化的东西做到极致，特别是在行业信息、管理层讨论与分析等表格较多的章节，他们做得特别用心，一个个柱状图、饼状图、线状图，既起到说明的作用，还能作为仅有的装饰品出现，为招股书增色不少。

"注册制"的过渡，必然会导致中介机构职责分工的再分配，现行的保荐机构作为企业 IPO 中介机构的"龙头老大"地位不会削弱，但其影响力会重点转移到承销业务中，律师将会逐步从幕后走到台前，逐步承担起更多的核查责任和企业《招股说明书》的编制工作。如果真的到了那一天，职业天性冷静、刻板的律师们，不知道能不能把《招股说明书》这个精美的传统保持下去，并发扬光大。

2.《招股说明书》，标准的八股文。

为了保证企业披露信息的一致性和降低审核难度，监管机构对企业编制招股书的要求越来越严。总体来说，这种整体划一的要求对市场的规范和提高企业透明度，有着非凡的意义，也是我国资本市场由"乱"到"治"的很大进步。但不管怎么说，它越来越像八股文了，熟悉招股书章节结构的人，几秒钟就可以翻阅到自己想了解的内容对应的章节。

目前《招股说明书》的编制是依据中国证监会颁布的《公开发行证券的公司信息披露内容与格式准则第 1 号——招股说明书》等规范进行的，虽然在指引中给予了企业一定的披露自由度，但总体上基本保持了一致性。从《招股说明书》延展到上市公司的信息披露中来看，上市公司披露的"八股文"遍及天下，必须依据中国证监会和交易所发布的各种规范、指引、编报规则的要求进行编制。除极少数公司有市场独创行为外，上市公司主要运作事项皆可在市场中找到案例，因此就形成了"天下公告一大抄"，甚至在很多公司的公告中，复制粘贴后，公司名字都懒得改了，A 公司公告中出现 B 公司的情形比比皆是。

近年来 A 股市场中各种奇葩乌龙事件层出不穷，有在公告中将公司代码写错的；有在财报中将财务数据单位写错的，即"万元"写成"元"；有年报"玩穿越"，写错日期的；有填错姓名，搞不清自家人名的。举几个案例：

（1）2013 年 9 月 17 日，某公司披露了一则总金额为 516079.20 万美元的合同，受此消息影响，该公司股价 18 日一开盘就被拉升至 13.16 的历史高位。9 月 18 日，该公司公告称"516079.20 万美元"的合同额多了一个"万"字，公司表示是因为操作失误造成的。

但后来外界普遍质疑，这有可能是一个"人为"失误，因为就在同年 9 月 18 日该公司股价处于 13.16 高位的瞬间，该公司董事、副总经理精准减持套现 934.49 万元，之后辞去了该公司副总经理的职位。

证监会在同年 9 月 27 日召开的一次新闻发布会上说，已经注意到此次事件并表示会展开调查。后来，该公司因此次失误受到了交易所的行政处罚。

（2）2017 年 6 月 15 日，某公司在其发布"兜底式增持"的倡议书中，把自己公司的名称"不小心"写成了其他公司的名称，公告的乌龙事件着实让市场消费了一把，后被投资者评论为：董秘"复制粘贴"不走心。虽然公司随后发布更正公告，但这件事也给上市公司敲响了警钟，上市公司在发布公告时一定要谨慎再谨慎，即使复制粘贴也要走心一点，这种乌龙事情不仅对公司的信誉有影响，而且会直接影响投资者对公司的信心。本来倡议公司员工和管理层增持公司股票，是提振投资者对公司的信心，结果乌龙公告一出，反而适得其反。

此处描述的"八股文"形式上的现状，并无批评或者讥讽之意，因为统一格式和披露要点的强制性规定，会大大提升上市公司的披露质量，也更方便投资者，特别是无专业能力的投资者的理解和判断。只是需要监管者对包括《招股说明书》在内的信息进行披露，针对披露形式、行业差异、企业性质、披露事件的性质差异等情况，进行更科学和规范的深化改革，需要更多的监管智慧，将中国上市公司信息披露升级为稍带个性的"八股文"。

记得 2013 年 12 月刚刚赴港上市的福寿园，为一家在上海经营公共墓地的公司，其《招股说明书》中写道："人生在这里定格，欲望在这里虚空，牢骚在这里终结，思想在这里升华，历史在这里沉淀，文化在这里凝聚，灵魂在这里净化，福寿在这里延续。"如果这是在境内上市的招股书内容，可能早就直接被扔到垃圾桶里了吧，但这却是该公司经营业务的最好诠释。

当然不是想在这些细枝末节之处提出更开放的建议，只是想给上市企业一定程度的自由表述的空间。比如，一家公司对自己的盈利模式、管理体系、竞争方式等进行描述时，直接专业的表述很难说清楚其亮点，但如果企业选择用一些类比、打比喻、举例子的方式进行说明，就很容易被普通受众所理解。以"注册制"为龙头的新的发行体制改革正在进行，以后的招股书可不是只给监管机构看的，还要给那些选择投资的普通投资者看。

如果一时半会儿很难扭转市场以中小散户投资者为主流的投资群体结构现状，很多不具备专业知识的投资者们可能很难真正理解招股书中晦涩难懂的表述方式。

期待未来也有浪漫情怀的招股书出现。当然一旦浪漫起来，很可能出现"满嘴跑火车"的表述，出现严重误导、夸大、虚假陈述的情况，这就需要监管智慧和后续股东维权保证措施的出台。

3.必须进一步明确各参与主体在《招股说明书》编制工作中的责任。

所有企业招股书中，唯一的共性就是过于包装企业的盈利模式，在风险分析、董事会、管理层讨论与分析等章节中，基本看不出企业真正的特点。

招股书的创新需要进一步增强《招股说明书》的公信力和可信度。目前，企业招股书的编制无一不是保荐机构亲自操刀，申报企业只是作为名义上的编制主体，并承担相应的责任，因此，券商、会计师一度分别成为企业与企业财务"化妆师"的代名词。要改变这一现实，必须将各中介机构在企业上市申报工作中的责任进行更明晰的划分，以促使中介机构在《招股说明书》编制工作中忠实履职。

一家企业如因涉嫌财务造假、欺诈上市而受到严厉处罚，中介机构也将被一网打尽，对造假行为进行处罚固然大快人心，但资本市场已经发展至今，就应该更加法治化和科学化。

● 小贴士 ●

《招股说明书》是企业IPO申报与审核的窗口，能全方位展现企业的经营成果和管理能力，也展望出广阔的市场前景。几百页稍显冗长的招股书，如何在规定的框架之内，集中而精练地展示出企业亮点，是招股书编制的难点。

## 第三节 ┃ IPO 申报期，董秘身心煎熬

如果说上市筹备期、申报材料编制期的辛苦是累身不累心的话，那么进入申报期就是身心共煎熬。

这种全方位煎熬的奇特感受，也许会随着我国证券发行体制改革的深化而逐渐消失。也许等到真正实现上市公司门槛降低、民事追偿制度完善和退市制度健全以后，这种特殊阶段的感受就再也找不到了。今天不说一说，未来很难再有人记起。这就好像过去的计划经济时代，有一大批向上级主管部门申请各种指标的人，他们的感受现在谁还能记起？

不论曾经在发行体制上怎样改革，其实际都只是一种改良。但改良并非没有意义，从量变到质变的改良，逐渐蓄积了改革的可能，从曾经的"邯郸学步"到今天逐渐全球接轨的过程，就是我国资本市场不断改革的见证。技术性改良的作用空间是有限的，但积累到一定程度，必然要求发行体制本身的突破。

体制未能真正改革前，董秘作为企业上市申报的重要参与力量，在上市申报期仍将延续旧有的状态和体验。申报期作为上市历程的最关键环节之一，已让经历者一提起IPO，就会想到申报期的酸甜苦辣。

─●小贴士●─

IPO 的申报期随着审批和发行环境不一，其周期也不一，但所有公司和董秘的经历却无异，均是频繁奔波于公司与证监会之间，不断加班、赶材料，然后期待着有机会进证监会的审核楼层，能与预审员进行沟通。本章介绍了董秘在申报期间的工作经历和工作状态，随着全面注册制时代的来临，这些审核体验将渐渐消失，现今正在消失，因此本章内容主要为保荐制下董秘 IPO 申报体验。

## 人在旅途，不在金融街，就在去金融街的路上

一旦企业的上市工作进入申报期，那就开始了按照日程倒着数日子的生活。从一张张排满日程的计划表中，一点点向前挪进度，"加班加点"和"空中生活之旅"也就此拉开序幕。

每一个经历过保荐制上市申报期的人，可能都对你公司所在地到北京之间的航班，以及金融街周边的酒店如数家珍。不过那附近的酒店餐厅太多，每个去那里进行公司申报的人开始基本都是由券商的投行人员推荐的，然后慢慢才会根据自己的口味选择一个酒店作为长期奋战的根据地。因为要长期作战，可能没有多少公司申报工作人员会选择金融街周围的洲际酒店、威斯汀、丽思卡尔顿等作为工作酒店，一般会选择一些更实惠的酒店。

在申报过程中，需要经历"首次申报—领取受理通知—见面会—第一次反馈—反馈回复—第二次反馈—反馈回复—可能的口头沟通—反馈会—预先披露—初审会—发审会—封卷—会后事项—核准发行批文申领"等很多需要到金融街办理的程序。一套程序下来，最少有半年的时间是在与金融街亲密接触。

从哪里说起呢？从如何进证监会的大门说起。

现在大家所看到进证监会大门的方式，是经过多次变更的，从松到严，如同我国证券发行市场的改革进程一样，不断改革。

最初证监会办公地在金阳大厦时，相对宽松，进出相对容易，后来因为各种原因到证监会"说理"的中小股东越来越多，才被不断加强控制。特别是迁址富凯大厦后，实行了电话预约，后升级为电话预约后刷卡进入。除了正常的工作流程需要的程序之外，要想进入大楼办公区还是相当难的。

如果经历一个完整的上市过程，即使你是只路盲的"菜鸽子"，也会

对以富凯大厦为中心，半径 5 千米范围内的情况极为熟悉。笔者并不想在这里当金融街路况向导，只想对所有准备参与、即将参与、正在参与的朋友们说：很多与上市相关的路不在地图上，在经历中；很多与上市相关的经验，不在别人口中，在体验中。人生之路，需要自己去参与与经历，而不只在坐而论道的规划中。

当你刚刚熟悉了这个门道，随着新的发行体制改革，这套东西就不适用了。等证监会的大门完全打开，就需要公司自身经得起市场的长期检验，那时"是骡子是马，拉出来遛遛"就知道了。当公司上市过程成为一个真正的市场行为时，证监会大楼也许就不需要设置如此严格的到访程序了。

坊间流传着很多关于证监会这道审核关口的潜规则，但这不是企业寻求上市的捷径。如果企业通过各种手段和谎言闯关成功，那么上市后，就需要更多无数的谎言去弥补，久了就会印证"出来混，还是要还的"这句话。随着未来资本市场不断优化，这种闯关成功的概率会越来越小。

## 不在办公室争论，就在去"荣大快印"赶制材料的路上

企业上市进程进入申报期后，董秘出现频率最高的地点有 5 个：集中编制材料的办公室、行业主管部门、中介机构办公室、证监会，还有最牛复印店——荣大快印。

按照常规流程，在资料制作阶段，董秘出现频率最高的地点就是集中办公的办公室，是 IPO 工作小组的集中办公区。一般情况下，处在制作申报材料阶段的董秘会将 IPO 工作以外的工作暂时分流，全身心投入申报材料制作工作中，所以此时办公室也较为封闭，进出人员也较为单一。所以，那些成功挂牌后的董秘在与员工交流时，应该会听到类似的说法：那时你们好神秘，只知道公司在申请上市，但不知道你们在忙什么，插不上手。

有了共同工作的场所，那么此时，参与上市工作的相关中介机构分别

是什么状态呢?

1. 审计机构。

其实审计机构不在董秘沟通这条线上,主要还是在财务总监分管的业务领域内。因公司的情况不同,与董秘沟通的深度、频率就有所不同。有的公司董秘、财务总监一肩挑的,自然不用说。即使董秘、财务总监是分立的,董秘与审计机构的沟通还是很频繁。

从严格意义上来说,上市审计与企业日常的年度审计没什么差别,只是因为这是"新娘出嫁前"最后一次"打扮",所以显得隆重而热闹一点。此处讲的"打扮",其实有两层意思:第一层意义比较简单,就是耳熟能详的"包装",无中生有,这种手艺技术含量高,但风险大。"化妆"的第二层含义是:其实原本你是个美女,只是平常不爱收拾打扮,没露出俏丽姿色,会计师作为一家外部独立开设"化妆打扮"业务的机构,帮你把脸上打理干净。根据自身资质,可分为四大类"美女":

(1) 有的人挺漂亮,只是脸灰尘太厚,自己洗洗还挺痛,忍不下心来洗干净;

(2) 有的人资质也挺好,只是脸上打扮过头了,有了些"胭脂气",那么会计师就帮你打扮得正常一点;

(3) 还有的人姿色一般,但稍稍打扮一下,也会露出几分姿色;

(4) 当然还有一些人长相确实难看,会计师刚刚用清水一喷,试图看看真面目,一下把化妆师吓晕在化妆台上。

本来处理最后一类也挺容易,就是说你确实难看了,我真不能帮你化妆,你还是去找"整形师"吧,我干不了这活。但实际情况是最后一类很纠结,有的人丑,但有钱啊,摞一摞黄金珠宝在你面前,问:要不要接活?接活这些就都是你的。面对金钱,很多会计师就干起了"整形美容师"的活来,最后出事了,人财两空。

即使是审计机构对待前三种情况,难易程度也不一样,大部分企业处在第二种、第三种状态，就是还有点姿色，但需要稍加修饰，这是比较考验手艺的，很容易过犹不及，所以企业选择会计师必须慎之又慎。以前章节聊过如何选择中介机构，此处不再赘述。

此处想借审计机构的作用，告诉准备立志做好董秘的朋友，虽然董秘职责不干预财务，但董秘绝不独立在财务工作之外，不然你真的会成为"秘书"的。若各中介机构与公司在财务会计处理中有不同意见，董秘一定要以主动却不喧宾夺主的态度，把财务部门和会计师协调起来，统筹之下最后达成一致，长此以往，那么恭喜董秘！公司的其他高管，特别是财务总监，就成了你的"秘书"了。

2. 在申报材料制作阶段，最需盯紧的就是律师。

看完后面的内容你就会知道，此处无贬义，律师是最"散漫"的角色。根据国内现状，律所的业务范围从大类上来分的话，就是诉讼业务和非诉讼业务，现在诉讼业务辛苦，还偶有危险，所以很多律师事务所都把重心放到非诉讼业务上来了。自从国家取消了上市公司业务的行政准入门槛后，律师事务所的上市相关业务的竞争便进入"白热化"阶段。因此，律师业务必须以量取胜。他们出具的文件相对另外两家中介机构而言较少一些，律师事务所的"法律意见书"在实务工作中经常被其他中介所诟病，总是抱怨律师的文字材料是"抄袭"他们的成果。

其实按照相关申报要求和编报规则，律师的工作量是相当大的，需要对公司沿革、资质、资产权属、经营合法合规性、纠纷处置、债权债务、或有债权债务、他项权利、关联交易、同业竞争等方面进行全面"体检"，但因为其工作与市场主要关心的业绩真实性、成长性等没有最直接的关系，加之律师主要关心的事项均被保荐机构和会计师的关注点所覆盖。所以那些长期摸鱼状态的律师就可以坐享其成，这就自然而然造成了律师爱"抄袭"其他中介成果的印象。其实这种看法比较片面，律师的核查任务和责任并不比其他中介或者公司自身要小。

不管责任大也好、小也好，反正董秘有责任把他们盯紧一点，随时跟踪进度并及时帮助他们协调需要解决的事项。在内部工作中，适当借中介机构的名义发号施令，可让董秘在内部工作中要风得风、要雨得雨，权威也会因此积累起来。

谈这些工作细节，其实是想告诉读者董秘应有的职场策略，即擅用中介的力量，会成长得更快，话语权更大。

3. 抓住保荐机构这个龙头，你主导的申报工作就成功了一大半。

对大部分公司和董秘而言，上市的过程基本是"黄花大闺女上轿——头一回"。一旦经历过后，回想有辛酸、有激情，当然也有很多美中不足的小小缺陷。如果你正好处在 IPO 阶段，那么就好好体会这难得的体验。

从职业规划角度来看，提升自己能力和话语权的最佳阶段就是 IPO 的申报过程中，要好好地把握这次"黄花大闺女上轿"的机会。

如果董秘在该事项中的主动性、统筹力不够，一般的公司就由董事长（或总经理）直接和券商面对面"操刀"了，董秘也就退化成了一个秘书。反之，如果董秘有足够的控制力，将集中业务、管理和财务等少部分人耗用在 IPO 申报过程中，公司董事长、总经理等决策层、管理层人员就可以解放出来。最佳的状态是"解放"董事长（或总经理），让其有更多的精力做好三方面的工作：一是参与经营决策，把公司的经营基础夯得更实；二是提前与相关的政府部门沟通，营造良好的外部环境；三是更充分地与创始股东们进行沟通，股东层面达成绝对一致。这样，董秘把 IPO 这一系统工程的具体事项全权承担下来，做一个合格的项目工程师，调控好包括券商这个龙头中介在内的各 IPO 工作参与者，结合外部审核环境、公司内部经营状态、中介工作进度和政府机关配合程度等因素，按照自己的意志去统筹整体 IPO 的节奏。

从公司的角度来看，在申报阶段，保荐机构有以下几个特点：

（1）申报材料现场制作阶段，签订合同时的保荐代表人不见了，取而代之的是刚刚大学毕业的项目组成员。刚刚毕业的大学生有扎实的功底，但缺乏与公司管理层沟通的技巧和能力，缺少现场的统筹能力，缺少一些问题处置的方法和技巧。

（2）速战速决的愿望比较强烈，不希望在一个项目上"蹲坑"。所以在处置申报过程中处置事项时，更多地采取了治标的方法。其实有些处置事项的方法，从长远来看，对公司是有害的。

（3）承揽业务时的那些所谓的"关系""窍门""手段"都不见了。其实公司自身的状况是决定 IPO 成败的关键，具备"稍加打扮就可见公婆的姿色"才是硬道理。

作为公司董秘，不管中介机构有多少"特点"，你的任务就是当好 IPO 申报事项的总协调、总调度人的角色，保证该工作能够有序开展。

审计机构在审计工作中，现场审计任务量和工作时间不会太多、太长（如果现场工作时间很长的话，一般是公司有很多难解决的难言之隐），对他们来说，更大工作量是企业核算基础的夯实和问题整改，因此他们在公司待的时间不会太长。保荐机构的项目组成员才是你"短期厮守"的对象，工作之余，也不要忌讳当个好"保姆"，为项目人员提供较好的工作条件和生活安排，这也是其乐融融开展工作的基础条件。

让会计师、律师、券商三大中介与公司共同发力，减少相互间的内耗，是董秘的应尽之责和能力体现。组织好中介的同时，还要出面组织公司内部高管分板块参与到 IPO 工作中，不然越孤军奋战，越得不到理解。一些公司因管理层参与度不高，IPO 工作过于封闭，除董事长、总经理、财务总监和董秘参与外，其他管理层成员几乎处在"不接触、不了解、不关心"的状态。

其实 IPO 整个过程对企业而言是一次全面反思、全面总结、全面清理、全面展望的过程，而不是简单的纸上谈兵、闭门造车。如果对照三大中介机构出具的文件要求，企业一一去思考，会发现有很多战略性规划的缺失，

"埋头拉车，很少抬头看天"。好好利用 IPO 申报要求和编报规则，主动认真分析战略、风险因素、对策、财务事项分析和内部控制体系等方面，会发现企业光鲜的财务指标之下，原来与未来的发展需要还相去甚远。这一点绝非本人危言耸听，认真对照分析后，企业将受益匪浅。

董秘在 IPO 期间调动公司力量，既可以提升自身能力，也可以有力推进整体工作的进度。那么，如何调动公司其他力量参与 IPO 工作呢？

（1）股东层面的参与。这点不赘述，股东自然最关心，也有"三会"介入的要求和程序。

（2）调动管理层其他成员参与，有三个节点需要把握：

第一，公司基础资料和中介机构的编制底稿，必须由董秘进行统一分派任务，各业务板块老总们按照要求做好，按时交差。董秘千万不能越俎代庖，具体原因可以参见本书第一章《董秘工作的风险及防范》的介绍。

第二，公司申报稿，特别是《招股说明书》初稿出来后，必须多次组织公司管理层进行学习和补充。毕竟招股书中关于公司的精髓（如特点、优势、盈利模式和战略等）是用资本市场中最容易听懂、最精练的语言来总结的，企业未经历这过程，可能"做的比说的要好"，经历 IPO 以后，企业管理层就应该"说的和做的一样好"。集中的学习和讨论，既提升了每个参与者的能力，加强对公司前世今生和未来的思考，又可以更快完善申报材料的不足。

第三，团结力量共同解决内部瑕疵。在解决公司诸如历史遗留问题、管理构架、经营事项调整或者财务核算调整等事项时，一定要让公司所有管理层参与决策，在集体对这些具体问题进行处置时，对董秘的自身影响力大有裨益，同时也有利于内部和谐和增强董秘的沟通能力。

经历过集中突击式申报编制工作后，大多数董秘会有一种脱胎换骨的感觉,IPO 材料制作过程，就是董秘"闭关"修炼的过程。一旦"闭关"结束，IPO 工作就从材料制作阶段过渡到了向监管机构申请审核的阶段。

> **● 小贴士 ●**
>
> 　　申报材料的编制，是一次极好的练手机会，可以练习如何协调中介机构，如何统筹公司内外部力量，如何协调集中解决公司遗留问题。经过这一过程的洗礼，董秘通过"打小怪"升级，才能培养出独立打"大 BOSS"的能力。

## 不在政府机关申领批文，就在请董事会补签材料

　　从申报文件出具主体来分类，IPO 申报材料主要有公司、公司董事会、中介机构、行政审批部门、各级证监会下辖部门等五大类。材料报送后，进入申报审核阶段，中国证监会也会在其体系内，横向向其他相关部门进行征询。因此，在公司整个 IPO 过程中，除公司和中介机构为行文主体出具的材料外，另一出重头戏就是"相关部门"的各种审批或者证明文件。

　　公司的业务属性、行业特点、发展路径、宏观环境等不同，可能需政府部门出具的资料也有所差异，但主体材料是基本一致的。主要涉及的部门和文件大致如下：

　　1. 工商管理部门对公司合法存续和工商行政违法违规等方面的证明文件；

　　2. 税收征管部门对公司依法纳税的解缴证明文件；

　　3. 劳动、社保主管机关对公司有无劳动人事违法违规方面的证明文件；

　　4. 环境监管部门对公司经营过程中有无环境违法违规方面的证明文件；

　　5. 公司重大项目的立项审批文件；

　　6. 公司如果有新增土地的情况，需要土地审批机关和土地所有权人的相关协议；

　　7. 公司主要专利权证的合法取得证明文件；

8. 如果公司新增募集资金投资项目属于特许经营，或者项目所涉规模、环保等级需要相关部委的批准，则还需要取得上述批文。

此处所列的文件只是一些共性的审批流程和文件，实际处理过程中需要的更多。一般来说，手续越多，事情的难度越大，效率越低，自身把控能力越弱。

除自身无法把控节奏的政府批文外，还有一类文件，正常情况下取得的难度不大，但在取得时间极仓促的情况下，也会成为一个难题。它就是临时需要董事会出具的文件。为什么说公司自己董事会出具文件反倒成了难题呢？主要是因为突发性，取得的时间比较仓促。

在审核过程中，由于审核机关临时发现某类问题，需要董事会进行补充说明。但现实存在的难题是，企业已经到了申报上市的阶段，其董事会也相对健全，董事会成员的构成也较为开放，特别是独立董事的加入，更使得公司董事成员的地理分布极为分散。要在短时间内取得各董事的签字认可，就成了具体实务工作中的难题。

因为多人需在同一份文件上签字，无法让多人分别同时出发去签署。本人曾在处理公司增发和一家公司的 IPO 申报工作中，有一天 24 小时均在飞机上度过的经历，一天遍及中国东南西北中五个方向，分别找到董事签字确认。因为取得的时间比较紧急，相关董事又不能抽身到北京或者公司所在地汇总签署。因此，简单的事情在时间有限的情况下，就成了十分棘手的事情。

上述这类事情的出现，往往无法提前预知，完全是突发性的，需要提前有心理准备，以免手忙脚乱，失了分寸。在审批机关要求出具反馈意见时，要求解释说明的主体可能是公司，也可能是公司董事会。两个不同主体，公司取得资料的难易程度是不一样的，就有可能造成这种疲于奔命的困境。通行的应对方法是提前分别准备董、监、高成员的空白签字页以备不时之需。由于有些公司或者董、监、高成员行事谨慎，并不一定能配合你提前准备空白签字页。

## 不在赶制反馈意见回复材料，就在报送反馈材料的途中

中国证监会内部的机构设置与我国的发行体制改革步伐相关性非常高，不管未来在新的发行体制下机构设置如何，现行的机构设置还是比较合理和完备的，主要的业务处室机构大致设置为一个处管新发审核、一个处管再融资审核、一个处管重组审核，这些业务处室负责具体审核工作，再由会计部和法律部负责规则解释和研究等，同时有各行各业、各种背景的专家组成的"发审委"终极审核，事后配合稽查局的稽查功能。这样，中国最高证券审核机关的审核职能的架构就基本完备了。

虽然资本市场一旦有事，就拿证监会说事，但其实就现行国家赋予其职能的匹配性来说，其机构设置和分工基本是无瑕疵的。至于证监会本身职能定位是否准确，是否越俎代庖，干了该由市场自己去完成的活的话题，则不是我们所要讨论的事情，这是上层构架重构的问题。目前业已全面铺开的注册制，已经打破了多年证监会审核的体制，将上市审核权交由证券交易所去执行，证监会回归本位，开始将审核职能过渡到信息披露监管职能。

对于"发审委"这个机构的设立思路，不知国家和证监会的决策过程为何，但从市场眼光类推，有点类似公司治理中"独立董事制度"的意味。就是将审核最后一环节的权力、职责和审批风险进行适度的社会化分散，采用由与被监管人无利益关系的第三方专业人士进行集体审核和投票审议制度。

从立意初衷上来说，这个制度是完成现行职能所能找到的最好的制度了。但这个制度的设计过于"取巧"，"取巧"体现在：这样的设计既能找到各种利益平衡，又能在一定程度上避免遭人口实。这种取巧的制度只能是过渡性的制度安排，不能从根本上解决发行体制的诟病。主要的问题体

现在以下几个方面：

1. 看似发审委独立于各方利益主体之外，受限于审核专业性和特殊性，不能由普通的各界人士组成，所以主体人员的来源是业内的中介机构推荐，这种小圈子内的游戏规则很容易达成会后的默契。

2. 容易形成"能搞定发审委委员"的招摇撞骗，就成了各种招揽生意的"金字招牌"。比如，在两家中介机构同时要承揽一家公司的 IPO 服务业务时，有合伙人任发审委委员的中介机构一定有先天的优势，并且这种优势是可以挂在口上的，还会被人恶意放大。

3. 发审委最初为非常设性机构，所谓"闲时务农、战时披甲"，后来发审委成员按任期全职参与审核了。细细想来，这种第三方人员专职从事审核的制度性安排，与证监会内部设立的一般性审核和权力制衡机构有什么区别？还不如内部专门设置类似机构来负责最后"一锤子"审核，这样来得更直白，更容易追责，还可以顺带推出个"审核责任终身制"什么的。如果你审核通过的公司出现审核期内已经存在的风险，相关的审核人员要承担一定的责任。

当然，这种制度性安排是基于现行审核体制之下的产物，随着我国证券发行体制改革的不断深入，这些机构、制度和现象将会逐渐作古，或者升级换代。

本小节的主要任务是讨论 IPO 审核阶段可能出现的反馈意见，因为这些反馈意见往往涉及我国发行体制，所以先描述了我国证监会的审核机构设置和审核模式。

审核阶段的反馈意见，主要有两个阶段，以发审会为节点，一个阶段主要在预审阶段；另一个阶段是在发审会后的反馈。相对来说，第二阶段会后反馈的回复较为轻松，因为此时发行审核的结果已经出来了，不会改变大局。现在重点来讲讲预审阶段的反馈意见。

预审阶段的反馈意见按照通行的惯例，一般会有两次反馈。如果只有一次反馈意见，则情况太少，再说只有一次反馈意见，预审员也不会提交发审会；如果有第三次反馈意见，可能你的公司问题太多，已经过不了初审啦！

虽然仅仅是两次预审阶段的反馈意见，但要定时定量完成好也挺不容易，也很容易造成上一小节中描述的一天飞几个城市的抓狂窘境。

反馈意见所提问题、所涉方面五花八门，不一而足，很难进行具体的描述。但在复杂的情形中，也能发现规律。归纳起来看，反馈最容易得到关注的有以下几个方面。

（1）公司沿革所涉股东净资产积累来源不明。

这类情况在早期的申报公司中特别突出，现在申报的公司成立时间相对较晚，沿革较为简单。

前些年，申请 IPO 的公司大多数成立时间较长或者沿革变化较大，注册资本和主要资产的变化均较大，甚至很多公司的成立、增资、股权转让、公司转制等方面完全是云遮雾绕，看得人晕头转向，中间难免有"猫腻"，甚至有很多违法违规的事项夹杂在里面。如果要把一个不合规，甚至违法的事项，说得有理有据有节，必定会使用"绕山绕水"的障眼法。因此在反馈意见中这类问题比较常见。

有历史积淀、拿得出手的公司已经被发掘得差不多了，该上市的已经上了，不该上市的也死心了。近几年申请发行上市的公司相对较为年轻，在沿革中的瑕疵一般在申报前均解决得比较干净，最普通的情况还是抽逃注册资本和虚增注册资本等行为，这类行为说大也大、说小也小，在正常经营过程中，一般也无人问津。要弥补手段也相对容易，只要股东们补足就可以了。

（2）税务问题永远是所有公司绕不开的话题。

只要公司和股东愿意"出血"，这类问题还是容易解决的，技术含量体现在"出血"数量的多少上。但税务问题还是要多加防范。

第一，公司税收优惠政策。在流转税和所得税环节，任何公司在经营中均会尽力去获得各种税收优惠政策，不论是行业普惠性政策，国家级高新技术企业，还是区域性的税收鼓励政策，审核机构关注的是给予公司优惠政策的税务机关的审批权限，很容易出现超越权限审批的情况。

第二，税收优惠期限。有些地方性和行业鼓励性的短期税收优惠政策，一般有固定的期限。如有些公司存在这类问题，要重点关注。要测算优惠取消后的影响，并对重点风险进行提示。

说到此处，再说点与本节无关的内容，就是该如何正确、理性地对待公司的瑕疵和不足事项。如果公司有些与生俱来或者回避不了的瑕疵，一定要如实陈述出来，告诉监管机构和市场，让监管和市场自行判断，一旦公司对这类瑕疵进行如实披露，此风险就消失了。至于该事项对公司构成的负面影响，其暂时影响很快会消失，甚至可以通过另一类正面信息予以冲抵。

其实在经营中，有很多问题本来就应该是公司所有股东共同去承担和面对的，如市场环境变化、突发不可预知的风险、不可控的自然灾害等，这些事项一定会对公司造成影响，不必遮遮掩掩。一旦藏着掖着，风险就转移到了公司经营者、决策者个人头上，何苦呢？这类风险天然就必须是股东和市场共同分担的。

（3）公司历史上的重大资产重组和股权转让过程中的异常行为。

这类问题主要与代持股行为、不正常的利益输送行为有关系，所以也是预审员容易提出疑义之处。因为代持股行为容易形成争议，容易造成股权结构不稳定，有损于其他股东的利益。而现实状况是股东持股的"拖拉机"现象应该还是时有发生，且代持行为一般都是双方相互达成默契，很难去查实。一旦出现争议，就会两败俱伤。如果已经存在代持行为，且无法直接消除的，需要申报前自行做好善后工作，解决股权争议。

前段时间见过一家登陆"新三板"的公司，其沿革中就有这么一段历史。

在申报材料的一年前，公司的原实际控制人将持有公司的全部股权以一个较低的价格转让给一位公司高管成员，那时公司经营非常正常，但转让不久，原实际控制人的大部分资产就因为诉讼被冻结。在其申请反馈意见中，预审员就重点关注了该事项。大家自然而然就会联想到原实际控制人在诉前转让股权，让原高管代为保全其自身资产的行为。自然就会拷问：该公司究竟是谁的？

大部分筹备上市阶段的重大资产重组和业务整合不会涉及控股权转移之类的事项，更多的情况是发行人为了保证IPO审核顺利，主动对公司的业务构架、资产构架、股东构成等进行重构，将最干净、最有竞争力、最有成长性的资产和业务整合后作为IPO主体。在这些调整过程中，就可能会存在整合合理性、业务完整性、整合所涉税费清缴等一系列问题。因此，很多可能被预审员关注和反馈的一个点，其背后不是一个单一问题，而是多个事项交织在一起。

(4) 特殊行业适用的会计准则是否适当的问题。

这个问题在一些特殊行业中比较普通，也比较棘手。"会计准则""会计制度"和相关指引、解释毕竟是一个普遍适用的办法，有些特殊的行业中的具体事项很难找到完全对应的准则，因此"新会计制度"也加大了企业核算过程中的主动性和专业判断的空间。既然多了自我裁量的空间，就必定多了争议的空间。

在企业的实际核算过程中，应该不难碰到。特别是在今天鼓励"大众创业、万众创新"的形势下，互联网领域成了创业和创新的汇聚点，虚拟经济日益壮大，商业模式不断深化升级，财务监管和会计核算的创新也需要与时俱进。

(5) 对公司影响巨大、单项业务占比较大的业务容易引发关注。

每个公司都有类似业务存在，其特点是单体规模大，对公司当期损益影响大。监管机构的预审眼光还是会沿用"有罪推定"的逻辑，事实上很多公司也存在类似嫌疑，就是突击注入一些业务来支撑业务规模和利润指标。因此，这些横空出世的龙头业务就自然而然成了被首先关注的事项。

所谓"清者自清、浊者自浊"，最亏的事情就是，清者以浊者的模样出现而被误伤，这就亏大发了。所以，公司对这类业务的核算和管理应予以高度重视，其合同的签署、组织实施、资料收集和财务核算等均要进行严格自查，以防被追问而无法自圆其说。

总之，自企业的申报材料送到证监会那天起，就是忐忑等待，迎来第一次反馈；回复后又是等待，迎来第二次反馈；回复后就该等待什么时候过初审会，什么时候上发审会。

随着网络技术在审核中深度介入，为防止或减少发行人与审核机关人员的接触，提升审核的效率和透明度，注册制后的交易所审核过程已经全面网络化和无纸化，申报文件和反馈意见均是通过专用系统完成审核与沟通。发行人或者中介机构如需与审核人员见面，尚需申请并经上级领导同意后，在全程视频和录音的情况下进行。但不管审核形式如何变化，审核的内容和关注点仍然是相通的。

● 小贴士 ●

在核审的阶段，董秘最主要的状态是等待反馈和回复反馈。同时协调和调动中介机构力量，对证监会提出的反馈意见进行准确和高效的响应。在审核中，企业被关注的点主要集中于沿革瑕疵、经营模式和持续经营能力、关联交易和财务真实性、募集资金投资项目合理性等几个方面。

### 不在解释举报，就在化解投诉

用"过五关斩六将"来比喻现有审核体制下的企业 IPO 经历，毫不为过。不谈过程中的昼夜兼程，不谈材料制作中的加班加点，不谈与各中介机构的爱恨纠葛，仅仅预防各种"暗箭"就已经很狼狈了。

1. IPO 期间，用什么原则可以最大限度地减少"骚扰"？

在长期的经营过程中，作为一个通过市场竞争取得盈利的主体，与各方利益相关者的冲突时有发生，有的冲突容易激化也容易处理，像急性阑尾炎，做个手术就好了；有的冲突易激化但不易处理；有的不容易激化但对方可能是"君子报仇十年不晚"的隐忍高手。而企业 IPO 事关众多利益相关者，其间"骚扰"真是防不胜防，只有秉承几个原则来尽量地规避吧。

（1）IPO 从策划开始，就应该尽量保持低调。

"低调、低调、低调，重要的事情说三遍"，这是防止举报最好的防御手段。有的人说，防御举报最好的手段是企业自身无瑕疵。舌头和牙齿也有打架的时候，更何况千头万绪的企业经营呢？不存在所谓的无瑕疵的"完美企业"。

只有尽量保持低调才能把目标淡化得更好，才有可能不挑起有怨念的利益相关者的冲动。有的企业上市工作"八字还没一撇"，就满世界闹腾，轰轰烈烈，搞得该眼红的眼红，该打主意的打主意，这怪不得别人，只有怪自己胡乱高调。

（2）善待员工，将企业做成一个员工共同致富的平台，而不当成独自营利的工具。

在任何时候都应该如此，只不过在 IPO 期间更应该如此，善待员工不是简单地以利益作为"撒手锏"。用利益刺激，就必定有利益分配不均的问题，总有人会从消极方向去考虑问题。个人建议是发自内心重视员工力量，将员工作为企业成功的关键要素来看待，剩下的就是技术问题了。至于从技术层面如何善待员工，每个企业应有自身的特点和方法。

（3）得道多助，失道寡助。

得道多助，失道寡助，要团结一切可以团结的力量。公司的利益相关者除员工和股东外，还有客户、供应商、债权人、债务人、监管者，甚至还有"倾慕者""粉丝"等。这些人之所以和企业打交道，无非是"天下熙熙，皆为利来；天下攘攘，皆为利往"而已。这么多的利害关系人，没有一种放四海皆适用的方法可以处理，这也是考验企业和企业实际控制人气度和智慧的事情。总之，因"利"发生的纠纷，没有"利"不能解决的。

解决的方法无非这四种。第一，去财免灾型；第二，威逼利诱型；第三，搁置争议型；第四，合并矛盾主体型。至于哪一招管用，还得审时度势，这些办法其实只是一种解决问题的思路而已。

不管怎么去防，IPO过程中的投诉举报事情都不可能完全杜绝，只是多与少的问题。也许从筹划上市之日起，对企业的举报就从没停止过，越往后走，举报的破坏力就越大。最致命的期间是预审阶段过了，并预披露了公司的《招股说明书》后的这一期间。在冲刺IPO特殊时期，这种来自公众监督的力度无疑更是被放大，因此也出现了形形色色的举报信案例，处理不好，则直接影响企业未来的命运。

即使企业成功闯关发审会，一旦出现实名并有明确投诉事项的举报，证监会发审委往往也会以"补充公告"的方式宣布取消对该公司发行文件的审核。在没明确结果的情况前，监管机构是不会对外公布详情的，这往往愈加引发坊间对当事公司的种种猜测。

以同花顺上发审会前风波为例，据市场人士分析，上会前数小时被取消上会资格的同花顺，失利的主要原因是其涉嫌"推荐的炒股软件属虚假宣传，诱骗股民投入升级软件"而被举报，存在影响发行的问题。

作为监管部门的证监会，如果有举报都会进行核实。企业在日常经营活动中发生纠纷在所难免，主要是看企业处理纠纷的能力，以及是否有成熟的企业心态。

因为举报而导致某次上会资格被取消，并不意味着IPO之门永远关闭。

待企业补齐材料后将重新上会，仍有可能顺利通过。如同花顺在 2009 年 9 月 24 日被取消上会资格后，于 11 月 2 日再次上会并通过发行申请，并于 12 月 25 日在创业板挂牌交易。

事实上，并非所有举报都可以阻挡住企业的上市之路。"举报信"质量也良莠不齐，其中大多是无价值的恶意举报，矛头直指企业核心问题的不多。

"如果你真正了解过足够多的举报，你会明白，这里不仅有企业的原罪，更有社会众多荒唐现象的根源。与举报同行，这已是投行的常态。"有投行人士对数量众多的 IPO 举报感慨道。

通过对 2012 年在 6 月进行的第二期保荐代表人培训班上的统计进行分析得出，真正因为媒体报道或举报而影响审核的不足 5%。尽管如此，这其中导致的麻烦却惊心动魄。

2. 针对 IPO 举报的主要诱发原因。

通过对举报点分析，发现举报来源涉及方方面面。关于这方面的论述和统计已经有较成熟的研究，本节只就那些难以防范或者容易被忽略的点来进行一些提醒：

（1）有内部信息源的人员进行的内部人士举报杀伤力很大。

祸起萧墙，很多举报均来自企业内部，很多公司举报内容非常翔实，有大量企业内部的复印件作为举报的支撑材料，这就大大减轻了查处的难度，并增加了举报的可信度，这种举报的决心很大，威力更是巨大。

这其中有看不惯企业做派的，也有心怀不正的恶意行为，不管其动机和目的如何，从内部发起的举报更有针对性和更致命。当然有很多企业 IPO 事项虽然受到举报影响，但最终在妥善解决后，还是可以顺利登陆 A 股市场的。

深受近视人群喜爱的某公司就曾经因为内部举报而上市受阻。该公司最终于 2014 年 7 月 2 日登陆上交所，成功上市间隔因举报而受阻的 2012

年过去已近两个年头，可见其受内部举报影响的程度。

因为内部举报，IPO 无功而返的情况不胜枚举，内部举报的内容涉及企业的方方面面。企业无法从"围追堵截"的角度去防范，只有尽量做到规范，并发自内心地把员工放在重要位置去对待，长久深入下去，才可能尽量减少内耗的发生。

企业被举报，最容易"中标"的就是企业财务造假，这类问题一经查实，不但 IPO 再无回天的可能，还可能惹一身的"骚"。

（2）劳动争议，分配不均，甚至股权激励不妥当等是诱发举报的高危因素。

这一条其实属于上条内容的范畴，只因这是内部举报中比较典型，很容易被忽略的因素，因此单独列举一下。

举报并不都是由直接矛盾诱发的，可能是一些与上市无关的小矛盾所致。有明确争议的矛盾很容易解决，最怕一些"润物细无声"的小事积累出来的，甚至是一些出发点都是善意的事件积累出来的矛盾。在企业的经营过程中，经营会出现"眼镜蛇效应"，一个善意的措施反倒招致一个恶劣的结果。

比如说，对员工实施股权激励，企业的股权激励出发点都是源于企业为锁定有价值的员工和激发其主观能动性，但"林子大了，什么鸟都有"，很多股权激励不合预期或者激励范围不当，有些积怨在上市阶段可能被利用。

这些因素诱发的举报一般准备得比较充分，很容易被监管机构采信而耽误上市申报工作的进程。

2012 年 5 月 14 日，海某调味首发申请获准通过，就在公司上市申报即将收官之时，一则"807 名职工的股权在半小时内强制回购"的举报信一举将其推上了舆论的风口浪尖。有举报称，早年海某调味在回购公司职工拥有的海某集团股权时，存在一些"不当"做法。而正是这次回购，使海某调味顺利地从市属全民所有制企业"变成"股份有限公司。类似的回购从部分员工角度来说，认为受到了不公正的处置，从公司角度则是处理"股份有限公司上市前股东人员不能超过200人"的硬性条款要求。虽然后来海某调味于2014年2月11日在上交所主板成功挂牌上市，但这一举报也给海某调味带来一些负面影响。

对于企业改制上市中可能造成的员工股权纠纷，有人如此总结："关键词是和谐，让员工认同上市理念。处理工会、职工持股会等特殊情况务必宽严相济，宽的是价格，严的是程序。"

（3）商标权、专利权等日常事务中不被关注的争议，而IPO过程中却成了举报的多发地。

商标权、专利权已经被大多数企业重视，成为企业的核心价值之一。但在一些传统产业或者服务性企业中，这类权利未被充分重视和保护。我国已经成为制造业大国，总体上来说，我国企业的很多专利权、专有技术不是核心环节的专利权，核心技术或者关键生产环节大多数被国外一些核心部件制造商垄断，因此，我国较多企业拥有的专利权并不是企业的竞争核心，事实上，这也造成了这类争议在日常经营中会听之任之。而在IPO过程中，专利权证是企业技术壁垒最佳证明，甚至可以粉饰企业价值，这时专利权争议就会集中爆发。因此，企业在产业链上申请的发明专利、专有技术和实用新型等，如果出现争议应及早解决。

2011年1月14日，上海某股份有限公司首发未通过，证监会官方披露的被否原因，是企业不重视职工生产安全而引发的内控混乱，发审委无法确定发行人在安全生产管理方面的内部控制制度是否健全并且有效执行（当期内，两家子公司共发生4起工伤事故，导致1名工人死亡。当地安全生产监督管理局就上述事故分别下发了《行政处罚决定书》，分别对两家子公司予以罚款的行政处罚）。在2011年首次冲击上市被否定之后，其中一家子公司并不甘心，随即于2012年再次递交了上市申请，本次"招股书"中，该公司删除了与专利相关的风险提示，不断受到同业的挑战和质疑，因为其引以为傲的"U 型板桩"产品专利技术被国家专利复审委员会宣判为"专利权全部无效"，2013 年 4 月 4 日该公司终止 IPO 申请。两次冲击无果而终后，公司最后走上了借壳上市之路。

关于公司商标权、专利权、软件著作权等引发的争议，背后的逻辑是企业持续经营能力受到挑战，上市期间针对这类争议的举报有很大的杀伤力。反倒一些有明确金额上限的合同民事纠纷引发的一些举报，其杀伤力却并不大，只要按民事纠纷的法律处置程序进行即可，要么赔偿，要么诉诸法院，要么和解，不会因此导致公司资产、股权、经营秩序、存续能力等发生根本性改变。

（4）针对拟上市公司的非控股股东层面的举报，处理起来也很棘手。

如果是针对实际控制股东的举报还好处理一些，因为公司上市这件事，其发起者就是其实际控制人，所以针对举报事项，他定会全力以赴解决。有问题不怕，怕的是有问题找不到人解决，对实际控制人以外的其他股东的举报就属于这类情形。

针对一些与公司关系不是特别紧密的股东的举报，处理起来比对公司或者实控人的举报还要复杂一些。其事情本身不在于有多难，关键是有些股东名存实亡，或者因种种原因不配合，导致本来不复杂的事情变得棘手。这类问题也要引起高度重视。

曾经遇到过一个真实的案例，拟上市公司的二股东是一家经营不善的A 公司，拟上市公司在申报上市前 3 个月，A 公司以 2 倍于拟上市公司净资产的价格转让给 B 公司，且 A、B 公司无关联关系，是基于财务考量的真实交易。公司在申报期间就有人举报，A、B 公司间的交易存在利益输送的行为。说来也巧，举报事情发生后，A 公司已经清算并注销完毕，根本无人配合处理解决，从这些行为来看，更加印证了举报的推理。但其事实的真实背景，却是 A 公司因债务无力偿还，不得不出售变现，并不存在利益输送的行为。为解决此举报，事情一拖就是 2 个月，这期间资本市场风云突变，IPO 关门了，这家公司的 IPO 申请工作受到很大的影响，至今也没有成功。

本小节中所列的 4 类情形，都是易发又易忽略的风险点，企业在上市申报过程中可提前进行自查并关注。但还是那句话，防不胜防，所以不必刻意大张旗鼓地搞风险排查。善待员工，稳定核心，合作共赢，重视信用，这 16 个字是抵御风险和处理举报的最好手段，企业上市的过程是需要传递正能量的。

3.IPO 被举报的主要形式。

在实务中，企业因 IPO 被举报的原因多种多样，其方式更是五花八门，主要形式汇总起来有以下常见手法：

（1）有直接上门闹事的。这种手法类似于上门讨薪，一群人围攻办公楼或者公司大门，为 IPO 服务的中介机构项目组成员直接被吓得都不敢进公司，甚至对承接项目的可靠性都产生深深的怀疑。

（2）举报信或者举报材料直接投诉到当地证监局或者中国证监会，这是最常见的一种举报方式。不管举报事实是否真实，监管部门收到材料都要进行核实，被举报的企业即使最终核定为没事，但 IPO 节奏也被打乱了。当然通过这种方式，企业的很多问题最终得以曝光。

（3）直接带着举报材料当面投诉。这种方式一般具有稳、准、狠的特点，这种方式的举报人还是有底气的，手中有足够"干货"。这种情况出现前一般是当事双方有过接触但未能达成妥协，积累了较深的积怨。

有个未经证实的传言，说一家企业在当天上午马上要上 IPO 的发审会，全体发审会员正襟危坐，企业上会人员刚进会场，就有举报人不知通过什么途径出现在了会场，拿着举报材料，向发审委员说，我要举报这家企业。结果当然是休会，择期再审。这种方式还是比较极端的，得有多大的仇恨才能这样举报？用"必杀技"大招突然出现在会场，花这么大精力和心思用在举报一家公司的事情上，相互间一定有不可调和的矛盾，或者举报事实非常确凿。

（4）向企业的某类业务的行业主管投诉，引发行政处罚。这种方式一般是有间接利益纠葛的双方，可能是竞争对手。这类情况也是很难规避的，毕竟身在江湖，看你不顺眼的大有人在。这种方式一般不致命，但很难预防。

（5）IPO阶段发起一场诉讼，也是IPO阻击战的常见手段。诉讼的事由多种多样，但一旦诉讼，企业IPO进程必定会受到影响。

如果有幸经历过被举报、处理举报、化解风险这一过程，相信你就算不成为调解专家，也能成为半个法律专家。在IPO过程中，作为直接负责的董秘，一定处在精神高度紧张、神经过敏的状态，突然出现的举报风险，会使精神抗压强度受到刺激和挑战，这种经历是人生难得的境遇和挑战，值得珍惜而不是害怕和抗拒。

---

● 小贴士 ●

　　IPO是个改变格局的大事件，可能改变财富分配，可能改变企业生死，甚至可能改变行业格局。其巨大冲击力必然会动了一些人，甚至一群人的奶酪，因此IPO被举报在所难免，不必大惊小怪。面对举报，董秘最应做的事就是准确而冷静地分析，然后寻求化解之道。

## 第四节 ┃ IPO 上会期，董秘终极体验

发审委及发审会，作为企业上市过程中必须要跨过去的一道槛，早已深入资本市场中的每个人的细胞中。如今"注册制"已经艰难起步，传统的主板（包括中小企业板）仍在证监会审核外，创业板、科创板的审核权已经交由各证券交易所，发审会（交易所组织的"股票上市委员会"）审核也在交易所层面举行，审核后的上市注册需向证监会申请。从目前审核流程和审核思路来看，可能是两种审核体制转换期间的原因，并非真正市场化程度较高的注册制，仍然是个严格审核的状态。在实施真正的"注册制"以前，"发审会"这三个字在跋涉上市之路的公司中，其名头之大、名声之响、影响之甚，自不待言。

在保荐制的 IPO 审核过程中，通过发审会审核的企业，就基本相当于拿到了上市公司身份和交易所挂牌交易的入场券，其后工作的重点在于路演和推介，将企业卖个好价钱。如果发行形势好，路演都免了。只有极少数企业存在因发行期间被举报或者被查实有重大违法违规行为而中止发行上市的情况。

在现行的注册制操作中，通过交易所审核并经其"上市委"审核后，提交证监会注册，其间仍有审核问询的职能，也有少数企业在提交注册阶段被证监会不予通过注册的。因此从目前审核流程来看，审核流程较之以前更为严格和漫长。在 A 股试点注册制两年多来，截至 2022 年 1 月末，科创板及创业板累计有 27 家企业在注册环节失败，其中包含"不予注册"和"终止注册"两种被否决形式。注册制下，IPO 过"上市委"审核与否不再是最令企业家们提心吊胆的事情了，拟上市企业 IPO 过会后，还需向证监会递交材料完成 IPO 注册，仍存在"临门一脚"遭遇失败的概率。交易所和证监会为何会对同一企业的 IPO 持两种态度？这源于注册制下的监

审分离机制，令一些问题企业即便通过交易所的上市审核后，仍需要面临"二次把关"，这种机制减少了 IPO"放水"的可能性，提高了上市公司的质量，也在一定程度上提高了审核成本，加大了审核力度和延长了审核流程。

2015 年 4 月，《证券法》修订草案已正式提交全国人民代表大会常务委员会进行审议，其中把新股核准制过渡到"注册制"是此次修订《证券法》的重要内容之一，如果条件成熟，"注册制"一旦实质性运作起来，届时发审委制度也将取消，这意味着，在 A 股市场把控 22 年的发审委将退出历史舞台。

● 小贴士 ●

　　发审会制度是资本市场从乱到治的发展过程的产物，为初级资本市场的发展起到极大的作用。目前发审会的角色也在与时俱进，不断适时进行调整。本章在讲述发审会及其委员们是如何产生、如何演变、如何开展工作、机制如何运转的同时，将重点介绍企业在上发审会的关键注意事项，防止无谓的失误出现。

## 发审委、发审会的前世今生

"发审委"的全称是中国证监会发行与审核委员会，其主要职责是审核拟上市发行股票的公司。目前 A 股市场主要有两个发审委，一个是主板发审委，另一个是 2008 年开始成立的创业板发审委。2017 年 7 月 7 日，证监会修订发布《中国证券监督管理委员会发行审核委员会办法》，宣布将主板发审委和创业板发审委合并。

主板发审委走到第十六届、创业板发审委走到第六届时，根据"注册制"改革的进程和《证券法》修订草案推测，第十六届发审委将可能成为最后一届主板发审委。根据《证券法》修订草案中的规定，证监会发审委将被取缔，届时将由深交所、上交所各自组建具有类似职能的审核委员会。

目前我国的"注册制"已经推出，但审核机制并未完全过渡到市场化的发行和上市。罗马非一日建成，尚需时日以待发展。

2017年10月9日，中国证监会公布了第十届发审委委员名单，委员扩容到63人。其中专职委员42人，兼职委员21人。63名委员中，来自证监系统的占比过半，有33名，其中证监会、中国证券业协会、中证金融研究院和中国证券业协会各1名，证监局15名、沪深交易所14名。另外的30名则来自国家相关部委、高校及金融机构，其中国家部委6名、高等院校6名、科研院所2名、律师事务所5名、会计师事务所4名、证券公司4名、基金公司1名，以及保险资管机构2名。

2001年起，我国股票的发行制度由审批制变成核准制，发审委就变成了企业能否上市的关键一环。所谓核准制，指的是拟上市公司要公布全部发行的材料信息，并符合《证券法》中发行上市的制度标准，而关键就在于有标准，比如《证券法》中就有规定，对于创业板公司，其营业收入要超过5000万元才能上市，而对这些材料真实性进行最终审核通过的就是发审会。

发审委制度从1993年就已经建立，近30年间，发审委制度也发生了很多变化。目前注册制以前的发审委主要可以分为3个阶段：1993—1999年，证监会内设审核程序阶段；1999—2003年，发审委条例阶段；2003年12月到注册制推出之间，新发审委制度实施阶段。

1993年6月，为提高新股发行工作的透明度，证监会决定成立股票发行审核委员会。1999年7月1日，《证券法》的正式实施以及《股票发行审核委员会条例》等一系列文件的相继出台，标志着发审委的主要工作内容和框架也基本明确。

2003年则是发审委制度逐渐成熟与完善的一年。2003年12月底，国务院废除了旧的发审委制度，并开始实施新的发审委制度。新发审委制度规定，发审委委员从选聘程序和人数上都会有很大变化，其中选聘将由有关行政机关、行业自律组织、研究机构和高等院校等推荐，证监会决定聘任，人数上则由此前的 80 人变为 25 人，其中政府机关委员人数将减少，社会行业委员将增加，发审委对上会公司的表决，由以前的不记名投票变为记名投票。

在此基础上，此后发审委又出现了一些细节上的变化，此前证监会只会公布发审委的审核结果，审核过程中提出的问题细节并不会公开，但这个现象从 2014 年年末出现了变化，证监会将发审委对上市公司提出的主要问题也一并予以公布，从而增加了发审委的公开透明度。

在发审委候选人的选择上也逐渐变得成熟。在 2003 年的新发审委制度中，发审委候选人主要出现了由政府官员占主导向行业自律组织、研究机构和高校专业人士主导的变化，律师事务所、会计师事务所和评估机构等中介机构逐渐成为委员候选人的主要来源地。就近几年来发审委候选人身份背景来看，对于候选人的选择又出现了新的变化，一些市场买方代表，如基金管理公司、保险资产管理公司和创业投资机构的高管也成为发审委委员的候选人，甚至上市公司董秘也被加入发审委委员的候选人名单中。

二级市场经过 2015 年、2016 年的大起大落后，进入了持续低迷的状态。2017 年阶段的 IPO 提速后，2018 年开始不断趋严，且上市窗口指导标准不断提高。新的发行审核环境的变化，与发审审核责任划分改革有关，从新一届委员的背景构成中就可以看出端倪，证监会自身体系内委员大幅增加。

### 突击补课是上发审会的必修课

不论目前发行审核制度是不是可称为"注册制"，交易所层面的上市委的审核形式和方式仍一切照旧，那么我们该如何应对呢？除了"打铁还需自身硬"之外，还有一句话：临阵磨枪，不快也光！怎么磨枪呢？就是先多来几次模拟演练。

这出演习一般由券商组织，企业做主演，部分会计师和律师等中介机构跑跑龙套，再找点陌生人当评委，其他董事会成员当看客，这样整个演习的班子就搭建好了。

保荐机构的项目人员会将企业在制作招股书和其他申报材料中可预见的瑕疵、硬伤和可能最易被关注的地方，汇总成各种可能出现的问题，并通过共同讨论给出"标准答案"，进行突击性训练。这种训练的表现形式，和曾经高考前文科生背历史、政治论述题的过程无异，其核心作用不是让未来参加发审会的人死记硬背答案，是提前感受上会的氛围。

进入实战演练阶段，一般将企业的董事长、总经理、财务总监、董秘等成员作为演练对象，作为"种子选手"培养，董事长、财务总监作为第一梯队，总经理、董秘作为第二梯队。通过模拟发审会场景，陌生人提问，再安排一点旁听观众，以增加临场感和种子选手们的抗压能力。

这种临阵磨枪的训练还是很有必要的，防止好企业因为上发审会准备不足，被发审委员们错杀的情况出现。这种情况虽然冤，但也不鲜见。做得好的企业，不一定都会说，特别是从事传统产业的经营者，企业的坚实成长全凭自己的坚持和实干，要用"高大上"的表达方式，还真不一定能够做到。

## 根据培训情况，优选出上会的"种子选手"

经过一段时间的密集培训和演习后，临近上会前，备选的 4 名选手就要进行"PK"淘汰赛，最后 2 名选手胜出，作为"种子选手"代表企业出席"一局定生死"的发审会。

4 名选手中，能代表企业征战发审会的只有 2 名选手，与另外 2 名保荐代表人一同接受发审会的质询。企业的 2 名选手中，最常见的搭档组合为：董事长和董秘、董事长和财务总监、总经理和董秘、总经理和财务总监。其他的职务配对的情形较少。

如果能够最终代表企业出席最后的发审会，并一举闯关成功，这将是董秘职业生涯难得的经历和高光时刻。企业经发审会闯关，并最终成为上市公司，不仅是董秘，甚至可能影响参与其中的每个人的一生。不管结局如何，这都将是董秘一生中难得的经历。

## 合理明确分工，加强配合是上会成功的关键

不是每一家好企业都可以顺利通过发审会委员们挑剔的眼光和出于本能"有罪推定"的审核逻辑。所谓企业的"好"，与当下阶段的宏观经济现状、政策导向偏好、企业业务行业情况、资产配置、业务在产业链中分布、战略资源陪衬、管理团队匹配度等都有高度关联。站在的不同角度，同样一个企业，生死、高下、优劣等，均有不同的认识，正所谓"横看成岭侧成峰"。

对能走到最后发审会这一环节的企业，其当下的态势一定是拿得出手的，当属市场竞争中的佼佼者。同一天上会的几家企业，作为同一起跑线上的竞争者，可能最终的差异就在发审会这一环节之上。因此上发审会时，策略性地进行配合和分工，是很有必要的。

就一般情形而言，发审会委员会主要由两类专业人士构成，偏重于财务和法律。因此很多中介机构，如会计师事务所和律师事务所，为了提高所在机构的行业影响力和话语权，向证监会发审会输出合伙人作为专业委员，是打造中介机构行业竞争力的方向之一。虽然从制度设计上设置了任期内的发审会委员们与所属机构的防火墙或隔离，以防止舞弊的发生，但委员身份总会直接或者间接地为其服务的事务所发挥更大的影响力。

为保证审核公允性和更好的专业支撑，发审委加入了社会专业机构中遴选出来的委员。为防止委员们权力寻租，证监会又将兼职委员调整为专

职委员，在制度层面一定程度上规避了其负面作用。

在整个 IPO 过程中，其实面对大量的审核环境的不是发审会，而是证监会内部的发行部及其垂直管理部门，企业见得最多的就是对接企业的预审员。随着审核进程的推进，预审员们的角色也在不断转换：发审会前，他们是监管者和审核员；一旦经过他们的审核，进入发审会这一环节，他们的身份就变成了企业的代言人，作为被审核企业的代言人接受委员们的第一轮质询。

大家可以从这一具体的角色转换中看出点什么？在企业预审工作环节中，糊弄自己的预审员是不明智的，要让预审员充分理解企业，这样才能在发审会的第一环节取得先发优势。经过与预审员交流，在企业代表和保荐代表人上场时，其实委员们对企业的质地、前景、现状等早已经心中有数了，在表决环节该投什么票，其实已经有了 7 成以上的决断，企业临场的表现只能是锦上添花而已。

最后，我们再次拉回本小节中讨论的话题：合理的分工，是上会必要的准备。根据发审会委员的专业背景构成情况，企业与保荐机构各两个，组成 "IPO F4" 组合。可以推荐如下工作分工：保荐机构两个保荐代表人不用去管，一般情况下，他们经验较为丰富，会自行约定分工；企业方两名一般由董事长或总经理负责回答战略、商业模式和经营等大类的问题，财务总监或董秘回答企业具体财务、法律类技术性问题，加上一同上会的保荐代表人的临场申请补充，就基本可以应付发审会的场面了。

---

● 小贴士 ●

合理的分工是成功的一半，4 人上会，对委员的突发性提问得有应对机制，防止误答、漏答的情况。人员的分布最好能够涵盖战略、经营、财务和募投等几大类。通过与委员们的现场交流，可以大大强化发审会对企业的信心，提高他们投赞成票的概率。

## 最后一锤子买卖，成不成就看发审会的"心情"了

本小节继续讨论上会的关键环节，有了前述的会前备战和角色分工，公司就安心上会吧。临场的表现就是"最后一锤子买卖"了，谋事成全，成败不惧。

1. 会前准备。

讨论临场表现这一话题前，我们先把发审会的正常程序进行梳理，大致知道发审会的注意事项。一般来说，每次发审会由 7 名发审委员组成，其中召集人 1 名。发审会第一阶段议程一般是不需要企业参加的闭门会议阶段，由发审委员与预审员就被审企业情况进行沟通和陈述，之后预审员会退场，由委员们直接与企业进行面对面审核交流。交流的基本程序如下：

（1）被审核企业进场；

（2）企业代表介绍参会人员；

（3）召集人提问；

（4）企业代表、保荐代表人回答问题；

（5）发审委员与企业间直接交流式问答；

（6）同时上会的企业集中宣布审核结果。

临到上会这个阶段，企业自身能做的事情就很少了，已经无法自主把控。此时，关心则乱，在上会前营造的氛围和内心的使命感会加重参会人员的心理负担。

上会前应尽量营造减压氛围，主要是舒缓上会人员在会前的紧张心情。一般来说，企业上会前，需要由上会人员和企业辅助工作人员进入证监会会客厅候场（同一场发审会通常是几个企业轮流上会）。在小小的会客厅中，大家尽量小声和轻松地说话，不要强调此时此刻如何重要、自己如何紧张或者刻意预测会后的结果等，减少上会人员不必要的紧张。

至于上会人员着装准备，一般还是"老三样"比较稳妥：西装、革履、领带，领带颜色有心理暗示作用，红色比较好。这些都是形而上的务虚，只要尽量做到整齐、干净和简洁即可。

2.临场表现。

做好准备就等进场通知吧，进入会场后，本次会议的召集人会让企业代表介绍参会人员，一般由企业比较权威的那个人负责介绍，被介绍到的人员尽量站起来微笑致意。至此，一切进程就进入会议安排的节奏，全神贯注听清会场的每一句话。

此时会议进入会场问答阶段，根据企业的经营实际和企业上会人员的表现，临场上一般有6种类型：

第一种是"正常发挥型"。这种类型较为普遍，又叫"中规中矩型"，其实这就是最好的临场状态了。因为发审会的场合不适合超水平发挥，更不需要激情四射，不需要光芒万丈，只要做到不卑不亢，沉着回答，条理清晰，把发审会委员们的问题进行条理化的陈述，能够自始至终保持微笑走出会场，正常发挥出平时准备的水平，成功八九不离十。

第二种是"情绪不稳定型"。这种类型一般是企业董事长对企业有过于深厚的感情，过于看重IPO对企业的影响，有时会对企业的优势或者长处刻意夸大，语气过于亢奋；或者是对企业的软肋比较敏感，容易出现曲高和寡或者敌视的语气。曾经有家化工企业的董事长因为激动，在发审会会场情绪失控，痛哭失声，听说这位董事长年龄不小，出现如此表现可能是因为紧张情绪没有得到很好的控制。

第三种是"答非所问型"。这种类型一般是由于紧张导致表达逻辑混乱，本来很容易解释的问题变得混乱，容易误导委员们对企业的判断。

这种比较好理解，用个冷笑话来解释一下即可：去一家外企面试，对方要求我朗读一篇英文稿，好歹我也是重点大学的毕业生，轻轻松松就把每个字母读了出来。对方在震惊之余把我赶了出去！

紧张导致答非所问，就是这个效果！

第四种是"啰里啰唆型"。这种类型一般是总担心别人听不懂自己的意思，听不懂企业和企业所处的行业特性等，做了一大堆不必要的解释所致。这种类型比较普遍，经常听说有委员直接打断那些过于啰唆回答者的情况。试想一下，如果你面对的是一个或者四个"祥林嫂"，你会怎么样？不赶出会场，态度算好的了。

第五种是"临场紧张型"。这种情形大家都比较尴尬，委员都替企业着急，明明知道企业能够说清，但对方就是面瘫式地微笑着，着急得"一句话也说不出来"。

这种情形如果上会人员有默契配合，相互补位，还是可以弥补的，回答者甚至可直接告诉委员，由于本人紧张，回答出现临时障碍，由指定人员回答，也是可以的。怕就怕在你不敢承认自己的尴尬，而一度出现冷场。

第六种是"热情抢话型"。这种类型一般是企业中比较强势的一方，一不小心就将平时的强势风格带进了发审会会场中随意打断委员会的提问，或者打断其他人员的回答并插入自己的意见。

不论是哪种情形都不是致命伤，只是留给委员们的印象很差，让人无法对企业产生信任感，给最后一道审核带来不确定性风险，过会与否真正的抓手还是企业的业务和经营的实质。

3. 发审会临场的注意事项。

过堂发审会，这是整个 IPO 工作中最具有实质性影响的一个环节。如果获准通过，会后的程序性工作虽然较多，不出现重大的突发事件，就不会从根本上影响企业的 IPO 走向。

通过对企业在发审会中的表现分类，间接分享发审会中的一些经验。由于太过重要，因此笔者尝试从另一个角度对发审会的注意事项进行一些汇总，以期为即将要上发审会的企业提供一点分享。

（1）首先从心理上解除神秘感，切忌紧张，放松心态。

"没有参加过发审会的，总觉得发审会很神秘，甚至还有点发怵。但进去过的人都知道，其实并没有想象中那么神秘。"很多保荐代表人经常会这么宽慰备战发审会的董事长们。

确实，发审会没有那么神秘。我们先来看看发审会会场的内部布局，多少年了都是这些陈设，所以不要紧张，先看看后图图示的会场布局，适应一下气氛。

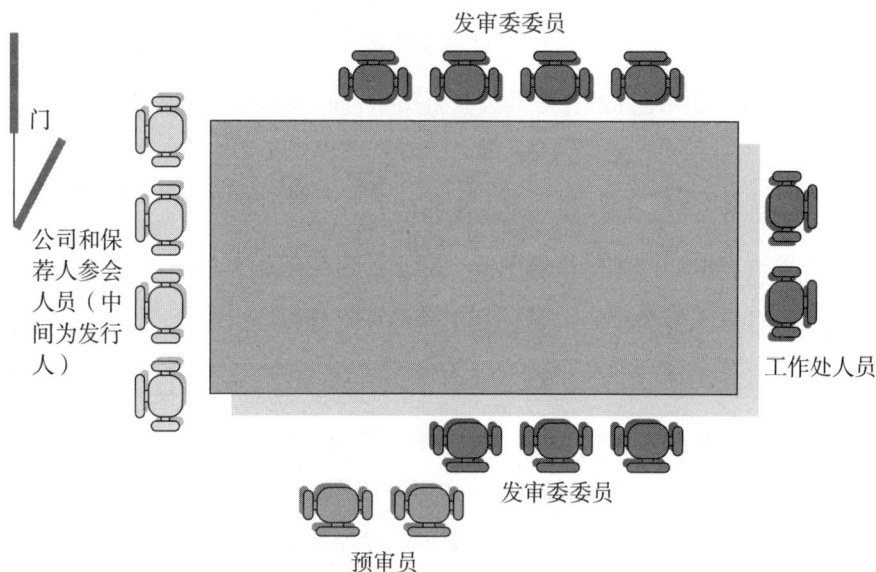

进入会场，认真对视一下，大部分委员甚至还善意地眼含笑意。委员们人手一本《招股说明书》，加之进场前，预审员已作项目陈述，委员们大多也是带着问题来的，不会形成多轮交流式的问答，所以不要担心有咄咄逼人的追问。

进入会场后，由企业代表人，一般由董事长向委员介绍参会人员并按位置落座。此时，企业的预审员已经移到右侧的后排位置上。基本不会有过多的寒暄，本次会议的召集人会向发行企业（包含保荐代表人）直接提出问题，由参会的四人共同做好记录。

此时请注意，最紧张的就是这个时刻，一边记录，一边酝酿答案，很难完全保持镇定，情绪控制不好，握笔的手都在发抖，心跳加速，血液上涌冲击大脑和眼球，很容易听不清委员念出的问题，容易漏记。

记录完毕后，4个人可以根据事先的分工，结合具体的问题，进行简单的讨论和分工。到这里，最紧张的时刻就已经过去了，应该已经适应了会场的节奏，并能快速地厘清思路。

心态放松，深吸一口气，调整呼吸，找到会场应有的节奏感后，已经成功一半了。能不能回答出来是对企业和委员提问的理解问题，回答得好不好是表达和对问题点的把握能力，因莫须有的紧张而导致交流出现障碍，这种失误就不应该出现。

（2）回答流畅，强化委员对企业的信心。

对委员提出的问题进行简单分工后，便进入回答程序。一定要保持有礼有节、有张有弛的回答节奏。分工时间要尽量短暂，分工完成后示意委员可以作答。现场分工的原则大致按照会前演练的分工进行，为保证回答的顺畅性，答题尽量向第一顺位的回答人倾斜，如不涉及技术细节或财务法律等专业问题，最好由主回答人一人统一进行回答。

在回答的衔接中，主回答人尽量用问题序号进行口头标注，可以用下列类似的语句进行衔接，比如，我现在回答第一题，……；第二题，……；第三题，……；（如果遇到需要其他人回答问题的）第四题，等会儿请公司某职务的×××回答；第五题，……按照会议时间安排，回答时间一般为40分钟，因此尽量在规定时间内完成回答。

主回答人回答结束后，尽量明确提示其他补充作答的人员对未作回答的问题进行补充回答，这样整体的安排较为流畅，不至于显得拖沓累赘。断断续续的临场感，将给受众留下不自信、不熟悉业务、敷衍、搪塞的感觉，容易在委员心中形成减分的印象。

每个问题回答后，应该稍加停顿，不要自娱自乐、一股脑地像机关枪一样扫射式回答，停顿以后让委员有消化和追加提问的机会。

在回答中，企业自身的问题应该尽量交由企业方人员回答，不应由保荐代表人越俎代庖、喧宾夺主。当一些与本次发行方案、投资专业领域、资本市场和金融背景有关的问题出现时，由保荐代表人进行回答较为妥当。切忌大量问题交由保荐代表人回答，让企业有"傀儡"的印象，这将大大降低现场委员们对企业的好感。

（3）要听清问题，特别要理解委员的提问意图。

由于问题在现场临时提出，现场记录时，容易出现漏记问题关键点，造成答非所问的情况。因此在记录时，如遇未听清问题的情况，可直言该题未听清，请再念一遍。不要怕麻烦，如果问题都没记录好，特别是问题中的关键字词出现漏记，答案有可能就是南辕北辙。

在现场，每家企业上会的时间、程序是基本固定的，委员们的问题均是其最大疑问和最关切的点，每个问题均代表着提问者对企业的不确定或怀疑。因此在现场要迅速把握每个问题的关键点和问题背后的真实意图，要针对其要害进行有针对性的回答，切忌出现背标准答案的情形，这显得非常可笑和僵硬。

此处提出一个新的问题：保荐机构在发审会前对企业进行高强度的演练是否会适得其反？

曾经有一次，发行人在回答问题时，现场不能自主思考，对前期演练的答案有较强依赖，思维混乱，出现强行将不相关的问题朝着事先准备好的答案上去靠，而被委员强行中途打断的情况。

要听清问题，更要理解所提问题的逻辑，回答到提问者的心坎里，才能最高效地交流，坚定委员们投赞成票的决心。

（4）如遇委员打断发言，需速战速决，拉回节奏。

在回答过程中，可能会出现委员中途打断的情形，一般是由于回答的内容不是其关心的要点，或者词不达意，跑题太远。如果被打断，切忌紧张，被打断可能仅仅是因为该委员对此内容感兴趣，追问一下而已。

不管什么原因被追问，一定要被动化主动，将追问转换成高效而短暂的交流，这才是最好的氛围。经有效沟通，要迅速回到先前回答问题的节奏中来，切忌交流后找不回原有节奏，不知再从何处开始。

（5）有将专业、技术问题转换成非专业化回答的能力。

回答某些问题时，可能将涉及公司业务中的一些专业知识。解释这类问题时，一定要有将专业问题进行非专业化转化的能力，切忌太过专业化，形成云遮雾罩的含混感。

回答这类问题，可适当加入生活化的类比，将专业问题或者不易接触到的问题，转换为容易理解的、具象化的事物，有代入感，很容易让受众迅速理解。

在一些专利技术密集的高新技术领域、专业术语多的医疗制药领域、新兴的创新业务领域中，新生事物或新名词比较多，容易出现这类情况，此时尽量多用比喻、类比等描述方法，让回答更加高效和精准，更便于理解。

（6）只凭逻辑条理清晰还不够，回答时一定要加上明确的层级和条款序号。

条理清晰、思路敏捷，这是上会人员都能做到的基本要求。但这还不够，加上一些序号，对自己回答的章节进行数字序号化的分隔，有助于听众更加理解你的意思。这种表达方法在生活中显得过于刻板，但在条理性和清晰度高于趣味性的发审会的场合中，就显得非常珍贵。

比如你可以采用这种"八股文"语体：尊敬的委员，我现代表公司回答第一题，回答这个问题，我将从三个方面进行阐述，第一，……；第二，……；第三，……这种语体格式，在场外人看来好像小学生在写作文，但在发审会的场合却非常高效。

（7）有成见的问题正面回答，避免情绪化、激动，切忌狡辩。

从企业经营者角度来看，会场有些问题的角度，可能会让创业者有被怀疑、被轻视、被诋毁的感觉。遇到此类问题，第一件事就是平和心态、控制情绪。

一定要想到，没有人会无缘无故诋毁你的企业，一定是视角不同所致，怕怀疑的企业就不要去上市，因为上市公司就是公众公司，就要接受所有股东，甚至全社会的监督和质疑。

只有确实有问题的企业，才会在受到一点质疑时恼羞成怒。正常的态度是，直面问题，正面进行解读，不诡辩，切忌情绪化的回答，否则会落下有问题，甚至虚假的口实和结论。

（8）来个中肯的总结，比情感爆发更有意义。

到这里，发审会也该结束了。不论结果如何，一定有定论了，虽然投票结果没有出来，但发审会 7 人组里，大部分委员心中已有结论。

如果在规定时间完成了问题交流环节，会议的召集人一般会让企业的主回答人有一个 2 分钟左右的陈述。此时的总结应该简单、明了、感恩、中肯，不卑不亢，不要过分带有个人色彩和情感去影响甚至是道德绑架委员们，委员和未来的股东不会为你的情感买单。

曾经有上会的董事长在此环节因为感情过度，出现痛哭流涕的场景。这情景就像有些在校门口送孩子进高考场的妈妈们一样，情感爆发，反倒把孩子们搞紧张了。发审会也一样，每个上会的董事长均把企业当作自己哺育的小孩，极端环境下刺激爱心和母性爆发，反倒让受众有厌恶感。

最好的总结就是精练回述公司特点，阐释通过资本市场融资建设项目达产后，进一步增强公司可明确预期的竞争力，再去简单展现公司未来的战略或者愿景，与公司的《招股说明书》首尾呼应，至此即可。通过明了、理智的陈述，可实现最后一次拉回那些仍在摇摆不定、犹豫不决的委员们决心的目的。

如果企业回答环节占用过多的时间，可能就没有再次总结陈述的机会了。如果会议没有明确让企业进行总结，请不要擅自跳出来，占用会议时间去争取这次机会，可能适得其反。

至此，大家临场发挥的阶段全部结束，松口气，走出会场，静待上会的票决结果。

## 注册制下的上市委审议过程中的注意事项

前述发审会审议过程、回答和现场交流等场景，是注册制之前的会议过程。目前科创板、创业板、主板等板块均已铺开了注册制。在新的注册制环境中，交易所的上市委已经取代了证监会原有的发审会，但其审核形式均未发生实际变化，相关审核形式和交流形式等主要内容均与从前一致。现就上市委与发审委审议中的差异做个介绍：

第一，问询分为规定答题和临场问答，但规定答题的部分会提前交由发行人和中介机构进行书面回复。这也就是直接告诉了上会前的企业，上市委会议关心的主要内容和方向，相当于考试前老师给你画了重点，防止发行人上会前的无序准备。

第二，发行人与保荐机构的"上会四人组"进入上市委会议时，规定回答部分的题目就会放在四人组的面前，不会出现 2010 年前后的现场出题、现场回答的情形。参与的人员拿到题目，一般都不超出会议召开前已经回答的题目范围，这样不会造成发行人太过慌乱、影响会议审议质量的现象。

第三，现场回答中，对规定回答的问题应该尽量简明扼要，尽量在 5—10 分钟回答完所有书面规定回答的题目，剩余 15—30 分钟交由上市委委员们现场提问和交流。压缩规定回答的题目的时间，留给现场提问时间，是因为规定回答的部分在会前已经有书面回复材料，在这里纠缠解释没有任何意义。尽量压缩这一部分以增加现场提问和交流时间，可以让委员们更多了解公司和他们关心的信息。

除此之外，关于公司应该如何配置上会人员、如何准备和应对、上会前的注意事项、现场会议中的回答礼节和技巧等，与注册制前如出一辙，并无核心差异。

---

● 小贴士 ●

上会人员不论会场出现什么情况，淡定是前提，条理是武器，有礼有节地输出，少计较结果，回答时用心去回溯公司战略和经营历程，不必追求表述形式上的"高大上"，道出经营真实感受，恰恰可能是最好的答案。

## 过会之后的"冰火两重天"

发审会表决结果通报环节，一定有"冰火两重天"的盛况。

这是保荐制下以证监会为审核主导时期的发审会形态，随着注册制的改革不断深化，创业板、科创板的发审会已经由交易所组织，未来可能最终会消失在发行体制改革的进程中，它是阶段性产物。正因为如此，在这改革交替的大背景下，有这段经历，才弥足珍贵。

这种会后的心境模式，不管怎样去竭尽所能地描述，没有身临其境的人，可能也很难完全去体会当事董秘的心境。所以一些立志在这条道路上奔跑的董秘们一定要坚定梦想，这种人生道路的体验不会常有，值得一试。

可以从两个场景分别来回味一下这场悲喜人生剧，第一个场景是发审会后宣布审核结果的现场；第二个场景就是会后当天晚餐的现场。

下面就从看客的视角，分别来看看这两个场景的酸甜苦辣咸，人生五味，味味俱全。

发审会履行完审核环节，便会即时表决，形成最终的表决结果，委员们如果对一家企业的某一方面有争议，会出现投票犹豫不决的情况。但不论如何纠结，委员最终都会投下自己的一票。

1. 保存制下，IPO 近年来审核的统计情况。

悲喜剧上演之前，先集体回顾一下 IPO 近十年来过会的统计情况：2006 年至 2016 年，境内新股发行的审核通过率先降后升。这期间，发审委审核新股共计 2145 家，审核通过 1834 家，审核未通过 311 家，市场整体通过率为 85.5%。"推进股票发行注册制改革"以来，新股审核的通过率连续 3 年保持在 90% 以上。"持续推进简政放权""使市场在资源配置中起决定性作用""以信息披露为中心"的监管理念在新股审核的实践中得到充分的显现。

2017 年进入高速发行期，2018 年因环境和审核理念发生变化，通过率急剧下降。从沪深市场来看，2006 年至 2018 年间沪市拟上市企业的审核通过率为 89.8%，高于深市的 84.3%，尤其是近 5 年沪市的审核通过率在绝大部分年份要高于深市。

近十年来，IPO 发审会的审核结果呈现出如下特点：

（1）不同行业的审核通过率逐步分化。2010 年以来，不同行业的新股审核通过率呈现分化。一方面，技术和业态新，市场景气的行业审核通过率较高。金融业，教育，综合，文化、体育和娱乐业，建筑业，水利、环境和公共设施管理业，交通运输、仓储和邮政业，制造业，信息传输、软件和信息技术服务业的审核通过率均超过 85%。其中，仪器仪表制造业、资本市场服务、货币金融服务、家具制造业、文化艺术类等 20 个二级行业的审核通过率达 100%。另一方面，技术门槛低、业务模式不清晰、产能过剩的行业审核通过率较低。黑色金属冶炼和压延加工业、黑色金属矿采选业、农业、有色金属矿采选业等 9 个二级行业的审核通过率均低于 70%。

（2）个别区域的审核通过率较低。2010 年至 2018 年，不同区域（省、自治区、直辖市）的新股审核通过率较稳定。从总体看，山西、内蒙古、西藏、宁夏的审核通过率最高，达100%；青海的审核通过率最低，为66.7%。从审核数前10的区域看，浙江、江苏、安徽、北京、福建、广东排在审核通过率的前6位，均高于85%；上海的审核通过率排在上述区域的最后1位，仅为80.9%。

（3）大型投行的审核通过率较高，中小型投行的审核通过率差异较大。2010年至2016年，投行保荐业务的水平参差不齐。一方面，大型投行（以审核数划定）的IPO审核通过率较高。国金证券、广发证券、华泰证券、国信证券、中信建投证券、中信证券领衔前6位，审核通过率为90%左右。居于其后的是安信证券、招商证券、平安证券、海通证券、申万宏源证券、民生证券，审核通过率均超过80%。另一方面，中小型投行的审核通过率差异较大。其中，不乏一批业绩突出的保荐机构，所保荐项目的通过率达100%。但也有部分保荐机构的业绩有待提升，所保荐项目的通过率低于60%。

至于未过会的原因，自古以来，财务和会计问题是最大的"拦路虎"。自2010年以来，财务与会计方面问题仍然是IPO审核未通过的主要原因。根据《首次公开发行股票并上市管理办法》（以下简称"首发办法"），新股的发行上市条件主要包括主体资格、独立性、规范运行、财务与会计、募集资金运用，以及信息披露6方面。2010年至2016年，因财务与会计方面的问题而未通过IPO审核的意见数共计128次，占IPO审核未通过意见总数的48.3%。据统计，其中持续盈利能力问题一直是企业IPO的最大障碍，占财务与会计方面审核未通过意见数的75.8%。按照"首发办法"的要求，企业的持续盈利能力体现为六个方面。其中，其他可能对持续盈利能力造成重大不利影响，经营模式、产品或服务重大变化，营业收入、净利润对关联方、客户重大依赖等三方面被否案例较多，分别占财务与会计方面审核未通过意见数的35.2%、16.4%、12.5%。相较而言，因行业地位、行业经营环境的重大变化，商标、专利、专有技术，以及特许经营权等的取得、使用存在重大不利变化而影响企业持续盈利能力的被否案例较少，分别占财务与会计方面审核未通过意见数的 8.6%、3.1%。此外，未通过 IPO 财务与会计方面审核的原因主要涉及会计基础、会计政策、财务报表、审计报告的合规性，相关问题占财务与会计方面审核未通过意见数的 15.6%。

看了这些头痛的数字后，是不是感觉其实通过率总体还是挺高的？不要误会，这是发审会的通过率数据统计，大量的公司其实已经被挡在发审会之前的各个门槛之外。这么多数字是不是有点头晕呢？那我们后续内容继续一贯风格——定性不定量。

2. 发审会后宣布审核结果的情景再现。

那就继续讨论过会后的人生悲喜剧。发审会后的宣布表决结果的程序一般几家企业集中宣布，所有公司上会人员将再次集中上场，去等待发审会最终的表决结果，这一结果将最终改写企业历史，甚至改变企业的走向。表决结果一般是三种结果：

(1) 全票通过！

(2) 有条件通过！

(3) 未予通过！

在现实情况中，第一种情况几乎不怎么出现，大多是后两种情况。有条件通过，其实就是通过了。如果是听到会议召集人宣布："×××× 股份有限公司通过！"此时你在心底就可以大声欢呼了，不必用嘴大声欢呼出来，因为此时会场还在继续宣布其他企业的审核结果。过会企业的现场人员一定会激动地相视一笑，可以轻轻地拥抱，握握手，是喜悦、是欣慰、是释然、是获得、是收获后的狂喜、是压力后的收获，很多人都会禁不住热泪盈眶，忍不住轻声抽噎，这是一种压抑着的狂喜，等待无节制的释放。此刻估计你已经听不见委员在宣布什么，一同进入会场的其他企业是什么结果你也没心思关心，上会的 4 人一定是在以各自内敛的庆祝方式释放自己的感受。

一般而言，保荐机构的上会成员较为淡定一些，因为这是他们的一个项目，仅仅一个项目而已，结果对他们来说，企业的成功，仅是其成功项目上"+1"，并不是什么大事。而企业方的两位成员，一定会更难以自持。如果不知道说什么好，那就相拥而泣，已经不必有太多的顾忌。

好了，如果在会场你的庆贺尺度过大，相信一定会有人提醒你，注意会场纪律。那么你也该去关心一下同时上会的其他企业的情况了。如果一起上会的"邻居"不幸被"毙"，最好此时给予适度的安慰，不必过分刻意，没必要多问，不失礼、不失态。

那些不幸在发审会这个环节就挡在门外的企业，特别是那些上会人员的心境，不身临其境，估计难以体会其失落感之万一。从辛苦经营、市场竞争的磨砺、九死一生的拼杀，到动念开始冲刺 IPO、改制及大量的改制成本、筹备和衔接、申报、解释、争吵、怒气埋怨，到最终走到发审会的现场，一路荆棘、一路艰辛，却得到"不予通过"的结果，不要说辛苦无果的失败感，单单就这一路付出的时间成本都会让很多人"狂吐一口老血"。

在听到"不予通过"的结果时，很多人本能的反应是"嗡"的一下，像是"闷棍"击中后脑勺，直接进入大脑混沌状态。感觉有点委屈、不公平、不可思议，心里有个声音在提醒自己：这一切不是真的，尚在大梦未醒。

但眼前的一切又无时无刻不在提醒自己，此阶段的 IPO 确实已经失败了。队伍情绪会相互传递，此刻最要紧的是管理好情绪，结束这压抑的难过，给队友鼓励，经过这一战，得到战斗友谊和企业规范经营的理念比什么都重要。

现场还有那些过会的企业，出于礼貌，去真心接受对方的安慰。不论成败，请礼貌离开，真心感谢委员们的投票，感谢这一特殊发行体制下的经历。

理性思量，企业无时无刻不处于残酷的市场竞争中，时刻都在接受挑战和考验，悲喜又何止一个发审会结果。成败，终归是一个结果，理性带着自己的情绪，走出会场去面对自己的团队。失败后的企业将再一次接受团队在会场外的集体失落，然后默默地离开证监会大楼，回到自己的酒店。

成功的团队境遇则截然相反，即使是含蓄的国人，此时此刻也会频频拥抱。除此以外，上会人员最爱做的事就是照相留念，在严肃的大楼环境内，各种组合留影。

成功过会的企业，上会的4名成员将接受战场归来勇士一般的待遇，被簇拥着木偶般地"摆拍"，直到被工作人员招呼着离开证监会大楼。走出证监会大楼仍不过瘾，一般在证监会大楼门口、证监会门牌前，继续一顿狂拍。

这一幕场景在注册制的环境中已经不会再现，因为交易所组织的上市委工作会议都是一审一宣布的形式，不会出现同天上会的几家企业一并宣布审核结果的情况。交易所上市委工作会与一家企业现场问答和交流后，企业和保荐机构的上会人员会被要求退场，回到指定的休息场所，在此等待会议最终的审核结果。一般半小时以内，就有会议工作人员到休息区宣布审核结果。不会几家企业同时宣布结果，造成冰火几重天的落差感。不论成败，只有上会四人带着或喜悦、或悲壮、或失落、或痛苦的心情，走出交易所大楼。

3. 刚过发审会当晚，大悲大喜两重天。

接下来的行程，便是与情绪相配的悲喜路！

欢乐的方式千万种，悲伤总是一处伤。很多IPO不成功的企业，相互安慰着聚聚餐便各自分散，怕看到相互间悲伤的神情，宁愿自己暗自哭泣，也不愿情绪相互传染和放大。

成功过会企业的当晚，在欢声笑语中庆祝成功。与公司最亲近、与公司IPO利益最紧密、与企业实际控制人最紧密的人，应该都会出现，一个都不会少，不管多远都会赶来。

发审会过后，月儿弯弯照九州，几家欢乐几家愁；几家高楼饮美酒，几家流落在街头。发审会对企业审核把握的尺度也有阶段性的特点，与国家对资本市场的态度、资本市场整体环境和宏观金融环境高度关联，企业的最终成功主要靠企业的硬实力，但也确有一定的运气成分。至于说未来企业的经营和发展，则是全靠硬实力，发审会过会成功，不能保证企业永葆青春；一次过会失败，也不代表企业将万劫不复。

### 注册制下的审核变革

全面推行注册制，是国家对资本市场改革的重要布局。审核权力下放至各证券交易所，审核机关变更必然伴随审核手段和方式的变更。在注册制初期，交易所的审核思路仍然延续了证监会的内核，所以企业在申报过程的方式、注意事项和准备均是一样的，只是交易所为简化审核流程和方式，减少了发行人与审核人员面对面交流的机会，增加了网络申报和审核手段，并对申报期中各阶段进行了明确的工作日规定，以增加审核透明度和审核节奏，同时以上市委会议代替原发审会。在现过渡阶段，审核现状变化不大，并未完全实现市场化转变。相对来说，科创板的市场化程度较高，审核节奏较快。从创业板审核流程可以看出两种审核思路的差异：

注册制 IPO 审核流程为：受理→审核问询→上市委审议→报送证监会→证监会注册→发行上市。

这一流程与原审核流程长度几乎相当，保荐制下的 IPO 审核流程为：受理→反馈会→初审会→发审会→封卷→核准发行。2019 年 3 月开始实施科创板注册制，2020 年 6 月实施创业板试点注册制，再到 2021 年 11 月北交所开市，到 2022 年注册制已走到第四个年头。2021 年作为注册制和保荐制并行的一年，回顾 2021 年 A 股整体 IPO 审核情况，可以看出注册制后，IPO 审核时长较原审核方式有明显缩短，其中科创板流程更快。

根据对交易所审核进度公告和证监会注册公告进行的统计，2021 年度 A 股 IPO 首发上市公司共计 483 家（不含北交所），其中，注册制 IPO 上市企业共计 361 家（科创板 162 家、创业板 199 家），保荐制 IPO（即主板）共计 122 家。注册制 IPO 从受理到上市的平均排队时长需 349 天（约 11.6 个月）。其中：从受理到上会需 171 天（约 5.7 个月），从过会到获取批文需 134 天（约 4.5 个月），从批文到发行上市需 44 天（约 1.4 个月）。保荐制 IPO 从受理到上市的平均排队时长需 574 天（约 19 个月）。其中，从受理到上会需 455 天（约 15 个月），从过会到获取批文需 86 天（约 3 个月），从批文到发行上市需 33 天（约 1 个月）。从上述统计数据可以看出，2021 年企业的 IPO 审核时长方面，注册制 IPO 较保荐制 IPO 的审核总时长更快，注册制 IPO 比保荐制约快 7 个月。

由于现行注册制分为审核和注册两个阶段，客观上不是减轻了审核难度，而是增加了审核流程。从审核时长来看，虽然注册制下的 IPO 审核更短，但提交证监会注册到领取批文时长较保荐制过会到拿到批文的时长更长。从创业板交易所审核阶段，受理 IPO 申请到上市委工作会议之间为问询阶段，交易所问询和反馈轮次来看，有 1 轮到 4 轮问询不等。问询的重心从现实财务指标和盈利要求转换到持续经营能力上，正朝着未来形式要件审核，市场作价值判断，事中、事后强化监督和信息披露管理的审核方向改革和转变。

在现阶段的审核思路下，不论审核形式为何，本章节中关于筹备、申报和上会等内容仍然适用，走到我们的注册制市场化程度改造完成，IPO "备考" 思路才会焕然一新。

## 第五节 ┃ IPO 发行期，董秘痛并快乐着

虽然上市的大局已定，但会后工作也不能马虎，收拾心情，重新上路。

目前 A 股市场中，两种审核体制并行，主板仍然沿用保荐制下的流程，公司首次公开发行股票通过发审会后的流程依次为封卷、会后事项环节、核准发行环节。深交所创业板和上交所科创板启用了全新注册制审核机制，上市委会议审核后，后续流程为提交证监会注册，并取得发行批文。看似流程名称不同，其实抛开其外壳，内核还是差不多。在保荐制下的会后事项回复与注册制提交注册时证监会再次审核的实质都差不多，因此我们为选取保荐制这一阶段的流程做个回顾。

### 封卷环节

发行人的首发申请通过发审会审核后，需要进行封卷工作，即将申请文件原件重新归类后存档备查。封卷工作在落实发审委意见后进行。如果没有发审委意见需要落实，则在通过发审会审核后即进行封卷。

### 会后事项环节

会后事项，是指发行人首发申请通过发审会审核后，《招股说明书》刊登前发生的可能影响本次发行及对投资者作出投资决策有重大影响的应予披露的事项。存在会后事项的，发行人及其中介机构应按规定向综合处提交相关说明。须履行会后事项程序的，综合处接收相关材料后转审核一处、审核二处，审核人员按要求及时提出处理意见。如果申请文件没有封卷，则会后事项与封卷可同时进行。

## 核准发行环节

封卷并履行内部程序后,将进行核准批文的下发工作。这一环节就是等待,证监会主导下的发行节奏不是企业自己能做主的,反正前面最难的阶段已经过了,这点等待算什么呢?心急吃不了热豆腐。

这一阶段就是身体忙、身体累,而心里却是痛并快乐着。有过发审会前的经历,这一阶段就相当于闲庭信步,轻松自如。

不要因为是程序性工作,就掉以轻心,其实还有很多不可抗力因素可以改变走向的。很多系统性风险是个体无法抵御的,如在我国资本市场中,曾有多次IPO暂停的情况。据统计,在A股历史上,共有9次暂停IPO、9次重启,这期间改变了多少公司的命运不得而知,但对资本市场的深远影响是毋庸置疑的。每一次暂停、重启,均有较极端的市场背景,大致时间如下:

第一次:1994年7月—1994年12月,空窗期:5个月;

第二次:1995年1月—1995年6月,空窗期:5个月;

第三次:1995年7月—1996年1月,空窗期:6个月;

第四次:2001年7月—2001年11月,空窗期:4个月;

第五次:2004年8月—2005年1月,空窗期:5个月;

第六次:2005年5月—2006年6月,空窗期:12个月;

第七次:2008年12月—2009年6月,空窗期:6个月;

第八次:2012年10月—2014年1月,空窗期:15个月;

第九次:2015年7月—2015年11月,空窗期:4个月。

IPO暂停、重启对证券市场的影响巨大,长远来看却不能真正改变市场的总体走向。新股发行一级市场和交易二级市场本身就是一种相互依存的关系,A股市场中新股的发行影响市场资金供需,继而对二级市场大盘有一定影响。从历史统计结果来看，新股发行的单一因素对二级市场的影响幅度相对有限，并没有改变大盘的总体走势，往往会成为市场上涨或下跌的加速剂。

不管是上涨还是下跌，涉事其中的 IPO 企业可能因此而改变了上市节奏。一旦暂停发行，再次重启后身处其间的企业都需要重要补充新上会期间的财务报告，有些企业因其间经营出现巨大波动，而丧失了成功上市的最佳时机。

突发事件的市场风险总会时时袭扰那些追求 IPO 之梦的企业，为防止夜长梦多，最好还是速战速决，尽快完成上会的会后事项回复、封卷和领取批文的工作。

拿到发行批文的那一刻起，后续工作就流转到证券交易所，申请和对接工作的氛围就转变了，市场化氛围越来越浓，你甚至能嗅到金钱散发的味道，能感受到热钱涌动的风潮。

## 第六节 ┃ 路演，IPO 旅程之吆喝

　　路演，就是一场热火朝天的聚会，是拟上市企业与资本市场真正意义上的第一次亲密接触，感受资本市场氛围的第一步，也是公开兜售企业价值的开始，其实践意义远大于现实意义。

　　以我国目前新股供不应求、僧多粥少的现状来看，新发的 IPO 企业不需要吆喝，就会受到资金的追捧。无风险套利的事情，大多数人都愿意去做。

　　在目前新股仍然受到热捧的现实下，首次公开发行不可能失败，价格不可能较大幅度地被低估。因此，路演成功与否与首发价格关系不大。

　　尽管当下路演对发行的意义不大，但这种状态不可能持续，同时路演作为公司、券商和投资者进行沟通的一种形式，有一定的市值管理价值。"酒香不怕巷子深"的时代已经过去，企业的价值也需要持续推广。

### 我国发行定价机制如何进化？

　　从本质上来说，企业上市，让企业从产品经营的时代过渡到了企业价值和资本运营的时代，从经营一个具象化的产品或品牌，过渡到整体价值的经营。充分发挥资本市场价值，发现功能和资源配置的力量，可以更快更好地支持企业实现远大抱负，实现从平庸向伟大的转变。

1. IPO 首次发行价格如何合理定价？

为什么会说这个阶段的路演和首发价格关系不大呢？且首发定价也不是越高越好！这得从我国资本市场的发展阶段、供求关系及该环境下的监管现状谈起。

我国证券市场总体规模较小，可投资的标的并不多，造成发行新股易受资金热捧的局面，发行价格很难驱动市场定价机制产生作用。在这种背景下，发行新股的公司发行股数确定的情况下，超募情况比比皆是。在正常发展路途中的公司，如果 IPO 申报中的募投项目及其资金配套是审慎严谨的，超募得到数位于实际需求的资金，并非良事，大量资金沉睡于企业的理财账户，市场资金并没有实现资源最优配置。因此发行价格并非越高越好，超募资金并非越多越好。

其实在实际控制人绝对控制和政府管制的格局下，发行人并无低估发行价的动因。理由有两个。

其一，在成熟资本市场中，就 IPO 发行价和发行数量的确定，发起人股东必须在现金流量价值与控制权价值之间作出权衡，显然，中国上市公司并不存在这一决策问题。在股权分置的安排下非流通股占主要比例，发起人根本不需要担心公司控制问题，这就保证了控股股东未来不断地利用这一机制为自身谋取私利，所以，发行人对 IPO 的发行价要求越高越好。

其二，讨论发行价"低估"的基本前提是：IPO 是否真正存在一个"估值"的过程。在中国股市的十余年中，大多数时间内采用的都是固定市盈率的定价方式，也就是说，一级市场的发行价是被管制的，发行人和投资银行本身与此并无多少关系。

（1）首次发行价格不是越高越好，即使成熟的资本市场亦是如此。

要理解这一现象，先从国际市场到国内市场看一些个案的表现，从对比角度来看是最客观的。华尔街对在美国纽交所上市的阿里巴巴的热情很高，但是回顾之前阿里巴巴在中国香港上市后的股价表现，所谓的北有中石油，南有阿里巴巴，一点也不夸张，其不死不活的股价让买阿里巴巴股票的普通股民苦不堪言。2012 年阿里巴巴在我国香港地区退市，用发行价回购了所有股票，算是让广大股民解了套。为何上市后的股价表现和企业上市前投资机构的一片看好，会出现如此冰火两重天的现象？其实这正是企业 IPO 定价的秘密：一级市场和二级市场赚的钱是不一样的。

不管是在国内，还是在国外，IPO 定价的游戏规则如下：一级市场和二级市场的投资者各赚各的钱，也就是自己吃自己那块蛋糕就好，不要总想着把别人的蛋糕也吃掉，那肯定不会有什么好结果。

当当网上市后李国庆与"大摩女"打口水仗的新闻我们还记得，原因就是当当网上市当天股价大涨了 87%，李国庆认为投行定价过低，投行欺骗了发行人，与市场中的机构通过低估谋取了利益。那么，投行的定价是不是真的过低呢？此后，当当网的股价一路走低，在上市半年纪念日当天就破发了，李国庆表现淡定，再也不提发行定价过低的事情。

实际上，评价一家企业 IPO 的定价是否合理，仅凭上市当天的表现是不够的。你必须要进行一段时间的观察，再加上对上市前和上市后市场环境对比来评价，是不是在当时的情况下充分平衡了发行人及机构投资者的利益。

关于定价失败的最著名案例莫过于 Facebook（脸书网），38 美元的发行价毫无疑问被各方都认为是一个失败的定价，之所以说它失败，是因为上市首日其股价就几度逼近发行价，如果不是摩根士丹利护盘，破发是注定的。当然，第二天，它就不可避免地破发了，接下来就是投资者大骂券商，显然，由于券商以及发行人过于贪婪，100 倍的发行市盈率完全挤占了二级市场的获利空间。此次发行被誉为科技行业历史上最糟糕的一次 IPO 发行，完完全全是因为定价太高。相信摩根士丹利这次一定得罪了不少机构投资者，因为听信了他们的忽悠而买了 Facebook 股票的人对二级市场的表现失望至极，更何况有人甚至认为股价很可能会进一步下跌。显然，这一次摩根士丹利与 Facebook 一起在发行定价环节吃掉了别人的蛋糕。

（2）我国 IPO 发行定价权曾进行过让企业与市场自主定价的尝试。

国外投行的定价都是这样饱受质疑，更何况我国初级阶段的证券市场呢。我国资本市场从创立到现在，IPO 发行定价总体均是政策指导，但也多次尝试引入市场机制，找到更合理的发行机制。IPO 定价是一件很微妙的事情，发行价不可避免地总是会出现过高或过低的情况。

有时是因为供求关系，也许一只股票的概念很好，在市场上很稀缺，用我国某些研究员的话来说，就是"想象空间很大"。有时是因为投资者过于相信公司所在行业的美好前景，比如海普瑞。还有的时候就是因为整个市场行情很好，打新热情很高，很多莫名其妙的股票也因此发出很高的市盈率，比如当年一只叫"搜于特"的股票也创了当时中小企业板发行市盈率的新高，大多数人显然不知道为什么。当然，相反的情况也屡见不鲜，比如受到机构追捧的主板第一高价股华锐风电，由于参与询价机构的热情，这只在上交所发行的股票居然定了 90 元的发行价，开盘即破发。

在发行定价有窗口指导的背景下，中国的券商很难有动力给市场一个合理的定价，最高限发行是他们唯一的动力，因为现阶段绝大多数券商和参与询价的机构投资者之间的良性互动还没有完全建立。通常情况下，投行倾向于高估企业的价值，因为发行人有时会因为高溢价而给保荐机构奖励。对发行人来说，发行价就意味着他们装到口袋里的钱，如果能多拿点钱，破发对他们来说，无非就是个臭名声，没那么重要。

随着保荐机构在 IPO 发行中利益分配机制的改革，理性的券商就会力争给发行人定一个相对合理的价格，让出一部分利益给二级市场，这样也有利于公司股价日后的走势稳定。而要促使券商有动力给市场一个合理的价格，就要求券商和机构投资者之间建立起一种可持续发展的长期互动关系，当券商不仅仅需要赚发行人的钱，也需要赚机构投资者的钱的时候，他们才有动力在发行人和投资者之间去平衡发行价格。

2. 我国的 IPO 定价受窗口指导定价。

相对于市场资金对新股的热情而言，我国的上市公司标的总体供给有限，加上保荐机构和上市公司均有高估企业价值的冲动，因此很难有新股发行价格被低估的可能。因此，针对我国 A 股发行的这一国情，为平抑市场价格，证监会实行了行政窗口指导的制度。

大家能够看到的针对发行定价的相关法规，实际上只有《证券发行与承销管理办法》，但在实务中，关于发行技术细节的规定还有很多，大多数来自证监会的指引和一些不成文的窗口指导。

根据最近一次修订的《证券发行与承销管理办法》，有人认为券商资本市场部变得更有地位，实际上，我们距离真正的券商主导定价的阶段还比较远。每一次发行前，券商资本市场都必须向证监会上报发行方案，证监会的相关人员会对发行方案进行一系列的指导，包括券商研究所给出的估值参考、路演的方式和顺序、价格确定的办法、发行的时点等。没有证监会的同意，发行根本无法开始，发行批文压根儿不会下发。这一状况，在逐渐实施注册制的今天，没有根本改变。从法规上来看，券商在定价上有了更多的空间，但一切都在试水，还得和证监会商量着来。科创板的注册制让 IPO 企业在发行阶段实行了市场定价，由于市场保持了对 IPO 热情的惯性，高估值的发行在市场中屡屡出现，但随之而来的就是上市首次便破发的情况也频繁出现，为此很多参与打新并中签的投资者和包销的承销机构出现大额的亏损情况，打新作为一件多年来无风险收益的投资，已经不灵验了。相信经过市场博弈后，市场会给企业在 IPO 首次公开发行阶段一个相对合理的估值。

因此，未来新一轮的新股发行制度改革要足以使承销机构强大起来，通过市场价值发现机制，合理企业 IPO 发行定价，还需要很长的一段时间。只有经过屡屡遭遇发行失败的情况，才能打破企业发行定价越高越好的惯性思维，打破参与投资者打新常胜不败的神话，也才能让发行定价市场化到来。

有时更需要以一种平和的心态来看待 IPO 定价这件事，其实发行市盈率是一个本身就有问题的概念，不能仅凭一个数字就认定发行市盈率过高或是过低，因为发行市盈率的计算分母是发行前一年经审计的净利润，有时企业的成长性显著，以其上市当年及日后 2 年预期的净利润来看，所谓过高的发行市盈率可能并不那么高高在上，而过低的发行市盈率也可能是因为企业未来前景不乐观，并不显得被低估。当然，这一切要建立在对未来准确预期的基础上，否则就会面临下一个汉王科技或海普瑞的下场。

同样，我们也不能以上市当日机构的炒作热情与否来判定一家公司的 IPO 定价是否合理，而是静观后效。但无论如何，发行人、承销商、机构投资者任何一方的贪婪，都不会带来一个共赢的好结果。

从上面论述可以看出我国 IPO 发行定价的变化和与国际市场的差异，也正是从 2014 年以来，我国证券市场风云变幻，"注册制"试水、股市"疯牛"之后狂跌、国家队救市等一系列头晕目眩的现象不断出现，市场总是处在非理性的上升下跌震荡中，在新股发行机制中"窗口指导"价格这一名词怎么也迈不过去。发行价格"窗口指导"，是非成熟市场中政府控制非理性定价的一个非常有效的手段，监管机构也一再通过试图退出"窗口指导"，以试探市场的神经和底线，一旦出现极端不合理的情况，监管机构便迅速祭起"窗口指导"的大旗，压制市场中的非理性因素。

新股发行定价机制，绝非一个单一事件，亦不能在此领域出现彻底的机制变革，需要我国资本市场的整体演进和发展，才能过渡到更加市场化的首发定价机制。

3. 窗口指导，发行定价的机制不断向合理的方式进化。

2004 年之前，我国发行新股一直采取发行指导价格的制度，发行时行政指定 20 倍、30 倍的市盈率为发行价格上限。这一行政定价方式具有阶段性的合理性，后来劣势不断凸显，质地好的企业被设定上限，而对质地普通的企业来说又具有相对较高的定价，于是间接吸引了许多质地一般的公司蜂拥上市，把上市当作企业家的终点站，真正优质的好公司因为无法在价格上体现出应有的价值，而使其上市意愿不高，产生了逆向选择、逆向淘汰。

这样的背景下就有了2004年的第一次询价制度改革，2004年12月7日，证监会下发《关于首次公开发行股票试行询价制度若干问题的通知》，证监会正式出台"询价制"，用来确定新股发行价。IPO询价制度，是指发行人及其保荐机构应采取向机构投资者累积投标询价的方式确定发行价格，这一定价机制首先应由主承销商对发行人所处的行业、竞争实力、发展前景等进行充分分析，选择企业的若干指标，通过模型运算得出企业的价值，以此为基础再结合二级市场状况与企业协调确定发行价格。

"询价制"推出以后，几乎每一年都会对发行定价机制进行修正和微调，试图找到更合理的发行定价机制，从建立网下询价与网上申购相结合的方式到市值配售，历经多次变革。2014年6月，也出现过IPO定价重回行政管制，"窗口指导"再次出现的情况。

从这些制度变迁中，可以看到关于资本市场艰难前行的步伐，也能看到宏观经济环境的阴晴圆缺。

## 企业首次发行期间那些"粉墨登场"的角色

不管市场如何演变，对企业个体来说，首次公开发行股票前的路演，更多的感觉是审核压力释然后的轻松感和新鲜感。有前期申报之路的艰辛对比和对即将迎来IPO高潮的渴望和期待，路演中折腾更多的是"新鲜"之感，虽忙碌，却感到刺激和轻松。

发行市场环境不一，加之有发行定价的"窗口指导"，路演的重要性整体来说不大。大部分时段，路演承担的任务不是通过推广获得更高的发行定价，而是获得第一次与资本市场亲密接触的机会。在路演期间，很多以前作为非公众公司时，根本不可能接触也不发生关系的利益相关者会依次登场。

这些依次登场的，有的是仅在发行阶段需要打交道的，有的是未来一直纠缠在一起的，有的是随着企业境遇不同间或性或突然出现的，当然主角还是发行市场的主要力量——机构投资者。这4种主体，还是重点说说前3种，关于机构投资者，有太多书籍和媒体进行关注和介绍，本书剑走偏锋，不讲主流，所以直接跳过本该是路演真正的主角——机构投资者，只讲讲另外3种可能与企业在发行阶段打交道的角色。

1. 仅在发行阶段需要打交道的那些人。

在参与路演的企业中，公司管理层一般不会关心路演会场以外的事，董秘可不一样，必须得左右逢源，各色人等均要接触，从会务准备到参与者邀请，到会议协调、主持，再到会务的舆情管理，均得亲自上阵，出不得乱子。

路演，说得"高大上"点，其实就是一个推荐会而已，再说直白一点，就是举办个会议。既然是场会议，就得按会议要求和程序来开展，因为路演主要在北京、上海、深圳三地举办，公司要在三地"巡演"，就不能像在公司会议室举办个会议那么容易，因此要找个专业的会务公司。有他们的张罗，公司会省心很多。

会议的流程性事务公司自身还能搞定，但会议现场的组织、投资者的邀请和筛选、商业计划书的编写策划、投资者现场问答等，对"大姑娘上轿——头一回"的IPO路演企业而言，就需要有人来筹备和指导，此时，财经公关公司就出现了。

财经公关，有4类作用，这些作用看似可有可无，不是必需，但最好要有。

第一是协助保荐机构进行路演投资者的组织和召集；

第二是负责会议的现场流程设计和把控；

第三是现场会议文件（主要是企业的价值投资的路演报告书）的制作；

第四是负责与合作的财经媒体进行舆情管理或媒体危机公关等。

如果觉得自己就可以完全搞定，可以不用请他们介入。但是真的能吗？把这么多事无巨细的工作做完了，估计你也可以不用做董秘了，去做办公室主任或者行政经理吧。

2. 随着企业境遇不同，间或性或突然出现的那些人。

刚才说财经公关的一大职能就是舆情管理和危机公关，那管理和公关的主体是谁呢？就是这一小节中介绍的这些人。

本章节分析媒体的盈利模式以及为何他们爱出现在上市公司颇受争议的时间段。

此处只讨论一种另类生存模式的媒体，他们是财经媒体一部分，因为没有指定信息披露的资质，其生存方式显得更加市场化和有攻击性，其商业模型是借鉴了欧美纸媒时代出现的商业模式分类模式中的一种，有的成为官方发言人或者窗口角色；有的成为独立评论的专刊；有的成为谋生的小报。不管哪种模式，其生存的基础均建立在其掌握了相当公共舆论话语权的基础上，对社会或者当事企业提供价值服务。

不管什么模式，要长久地生存，作为公共媒体，以内容为手段黏合的忠实读者群，才是其核心价值。于是不同商业模式下的媒体，其内容的倾向也逐步形成分水岭，有的追求及时性，有的追求深度，有的追求广度，有的追求严肃公正，有的追求花边新闻吸引眼球，同样是追求深度和尖刻，于是有的媒体备受尊敬，有的则逐渐沦为靠深度发掘内幕，换取媒体自身利益的工具。

如果说在发审会程序之前，企业要严防死守的是竞争者、"猪一样的队友"、嫉妒者、利益受损者们的举报，那么在这一阶段，防控重心逐渐过渡到"不良媒体"。

企业在多年的市场竞争中，每时每刻的市场竞争均是十分激烈的状态，谁还没有点尺度在"可大可小"范围内的"家丑"呢？此时一些别有用心的媒体就出现了。他们会将这些问题进行深挖、错位放大，唯恐天下不乱。有些问题换个角度，就成了"滔天大罪"。

如果这类媒体是本着主张正义、拍案而起的初衷，当事企业方还真不应该觉得冤屈，但如果他们拿着报道和你的企业讨价还价，这就变得和"勒索"没什么两样。一些媒体总是喜欢出现在"水深火热"的公司里。企业处在多事之秋时，他们出现，是因为他们嗅到了"商业机会"。

刚才是站在"小人之心"的角度看问题，回归社会公正、社会道德和维护社会秩序的角度，一些体制独立和视角独到的财经媒体在充分发挥舆论监督和揭开上市公司阴暗面上起到了很大的作用，为此还出现过许多因揭露"问题公司"而一战成名的记者，也出现了媒体与上市公司公开论战的案例，这都是我国资本市场本身及环境不断成熟的结果。站在此刻为IPO最后一哆嗦而努力的企业角度，九死一生，一路冲刺到这阶段的企业，面对自己有那么一点原罪的伤疤的现实，面对此时出现的不良媒体，应该如何选择？此时还真不是"唱正气歌"的时候，得安抚那些可以安抚的消极因素，企业完全靠自身能力已经力不从心了，聘请的财经公关的价值就出来了。他们代替企业与这些媒体进行周旋和接洽，消除一些不稳定的因素。

企业 IPO 不容有失，而经验和精力均不能支撑企业自己去处理这些问题。这个时间段，财经公关确实能够起到十分重要的作用，他们的角色较为超脱，可以进行媒体公关，压制负面舆论的蔓延，也能通过他们的链接，形成与媒体和谐相处的氛围。

看完后，这么模棱两可的角度，感觉舆情管理费用是不是有点"保护费"的感觉？在 IPO 关键阶段，来不得半点意外。如果特别爱"嚼舌"的媒体盯上你，利用舆论的力量，特别是当今互联网移动化、娱乐化的趋势下，带领背后"水军"和各种推手，裹挟着"人民的名义"，很可能在关键时期把企业的 IPO 给搅黄了。

在看似十分公正的网络环境中，人人均可发表看法，但舆论导向的隐性力量是更强大的存在，这些力量介于法律和道德之间，隐身和分散在网络人海中，"大隐于市"，能够引导着舆论的热点。总之，网络绝非一片净土，其力量还特别强大。企业，特别是传统企业，是根本无法应对网络舆情管理的，财经公关自有其价值。随着注册制到来和资本市场市场化改革的趋势，财经公关们的角色和功能也在升级迭代，不断适应互联网和新技术的新变化，将媒体公关和舆情监控工作不断前置，为这一角色仍旧在 IPO 之路上保留了自己的位置。

3. 未来一直会纠缠在一起的那些人。

还有一种人，他们会与企业相生相伴，与企业是战友、是同志、是伴生关系，有分有合。他们就是长期看好公司的战略投资者以及证监会指定信息披露媒体。在首次路演阶段，这算是你们第一次正式场合的见面。虽然未来要长久厮守，但在路演这个阶段，你们相互间应该还不熟悉，需要一个中间人角色来融洽一下气氛，这就是财经公关的另一作用。

关于陪伴上市公司一起成长的投资者，前面内容已经说得太多了，这一支力量不再描述，在这里说说证监会指定的披露媒体。作为公众公司，坚持基本的"三公"原则，其中"公开"就是指信息披露的基本要求，为保证上市公司信息披露的及时性、准确性和完整性，监管机构在证券市场发展之初便将其放在发展大计的首位。

在纸媒当道的时代，为兼顾上市公司信息披露的公平和权威性，监管机构便指定《中国证券报》《上海证券报》《证券时报》作为上市公司官方指定的信息披露媒体。在互联网还没有完全普及的年代，这就是官方指定的"信披三大报"，有专营权，可以"坐地收钱"。后来又加入了《证券日报》，传统信披"三大报"增加为"四大报"，适度引入了竞争。

随着互联网的普及，通过互联网交易的炒股软件渐渐取代了证券公司线下营业部，二级市场交易和信息获取途径主要转移到了互联网，交易所顺势增加了互联网的法定信息披露平台，纸媒方式的披露逐渐弱化。在新的信息传播渠道不断改变的情况下，信息披露方式和渠道随之而改变，仅要求上市公司在纸质媒体"四大报"中任选其一，加上互联网信息披露的渠道，不少于两个渠道用于公司信息披露。为保证全体股东能够公平获得披露信息，要求上市公司在章程中对信息披露渠道加以明确，并告知全体股东。

这一规定，从制度上增强了上市公司对信息披露渠道选择的主动权。没有竞争就没有伤害，由于纸质信息披露渠道"四大报"任选其一，上市公司信息披露市场就出现了暗战。关于这"四大报"间的关系，应该是保持默契的竞争吧，不管他们在表面上如何礼让，还是免不了暗地里竞争的现实。上市公司对他们有了选择权，蛋糕就那么大，自然你家多了，我家就少了。这些有官方指定的信披权利、有固定客户群体的"四大报"尚且如此，那些纯粹靠市场竞争的财经类媒体，特别是各类纸媒，便自然选择"行业潜规则"，或者向深度财经媒体转型。

上市公司数量有限，蛋糕就那么大，"四大报"如何分配上市公司信息披露蛋糕，上市公司在信息披露上的成本支出控制，这之间的平衡就需要董秘居间协调。

因董秘个人情商高低不一，处理事情方式不一，如果把握不好与媒体相处的默契尺度，也可能会给公司的舆情环境带来一定的负面影响。

（1）从上市公司角度来看，日常信息披露对披露媒体的选择要多沟通，选择"四大报"中的任何一家都可以，需要的是董秘有技巧地与各报社记者站沟通清楚，不能在这事上引出误会。董秘与记者站相处久了，应该都是私人朋友，合作不合作，有没有难处，与其遮遮掩掩，倒不如把话说在明处。

上市公司每年一家媒体的日常信披费用为 8 万—15 万元，上市公司一般不会选择四家同时都上，只会选择 1—2 家。所以董秘们一般都会与"四大报"落选的媒体记者们把原因说清楚，得到相互的理解。

很少有公司董秘会因为日常披露费用和"四大报"结怨，抬头不见低头见的，不是大是大非的问题，和谐第一。如果因为这种小事与媒体产生冲突，估计当董秘的情商有点低，需要加以提升。

（2）从媒体"四大报"的角度来看，也需要与公司保持默契。媒体为无冕之王，证券类媒体也被寄予社会"第二证监会"的期望，形成舆论监督，作为第三方力量以促使我国上市公司不断规范。僧多粥少！一边与上市公司有信披业务往来，一边需要履行社会赋予的监督之责，很难两全。

一边是责任，一边是生存，在这个生态环境中就逐渐形成了特定的生存链条，"四大报"并不能以任性的姿态一味在证券市场中不断"找碴"上市公司，只要上市公司不形成热点事件或者某件恶行"东窗事发"，指定信披的媒体很少会主动发难和质疑上市公司，他们与上市公司间需要默契。因此定期与上市公司形成互动，是媒体，特别是各地记者站部分工作内容之一。

通过定期聚会可以保持人与人之间的情感，这是私人间的交往，但报社与上市公司间的关系维持需要价值增值来实现。媒体对企业的价值体现主要是舆论的影响力，它既是企业头上高悬的达摩克利斯剑，也可以是企业舆论宣传的窗口。媒体通过关注上市公司的公告和定期参加上市公司的股东大会，发掘上市公司的价值点，帮助上市公司与资本市场进行更好的互动，以传递价值，维护好市值。

面临不断变化的生存状态，"四大报"也在不断寻求改变，加强电子媒体的服务，引入市场化的财经公关服务，甚至介入投资、基金类业务。只有等到证券类媒体依靠上市公司信息披露费用为单一收入来源的现状得到根本改变后，才能真正发挥无冕之王之威力。

不过时不待我，时代发展不会给传统媒体的成长和转型多少时间窗口，随着互联网媒体和自媒体时代的来临，社会舆论监督的力量越来越多元，强大的媒体自监管时代正在来临。

笔者借上市公司首次发行股票关于路演环节的介绍，见缝插针地介绍了更多路演以外与媒体相关的内容，主要回顾了上市公司与信披媒体的生态环境，是想从另一角度来介绍路演，董秘们可以从中发现自己与媒体的相处之道。

路演的过程和演讲的要点，本身不是我们关注的重点，重点在路演程序中各方关系的介绍。至于路演过程中的交流及演讲技巧，我相信保荐机构和财经公关们会安排好一切。

多年资本市场的发展，不管企业在首次公开发行过程中，是否有路演这一环节，市场对发行标的公司的甄别已经自有一套逻辑和价值发现的规则，要想通过路演等一系列手段以提高企业的含金量已经变得不可能。路演的价值，在于通过路演，加强与资本市场的互动，通过路演向市场推介企业的价值，可以让董秘未来与各方力量互动和开展市值管理工作有一个良好的开端。

●小贴士●

通过路演，董秘不但可以建立好企业内部良好的沟通氛围，也可通过与券商、基金、财经公关、媒体等角色不断交往，让其沟通协调能力直上一台阶。

通过路演磨砺，大部分董秘及其部门成员都已经"上得厅堂、下得厨房"了，这只是你和你的企业在资本市场中的首秀，是长久相处的开始。

● 小贴士 ●

　　关于上市敲钟的过程，大家关注相关的电视剧情节即可，敲钟仪式对董秘岗位来说，虽然欢乐，却是无趣的事情。因其过程仪式感非常强，纪念意义远大于实际意义。作为董秘不应跟公司其他人一样，沉浸在蜜一般的欢乐中，应将上市敲钟仪式当作一次企业公关行为，通过一起见证企业这一极有纪念意义的时刻，营造更好的外部发展环境。

　　上市敲钟仪式，这一步可能是整个 IPO 过程中最欢乐的阶段了。苦楚千百味，欢乐滋味总一样，这个欢乐的过程本身确实是没什么可以说的，经历过的人满脑只剩下欢乐的记忆，只记得一群人围着交易所二楼大钟一起敲响的欢乐，等待即将首次开盘的惊喜。

　　本人没经历过上海证券交易所敲钟的过程，供职过的主板、中小企业板上市公司均在深圳证券交易所上市。笔者想，不管是境内还是境外、上海还是深圳，不论在哪里敲钟开市，欢乐和难忘的氛围应该是一样的。

　　本书不会直接介绍敲钟过程本身，而是介绍一些关于敲钟周边的边缘话题。

　　如"小贴士"所言，上市敲钟仪式本身是一次企业公关事件，而不应该简单地当作一个欢乐的仪式。我们来说说企业敲钟应该邀请哪些嘉宾，才能让"企业情商"得到提升。究竟谁才是企业这一重要时刻的见证者？这是个问题。

　　虽然经过多年发展，中国上市公司的数量在 4500 家以上，特别是东部区域的省份，如广东、浙江、江苏等省，上市公司更是密集。但在我国各类企业总量中，区域分布不均衡，上市公司在很多地区仍属凤毛麟角，培育上市公司仍是各级政府的一项重要经济工作。

在上市敲钟这么重要的关键时刻，那些曾经对企业有过关心、支持和帮助的人，都希望能够一同参与和见证。如果是深圳、北京、上海、广州等城市企业，不需要太多地考虑这些问题，因为这些超一线城市的人际关系和政企关系已经高度法治化和程序化，但一些二线、三线、四线城市就麻烦了。在一些城市，不论做什么，动不动就托关系、找熟人，在上市敲钟仪式人数有限的情况下，怎样才能从企业生态链条中抓住合适的关键节点上的嘉宾，来共同见证企业的脱胎换骨的历史瞬间，是个值得重视的问题。

既然知道这一仪式的代表性意义，所以企业内部、外部相关等重要人士的安排就要妥当，这也是企业情商的集中展现。

## 不论对企业有多重要，企业董监高都是第一顺位

不管谁在 IPO 过程中发挥了多大的作用，董监高为 IPO 的贡献一定是第一位的，否认这一点，企业的发展一定是个畸形的态势。因为 IPO 背后的实质是企业价值的确认，企业价值一定是董监高，特别是管理层创造和执行出来的，即使是正"处在风口飞翔的猪"那样的企业，不论外界的风口有多大，这只"猪"本身也是创始人和管理团队一起养肥的，加上 IPO 成功也是全体董事、监事、高级管理人员一起努力的结果。所以，他们当之无愧是第一顺位。

## 为企业带来核心价值的骨干员工或者"关键先生"

一些大型企业中，很难说谁是企业的"关键先生"，但近年来上市的，

特别是一些"小而美"的企业中，核心骨干员工的价值就特别凸显。比如，以创新模式取胜的企业，其商业模式的创想者（可能不是创始人或者董事长）；比如，以规模和管理取胜的产业，企业价值一定来自战略管控和财务管控，这些部门的核心人员可能是价值核心的创造者；再比如，靠关键技术突破盈利竞争力的企业，那么技术的发明者或者守护者就是企业发展过程中的"关键先生"，就是IPO上市仪式的受邀者。

不管是什么样的企业，在享受企业荣耀的时刻，不能缺少核心价值的创造者们。

### 对企业一直关心和帮助的政府部门中的关键人物

政企关系是个敏感的问题，不论是在充分竞争的市场里还是在资源垄断的行业里，良好的政企关系的营造是企业成功不可或缺的资源。在企业的IPO过程中，需要涉及与企业方方面面打交道的政府部门的支持，那些对企业发展特别关心、对IPO这件事给予特别关注和帮助的政府部门领导，在企业敲钟开市的重要时刻，一定不要避讳什么，需要他们到场来见证。

### 对公司关键时期有重要影响力和那些改变他们命运的人

每个成功企业家跟一个成功的产品一样，要塑造内涵，其背后必定有故事。产品的故事大部分是赋予的，什么是"赋予"？大白话就是找个故事点。而企业创始人或实质控制人为做大企业，历经九死一生，其背后一定有真实而艰辛的故事，这些真实故事中一定有人在企业生死抉择时，给予了极大帮助或指点，甚至力挽狂澜。在IPO成功的时刻，可能这些人已经离开了企业或企业的关系圈，或者他们从来就没有进入企业的利益圈。但此时，企业不应该忘却他们，应该请他们来一起见证企业的高光时刻。

此三种应该到场的人，应该是和企业当下或者曾经有过重大利益关系的群体，而即将要说的这类人，可能不是甚至从来就不是利益关系人。他们在企业发展中，可能间接一句话、一个提醒，让企业找到启发或者规避了一场重大灾难。这些人，是企业过往的福分，也不应匆匆忘记。

对这四类人遴选一下，估计一般企业的敲钟"亲友团"应该有 20 人左右了，其实也不必太多，这就是亲临现场最佳围观人数。

如是国有性质的企业就不在此讨论，有其自身的规矩和要求；如是民营企业，需要提醒的是，管理层特别是董事长不适合将与公司无关系的家人领到上市敲钟这个场合，对家人、亲友，最好以私人形式聚会来表达喜悦心情和感谢。这不是形式上的装模作样，而是从此时起，企业蜕变为一家公众公司，而不是和以前一样的家族企业了。

敲钟仪式过程本身没什么可说的，在影视中见过不少吧，小说中也经常出现这样的情节，本身没什么可以抒发的，特别是以理性见长的董秘们，更不会出现影视作品中那样的波澜情绪。可能反倒是到场的嘉宾们和带领企业一路披荆斩棘的企业领袖们，他们更容易露出感性的一面，更容易投入敲击交易所上市仪式大厅里大钟的过程中，更容易感受到五味杂陈的艰辛之后的喜悦感。

上市敲钟作为董秘职业高光的时刻，更多感受到的应该不是快乐，更艰苦的工作从此才刚刚开始，所以只好收敛起感性的激动。

象征着 IPO 成功的上市仪式，本来是值得特别怀念的情节，但是在本人心中却没有更多特别的记忆，只有在无意翻起仪式后留下的照片相册时，才会记起这一环节，其过程大多已经淡忘。通过对企业最应该邀请参加上市敲钟仪式的几类人群进行的归纳，希望 IPO 企业和董秘能够注意到这些细节，防止细节拉低企业情商。

上市敲钟是一个仪式感极强的活动，组织过程不需要企业有特别的技巧性安排，交易所内部也有固定的流程，保荐机构市场部也会介入进行对接。企业需要注意的就是如何保证仪式中的荣誉感能与值得与之分享的人一同来分享。

交易所举行敲钟仪式在开市前举行，敲钟仪式后是更激动人心的时刻，即将倒计时进行股票上市并首次交易。随着交易所大厅里 LED 大屏点亮，你们公司的股票简称和开盘价格在大屏幕上首次闪现，伴随着一点新奇、一点激动，一路辛苦为之努力、为之辗转、为之焦虑，各种五味杂陈，都在此刻沉积为心想事成后的幸福感。

随着现场掌声、欢呼声的渐渐消减，短暂的快乐和幸福感也随之飘散，取而代之的是对新征程的紧张感和未来风险袭来的压力感。

第五章

# 顺畅沟通：董秘最本职的工作

# 第一节 ┃ 董秘如何与内部沟通？

## 先"沟"董事长，再"通"管理层

从这里开始，我们逐级去感受董秘需要与哪些重要的群体进行沟通，讨论前仍然做个场景设定，将自己模拟成一位新加盟的董秘角色。

不论以何种方式加盟一家新企业，不论是上市还是拟上市的企业，一位董秘的加盟一定会由董事长（假定董事长就是实控人）进行确认。在这个接触过程中，你一定需要与其进行深入的沟通，就企业的渊源、现在困惑、未来理想等方面一定要进行全面的交流。对企业和你来说，这是一个相互评估的过程，也是一个尝试配合的开始，是性格配对的过程。董事长对你的信任是所有顺畅工作的基础，切忌因为打工心态而放弃了自己对企业的评估权利。

在这个过程中，相互的主要诉求应逐一进行明确，包括你的职责范畴、待遇（日常薪酬、激励机制和股权分配等）、开展工作的方式和节奏等，需要一一加以确认，如果需要以协议约定的形式强化你的信心，就以书面形式明确；如果不需要，也要明确得到双方确认，切莫碍口识羞，不敢直面这些话题。

企业中，最怕只谈理想的团队；老板中，最怕只谈理想的老板。不论是长期还是短期的利益，必须放在明处，然后朝着共同约定的方向去奋斗，在奋斗中组成命运共同体，形成共同的理想。这是现代企业服务的态度，也是应有的礼仪。

利益分享机制谈定后，对实际控制人的格局和企业价值及战略的评估仍然是第一位的，也是沟通的核心内容。只有企业有未来，所有的承诺才有意义。

跟董事长达成理念和薪酬上的一致，自然就会过渡到与管理层进行沟通的顺位上来。未来与你长期奋战的兄弟们，就是这帮人。相互是否能够糅在一起，是否能得到他们的支持，是你成功的关键。

在与他们的沟通过程中，必须不露痕迹地让对方体会出以下几层意思，才能称之为有效的沟通。

#### ● 我是董秘角色，只谋求事情做成，带来增加价值，别无他求

有人的地方就有江湖，企业内部的江湖绝不比大社会体系更单纯，因此你的加入一定会带来管理层新的利益重组。有新管理层成员的加入，对原管理层格局的影响程度，根据角色不同，影响不一。但不能否认这种客观存在的影响，不能掩耳盗铃。

新成员的加入，对管理层的分工、权限、薪酬对比、工作习惯等，都会带来影响，这绝不是以小人之心度君子之腹。对于新人、新团队，甚至有人刻意给你"挖坑"的情况，如果你刻意忽略这种变化，单纯"傻白甜"到底，有可能连最后是被谁挖坑埋掉的都不知道。

如何迅速度过调整期，形成新的稳定格局，是董秘沟通的重点。

1. 单方面的和谐并不可取，不需要董秘通过曲意迎合去获得稳定格局。意思是不能单方面认为只要做好自己的事，不去招惹别人，多刻意去迎合老团队，自然就会和谐。其实不然，一个老好人几乎没有价值，在你主要使命的指引下，怎样在理念上引导大家形成对资本运作战略定位的共识，才能真正形成和谐相处的基础。

2. 与其他角色的管理层不一样，有些岗位与其他人是"零和博弈"关系，而董秘角色给企业和管理层带来的是增量价值，不会稀释原管理层既得的"手中蛋糕"。但如果第一阶段的沟通不好，或者是管理层对董秘角色及其带来的增量价值并不了解，甚至是有误解，那么后边的工作就会面

临非常尴尬的境地。

3. 作为董秘，是对现有公司管理构架的一个补充，也是公司发展到新层次后的必然产物，董秘的价值就是为公司完成"量的积累到质的飞跃"的重要推手，因此加入团队是为公司价值及管理层个人利益提供增值服务，而不会稀释原有团队权利份额，不是来分割他们既有的势力范围。

这样，天生对新人的排异反应就会小很多，也为董秘第一阶段的融合奠定了良好的开端。

### ● 你们才是专家，良好的经营才是企业上市的关键

这个观点必须传递出来，虽然这是直接肯定业务型管理层成员说的话，但绝不是恭维。

确实如标题所说，把企业经营推动到成功 IPO 的阶段，一定是业务型领导们花费了大量的精力。作为一些行业龙头，或者细分行业的龙头企业，没有一支过硬的业务型管理团队，是不可能持续保持竞争力的。因此对业务型管理层，要真心实意地表达自己的敬意：你们是专家，企业真正的基础在于良好的经营，IPO 和资本运作，只是助力经营的一种可选的手段。这完全不是投机取巧或者强作和谐的话术。

"良好的经营才是企业上市的关键"这种观点尽人皆知，但业务型管理层们并不懂得企业上市是怎么回事。可能对 IPO 这件事的直接感受，更多的是对早期乱象的片面感受：股市靠造假、坑蒙拐骗；上市靠"包装"，能够人为制造虚假繁荣；上市就是董秘的事，跟我们业务单位没有直接关系。上述这些观点代表少数上市公司的某些特征，被很多业务型领导一直烙印在心，然后就会戴着这副有色眼镜看你这个董秘粉墨登场。

我们用狭隘的心思去试想一个情景，如遇包容心不强的管理层，在他的眼中，你的加盟，只是企业的过客，甚至是个跳梁小丑，更多的是冷眼看着你，"看你起高楼，看你宴宾客，看你楼塌了"。在这种情景之下，想

必新加盟的董秘很难得到支持。

这种想法确实狭隘，但并不妨碍你主动沟通。以最纯朴的心直接从对方最易接受的角度入手，一步步逆转对方的成见，让他们真正理解企业的长远利益与上市的关系，理解董秘对企业的长期价值，理解董秘不是一个孤立的个体，和他们是利益共同体。

能够得到其他管理层成员的大力支持，董秘的工作就成功一大半了。

## ● 未来最大的收益是资本收益，而不是薪资收益

一般而言，在 IPO 前的公司管理层结构中，大部分成员不但是管理层也是公司股东，收益主要包括三个方面：年薪、奖金和股权分红。他们对股权价值的理解就是享受分红，但资本市场对股权价值有价值发现功能和巨大的财富放大效应。

通过交流，让这部分管理层参照同行因上市带来的财富变化，对比其个人收益的变化，让他们从个人利益的角度去深切感受，企业上市不单单是企业和董秘的事情，而是与每个人的利益密切相关。通过个人收益和财富增值的直接冲击，让整个管理层能够发自内心地支持董秘工作。

## ● 密切配合，才能保证企业资本市场运作的成功

虽然列举了这四条沟通的必备观点，但从执行层面来说，其实并不需要一次性填鸭式地灌输，也不需要这么直白地表达观点，需要"润物细无声"。其实每条都是不言自明的观点，对管理层级别的人来说，这些都是小儿科，但你将这些观点进行有机的组织和串联，就会形成经常性有深度且有趣的交流。

董秘与其他管理层的沟通，并不仅仅是直接、单纯地传递观点，而是人与人相互审视的过程。有的人清澈如水，有的人温润如玉，有的人城府极深，有的人愤世嫉俗，面对不同性格的人，董秘需要以平等态度去对待，

只是需要不同的表达方式而已。

## 董事会的支持，也是沟通出来的

董事会体系健全的公司，董秘在加盟公司前，在与董事长相互确认后，一般在正式加盟前某个时间点，也会安排与董事会其他成员见面，这可能是你第一次与董事们接触。

从字面理解，大家想象中的董事会秘书，与董事们的关系可能类似助理或者秘书的关系，其实不然。从职责层面来看，董秘与董事间无助理或者秘书服务关系；从实务层面来看，两者关系更趋于平等，稍有时间磨合，董秘、董事间的关系同其他管理层与董事间的关系比起来，前两者的关系相处更可能融洽。

### ● 内部董事有"领路人"保护，不关心战略层面的事项

在现行的公司治理中，非实际控制人派驻的董事，特别是外部董事，他们的知情权客观上是受限的。内部董事一般是原始创始人，几乎为清一色的业务型人才，一起创业的董事长就相当于他们的领路人，对资本运作事项的决策，几乎都是听从"领路人"的意见。因此内外部董事对公司资本层面的事项，主要还是尊重公司话语权最重的人的意见。

### ● 外部董事无力全身心去关注一家兼职董事的公司

外部董事一般是专业人士，但都是兼职，不会有太多的时间来研究和关心某一家任职公司的事务，不是说他们不尽职，而是制度和工作现状造成这种现状。因此，一般的外部董事会不由自主地将其风险意识依托于董秘身上。

在外部董事中，更为特殊的是独立董事。他们一般分为三类：业务技

术专家、财务人士、法律专家。后两类与董秘有相同的专业领域，相处更为容易，更能感同身受。

- **信息流向是单向传递，必然的结果是信息不对称**

只要信息是单向流动的，信息传递的损耗和选择性传递的现象就一定会出现。信息只有在双向流动中，才可能如连通器一样，更容易信息对称。因此，外部董事们对公司的信息知情权受限，是外部董事这个角色天然造成的。

- **董事们更愿意将风险控制寄托在董秘身上**

从前文可知，主客观因素导致部分董事知情权受限，但阅历又让董事们都具有极高的风险意识，都是经历过人生磨砺的人，他们自然会将自己的风险意识逐步依托于董秘之上，希望董秘能够传递风险，更真实地反映事情的本质。有了这些相互需求的心理基础，交往自然不是太难的事。

对于沟通，技巧本身不是难事，难在沟通的基础和方向的把握。只要找到沟通的底层平台，沟通本身就成为一件很容易的事情。

## 争取核心股东的理解，是董秘在公司立足的最重要的支持

从管理层、董事，再到股东层面的沟通，由浅入深。关于股东的沟通，其实你与公司接触的第一天，你的沟通工作就已经开始了，因为一般情况下与你最初接触的董事长就是最核心的股东。

除实际控制人外的其他股东的沟通工作，也十分重要。在公司还未上市的阶段，股东是以共同创业的事业合伙人为主，对公司都有核心贡献，一般都会独立挑起一块事务，董秘的日常型事务只有得到他们的鼎力支持，执行才能更好地落地。

一些公司中，还有一类比较特殊的股东，他们的股权比例不高，却有很重的话语权，甚至对公司的战略及走向也会产生重大影响。因此，加强与这类股东的沟通，对润滑股东之间、股东与公司之间的关系和提升工作效率等方面均有裨益。

核心股东可能也是创始人之一，或者早期加盟的元老，对企业有重大贡献，也是公司"元老院"（重大决策会有小圈子进行商议）成员。董秘必须得到他们的支持，才可能团结更多的力量，减少阻力。

有的董秘执着于专业太久，眼里只有专业领域内的事情，只有董事长的意见，而会不经意地忽略一些重要股东的意见。这样的后果是，战略统一了，执行层面却没有统一。日子长了，董秘渐渐就会发现自己工作越来越被动，明明是对公司、股东和员工均有益的事情，却得不到支持，在这些董秘视角里，公司的一些股东变更越来越不可理喻。

企业战略总是在前进中完善，但绝不是在前进中扯皮。董秘协调功能欠缺，最终会加剧公司股东间的矛盾，最终动摇公司战略。

寺中塑三教像：先儒，次释，后道。道士见之，即移老君于中。僧见，又移释迦于中。士见，仍移孔子于中。三圣自相谓曰："我们原是好好的，却被你们搬来搬去，搬坏了。"

《周易》有云："天下同归而殊途，一致而百虑。"在战略一致的情况下，所有战术之争均可实现殊途同归。但最怕沟通不畅，门户之争，结果是"被你们搬来搬去，搬坏了"。

对公司内部力量的整合、战略的坚守、各方利益的平衡，是一个高级董秘的进阶之路。专业董秘是专家，高级董秘是纵横家。

## 第二节 ▎ 董秘如何与外部沟通？

外部沟通群体主要是外部投资者，其重要性不言而喻，投资者关系管理一直作为董秘的第一要务。根据董秘日常沟通工作的排期原则，企业股东应该分为四类：（1）内部股东；（2）战略股东；（3）基金类股东；（4）其他中小股东。

这种分类方法主要是按沟通的工作方式归类的，不是按照所谓的重要性分类。从原则上来说，股东出资额虽有不同，但同股同权，所有股东的权力是一样的。但在对上市公司的话语权上，上述四类股东事实上存在差异，上市公司对待四类股东的态度上也会有明显差异，这是客观现实造成的差异。

作为上市公司的董秘，日常事务的沟通工作，内部股东反而是最少的，所谓"灯下黑"；第二类、第三类股东沟通压力最大；第四类股东相对不多，但如果有，却是最应该小心对待的。

公司战略股东和基金类股东，对公司的经营及变化是非常关心的，因其处在公司经营层面之外，所以与其沟通的任务最重。这类股东一般有专业的研究机构，或者有为其提供专业研究报告的研究机构。因此，董秘的主要沟通对象可能是关心公司或者已经是公司股东的研究员们。

## 第三节 ┃ 董秘如何与监管机构沟通?


### 最好让监管机构看清公司在做什么、想做什么

最后一类需重点沟通的对象,放在最后,自然有深意,肯定是董秘沟通的重头戏。

随着监管环境日益改变,监管机构对上市公司的监管方法也在不断调整和优化,同时监管机构的专业化水平,随着资本市场的建设不断完善、上市公司经营水平和复杂度同步提升,已经得到了极大的优化,从最初"猫抓老鼠的游戏",演进成了制度创新和服务提升的状态,监管中强化了服务职能。从这些年的变化来看,监管机构特别是两大证券交易所的服务工作方式,越来越受到好评。有了与监管机构沟通趋于良性的外部沟通环境,那沟通效果的差异就体现为董秘的水平差异。

董秘与监管机构沟通应遵循以下基本原则。

#### ● 多走动,常汇报

"多走动,常汇报",这好像是职场中跟领导相处的原则,不过它也适用于任何人、任何场合,对证券监管机构也同样适用,毕竟监管有指导义务,也有服务职能。

人与人交往的最现实的基础是什么?是价值互动!只有价值不断互动,才能长久交往。董秘与监管机构的交往也是一样,多走动、常汇报,最容易形成相互的价值传递,多请教总是不会错的,监管员也希望看到上市公司经常来请教专业问题,能够在很大程度上激发监管机构对上市公司天然的保护欲望,这是人与人、组织与组织最本能的潜能。

关于交往基础是基于价值的互动这一观点，大家可能要往"俗"的层面上去想，其实让对方感觉到自己很重要、对别人很有用，才是最大的价值确认。如果价值是单向流动，这种交往是不长久的。

监管机构是个组织，与你呼应的还是一个具体的监管员，那么监管员就是公司与监管机构交往和沟通的支点。

### ● 让监管机构能看清监管风险的基本底线

与监管员的沟通，除激发监管机构的善意情绪外，更重要的交往原则值得注意，就是要让监管机构看到风险的底线。

任何公司均有风险存在，就像我们体内均有有害菌群和益生菌群伴生一样，只要有经营行为存在，就一定会滋生风险。关于这一条监管机构比谁都清楚，因此监管机构是能容忍公司一定程度的风险出现的。

但从组织风险、个人风险来说，最可怕的风险是，明知道有风险，但不知道风险在哪里。未知才是最可怕的！就像战场中狙击手一样，任何人都可能被他干掉，但死在谁的手上？敌人在哪里？下一个是谁？这些问题均像死神一样萦绕成恐惧的阴影。监管机构也一样，最怕的是一些神秘莫测的企业，业务模式复杂、管理层琢磨不定、盈利模式受怀疑、收入成本不清晰、关联主体众多等，但是其经营结果又往往出乎意料。

这种公司最让监管机构和董秘害怕。因此，奉劝那些正在物色IPO潜质公司的董秘们，尽量回避这种公司。

### ● 一定要让监管机构知道公司在做什么

这条也是一样的，也是因为未知会衍生出恐惧。前一条说明了监管机构接纳公司的基本底线：让监管机构看清楚公司赚钱是真实的。本条是告诉你，作为董秘一定要让监管机构知道公司正在做什么，未来想做成什么样。不要让监管机构和当值的监管员觉得公司很多做法越来越不靠谱，以至于不知道企业的真实想法是什么，很多简单的事情却总是变着法地折腾。对这种企业，监管机构都会敬而远之的。

在与监管机构的交往中，能否将工作关系延伸到私人圈子中，能否在工作以外进行顺畅沟通，均是立足本小节中介绍的三个基础点之上，有业绩真实、前景可期、风险不大的企业作背书，你才可能与监管机构和监管人员有深入交往的基础，否则，即使是卡耐基先生也无用。

在与监管机构的交往中，不要刻意强化企业在资本运作层面的推陈出新，不要用所谓的创新去挑战监管底线，而要强化企业正常的行事风格，这才是企业行事和沟通的较好选择。

> ● 小贴士 ●
>
> 与监管机构的沟通，核心任务就是强化公司透明度，提升公司的可信任度，让监管机构看到企业正走在一条怎样的道路上，需要什么样的支持，有什么样的资源，最终会形成什么样的战略格局，这样监管机构的"有罪推定"的眼光才会逐渐转变，使企业获得良好的监管外部环境。

我们反复提及，企业中对资本运作战略和市场规则能够同时兼顾和理解的，一定是董秘。在企业经营实务中，企业的很多经营方向和运作，可能不会考虑资本市场的价值，不会考虑通过资本市场借力打力的问题，会作出很多短期有益于经营，长期却有损于企业价值的决策，那么此时，作为一个董秘，就有责任去直言并扭转企业错误。

对企业外部而言，有的投资者，甚至监管机构，会提出一些从他们角度看似正确，却有损企业长期经营基础的建议，这种竭泽而渔的事情，也需要董秘能够知进退、有节制地表达企业的声音。对媒体更是如此，不能接受媒体和舆论的"绑架"，所有沟通都是有底线和基础的，必须适时表达出企业的态度。

一个对内对外均不敢直言的人，是不配做董秘的，没有专业和正直作基础的沟通协调，均是出卖和损害企业的行为。

所有的沟通，均是为了增加自己和企业的价值，否则均是无效沟通。公司不成功，即使是金牌董秘也会被人嫌弃；董秘不得力，好公司也不会被资本市场待见，所以董秘与公司价值互为成就。

## 第四节 ┃ 董秘如何主动打造信息知情权？

### 知情权，别人没义务主动给你

没有人能坐等信息送上门，但有的董秘就是这么幼稚，理所当然地认为职务加身，有人会主动汇报企业重大信息。其实不然，你面对的企业可能有这样的尴尬：企业中有的人不了解"董秘"；有的人故意不让你知道；有的人还在隔岸等着看你笑话。作为一位企业高管，甚至作为一个现代职场中人，内心有善意是为人之常情，对恶之防范却是"居家旅行、江湖行走之必备良品"。因此，作为身处人事复杂的核心岗位中的董秘，必须事先设想各种可能性，用机制去防范人性恶之花。

现在回想我们曾经学习的现代经济学理论，它的理论基础就是基于人是理性趋利，并且均是利己主义的，其实董秘学问的基础亦如此。企业对信息披露有天然的畏惧，这是企业内生的自我保护机制产生的行为。加上企业各团队、各部门均有多一事不如少一事的想法，他们也没有主动通报信息的动力。因此，面对一个有自我保护信息的组织和一群不会主动配合信息披露工作的人，你该怎么办，自然就清楚了。

我们必须设计一套完整的机制来保证公司信息有序流动，经过你的专业梳理，形成法定的信息披露内容。在全面知悉的基础上，才能做好不打折扣的"翻译官"，让市场去自行判断公司价值。

### 机制保证才是一劳永逸

一般来说，董秘先是通过提升在企业中的话语权，再通过机制来保证话语权的落地。机制说到底也是一层外壳，剥开外壳的实质是在企业中的话语权，一切的核心均来源于此。再好的机制，如果大家视你如无物，机制再怎么运转也毫无价值。

作为职业经理人，打造董秘信息来源渠道的手段体现在以下几个方面。

### ● 先善用好外部主动赋能的力量

为保证董秘的信息知情权，监管机构，特别是交易所也是煞费苦心，从职务级别上不断提升董秘任职的岗位要求，比如要求董秘必须是公司的高级管理人员，要求是董事、副总裁或者财务总监等岗位担任。很多原本地位不高的董秘因此而获益，地位不断提升。地位提升了，知情权自然就宽泛得多。

除提升董秘职务级别外，证监会、交易所两监管主体，不断下发各种关于要求企业建立信息通报渠道的文件，地方监管局也将信息披露及重大信息通报体系作为监管和考核上市公司的重要指标。将这些外部的要求做到位，你的信息来源就有了基本保障。

有最低信息的保障，你只是刚刚"脱贫"，最多只能算是"低保户"，尚不足以应对复杂的信息披露要求，必须主动出击。

### ● 主动出击第一招：重大信息通报制度，根据企业实际情况，最少一年一次指标化分解

公司依据监管机构的精神，制定并颁布的"内部重大信息通报制度"其实就是个"花瓶"。如果处置不好，这些制度最终成为应付监管机构检查的摆设，企业内部各部门也视之为无物。这种结果如果蔓延，后果就是董秘威信扫地，反受其害。

所有关于内部重大信息通报的制度，如果不加以指标化定量分解，再好的制度必然形同虚设。根据监管机构模板制定出的制度，其中有很多与

百分比有关的指标要求，还有很多关于"重大""主要""以上""以下""包括但不限于"等关键处指标的界定，这些规定对应到企业日常经营中，就显得较为模糊。因此，需要根据公司对应的总资产、净资产、最近一期的经审计值、净利润、经营性现金流、非经营性损益等常用指标，直接计算出具体的、一目了然的定量指标，交给所有业务部门去参考。

话到此处，我们闲聊一下关于董秘分管系统与业务部门矛盾的问题。这可能是很多企业长期存在又无解的痛。很多企业这两个系统运转一直都是前后台相互埋怨的状态，但因为两个系统的眼界、视角不同，这种矛盾基本无解。即使通过双方沟通和董事长的呼吁，长期来说也是没用的，只能短期缓和。

其实上述这些矛盾基本都是由于双方交流的标准混乱而造成，并不是因二者间有利益上的原则性冲突。业务前台部门作为企业的主要利润创造单位，其核心功能就是拼市场，虎口夺食非常不易，难免常会自觉功劳大、任务重，在他们眼里，董秘系统的运转与他们的工作无关，反倒觉得规范性要求会拖经营的后腿。比如，遵循通常的市场规则或者潜规则，在董秘那里就不行了，这么做违规了，那么做也违规，生意还怎么做？于是抱怨就产生了。

而董秘又会觉得业务部门不配合，没有起码的规范意识，明明稍微修正一下，就可以做到既合法合规，又不影响效率，你为什么会拒绝我；明明通过沟通，就可以做到及时准确地披露，但就由于沟通不到位，好事变坏事。

其实双方没有核心的冲突，一切源于沟通和通报标准不够清晰。业务部门不会主动去计算每项业务对应的披露标准，董秘得计算好并告知业务部门。譬如，什么类型的事情，达到多少金额，重大事项发生以后，必须在多长时间内沟通，等等。其实回头看，很多矛盾是董秘没做好后台服务和配合工作造成的。

### ● 主动出击第二招：公司性会议必须参加，且发表你的决策意见

有很多董秘做得很洒脱，只关心与自己专业有关的事情，越自我封闭，也越被人封闭，长此以往，很多董秘渐渐就不懂业务了，他们"自绝于公司"。

公司会议体系一般分为四个层级：一是股东会、董事会；二是公司战略性讨论会及与公司整体有关的高级会议；三是重大的专项会议；四是专业部门一事一议的专业会议。

四类会议中，董秘除第四种情况外，其他会议均需自己或者派员去参加。很多人将参会当成权力，有的人将参会当成累赘，两者均不可取。参会是董秘获得信息的一个重要渠道，也是把规范意识注入公司和经营过程中的重要手段。

通过这些会议，董秘能够更好地理解和了解公司，更好地总结公司，形成自我对公司的理解和提炼，通过长期的积累就能更好地与资本市场及监管机构进行更高质量的沟通。

### ● 主动出击第三招：派出你的小伙伴，多与业务部门保持沟通

因董秘体系的员工与业务并无直接关联，且不像其他后台部门有直接的监管和服务职能，长期会形成董秘口的员工与公司其他部门的员工有一定的隔阂，严重时会显得特别另类。

在日常工作中，要鼓励员工多主动交往，能够与人交流，才能更多地知悉动态。董秘本身与各管理部门常有交集，应该不存在这类问题，但麾下的员工就不好说了，他们不走出去，再加上如果董秘"护犊子"心思比较重的话，这个体系就成了独立王国，也会成为信息孤岛。

### ● 主动出击第四招：防止万无一失，从细节中锻炼自己的信息嗅觉

细节决定成败，很多问题公司，在曝光问题之前，一般都有明显的征

兆，以至于从外部都能看出苗头，有这么严重的问题，作为公司内部人的董秘，如果多注意细节，不可能捕捉不到一些蛛丝马迹。

从证监会网站披露的上市公司违规受到处罚的统计数据来看，大部分董秘其实并没有直接参与公司的违规行为，甚至还有很多董秘对公司违规行为根本不知情。从这一情况可以看出，如果董秘不是上市公司造假的帮凶，事实也证明他不知情，那么他一定没有从公司的经营细节中去留意公司的问题。

大部分造假公司的问题，主要是内部举报和财务信息经专业人士分析得出，身处内部环境，一定会有诸多蛛丝马迹让董秘怀疑。我们来看看"蓝田股份"当年是怎么翻船的，一起品味如何透过蛛丝马迹去发现公司风险。

"蓝田股份"曾经创造了中国股市长盛不衰的绩优神话，这家以养殖、旅游和饮料为主的上市公司，一亮相就颠覆了行业规律和市场法则。1996年发行上市以后，在财务数字上一直保持着神奇的增长速度：总资产规模从上市前的2.66亿元发展到2000年年末的28.38亿元，增长了9倍，历年年报的业绩都在每股0.60元以上，最高达到1.15元。即使1998年遭遇了特大洪灾，每股收益也达到了不可思议的0.81元，5年间股本扩张了360%，创造了中国农业企业罕见的"蓝田神话"。

这一神话突然被打破是在2001年10月26日，刘姝威博士在《金融内参》发表《应立即停止对蓝田股份发放贷款》的文章，不到一个月，公司便出现现金流断裂的情况，神话的泡沫突然被挤破。

过去20多年了，刘姝威对"蓝田股份"的分析仍然值得细细品味，从文章可以看出，刘姝威除运用一些银行的商业常识外，信息全部来源于公开信息，其最主要的手段就是进行同行业对比，其中分析方法的基本逻辑并不是多么高精尖，基本都在大多数专业人士的知识范围以内，为何偏偏刘姝威博士成为打开骗局天窗的第一人呢？

事后有人细细计算，"蓝田股份"每亩水产3万元，意味着"蓝田股份"

一亩水面至少要产三四千公斤鱼，就是说不到一米深的水塘里，每平方米水面下要有50—60公斤鱼在游动，这么大的密度，不说别的，光是氧气供应就是大问题，即使在实验室养殖这么大密度恐怕也难以做到。

那为什么蓝田公司鱼塘里的神话可以维持这么多年？其核心还是围绕公司利益链的相关者均不愿也不可能去揭穿这个故事真相，一些参与其中的投资者，包括中小股东都在击鼓传花；金融机构先是被这种企业不断绑架，以至于不断维持信贷规模以帮助这种企业去填坑；至于监管机构，则更多地被动地相信企业能够通过时间去消化风险，最终达到区域性监管稳定的目的。

身处这种企业的内部人，即使不是造假行为的策划者与参与者，也一定可以通过日常经营细节知悉其中的"猫腻"。

一个朋友曾任一家问题企业的董秘，其中的一件日常事务，让他从此对企业的问题产生怀疑。企业上市后，计划投资一个水利基建项目，一个合同审批流程流转到他那里，对于基建和水利工程，因专业限制他确实无力判断，所以就提出承接方应该三家比价，同时必须均具备相关专业的施工资质。此事很快就过去了，半个月后补充资料后流程又重新流转回来，他发现业务部门推荐的企业仍然是原来那家，其资质材料也没有得到补充，由于基于施工成本不可控、施工单位资质不够、质量安全等问题不可控等因素，这位董秘签署了反对意见，并记录在案。

按照常理，审核小组成员中有人提出反对意见，执行部门应该整改后重新进行沟通。一次偶然的机会到施工现场，董秘发现施工单位仍是他曾反对的那家企业，并且已经动工。根据现场评估，一个外行都可以八九不离十地估价出来，工程总金额不至于如呈批金额那么大。这其中要么执行部门在权力寻租，要么施工单位在造假，要么公司行为失当。

当你深入现场，或者间接做员工访谈，很容易发现主要风险点。有风险不可怕，可怕的是不知道风险在哪里，更可怕的是你根本不知道有风险。

通过细节发掘、发现风险不难，贵在应对。董秘应该怎么对待自己公司的问题呢？这个问题比较复杂，每个人处理问题的方式各异。有的人比较主动，去扭转或者改变；有的人比较婉约，做好个人风险防范，提前策划如何全身而退；有的人比较激进，去规劝，如果不成功就去寻求监管机构的帮助。

不论哪种方式，董秘只能根据公司实情、实际控制人的品行、问题性质等因素进行择机应对，没有对错，只是个人风险偏好不同而已。

针对企业风险，作为职业经理人，最不提倡的就是主动曝光企业问题，董秘应协助企业化解风险。用时间、空间去化解风险，才是较好的选择。直接将企业问题置于聚光灯之下，本可以妥善处置的风险就变得化解空间狭窄，小事变大、简单变复杂，这不是一个合格董秘应有的处事方法。

> ● 小贴士 ●
>
> 善用机制，主动出击，可以最大限度地防止因信息掌握不及时、不准确、不全面而带来非客观的虚假陈述。

# 后　记

本书从董秘职业介绍到董秘的职业风险，从上市申报到上市后如何履职，为一些新人或者准备进入这一职业领域的朋友全面展示董事会秘书这一职业。

真正去诠释一个综合性职业很难，需要你自己主动走进这个岗位，才能逐渐去体会和理解。站在岸边，永远不知道游泳的乐趣。

如果你准备将自己置入董秘行列中，那么第一步可以先去上市公司证券或者财务部门实习体验，去感受上市公司的职业氛围；第二步准备成熟以待时机，可以离开上市公司，去一些有上市计划的公司，去谋求类似证券事务代表的角色，亲身参与到 IPO 筹备工作中去；第三步就可以物色直接出任董秘的机会。

如果你已经是一名董秘，那么需要从三个角度去维系和提升董秘的职业空间。

第一，恪守董秘的法定职责，将专业技能扩散到自己的证券事务管理的团队中去，由点及面，扩大团队的专业素养；

第二，作为企业的战略家，为公司的长远战略及资本规划提供远可攻、近可守的落地策略；

第三，为企业守住风险底线，为自己守住职业底线。

本人从一开始就没有想过要写这么庞杂的内容，只是想写一些零碎的经历，与一些刚入董秘行，甚至是萌芽想进入这一领域的大学生们进行分享，让他们提前理解这一职业领域的魅力。

从开始特别随意的方式，渐渐写成了因职业习惯造成的"八股文"的叙述方式，凡事就想用一、二、三来进行描述，文笔有点老气横秋，从泛泛而谈到越来越实际，本想用更活泼的表达方式，但总也找不到活泼轻松与怕误人子弟的惴惴不安之间的结合点，后来干脆不去想表述思想的方式了，只要能把意思表达清楚就可以。

在每个章节、每个观点中，也曾想过将自己的工作实务中更具体的案例结合起来，但又觉得不妥，就借用了很多公开的并且已经有结论的事件来诠释自己的观点。全义均未记述本人亲身经历或者更贴近实务的案例，以防止别有用心的人对号入座，动笔伊始，本人就从未想将职业揭秘、探奇作为自己的着笔点。

作为过来人，为新生力量们提供自己曾经一路跌跌撞撞的经历和心得，希望资本市场补充更多有思想、有准备的力量。

图书在版编目 (CIP) 数据

奔跑吧，董秘：上市公司董秘的成长之路 / 唐宋_
元明清著 .— 北京：中国法制出版社，2023.4
ISBN 978-7-5216-3236-1

Ⅰ . ①奔… Ⅱ . ①唐… Ⅲ . ①职业选择—通俗读物
Ⅳ . ① C913.2-49

中国国家版本馆 CIP 数据核字（2023）第 019484 号

策划编辑：赵 宏 责任编辑：冯 运 封面设计：汪要军

**奔跑吧，董秘：上市公司董秘的成长之路**

BENPAOBA，DONGMI：SHANGSHI GONGSI DONGMI DE CHENGZHANG ZHI LU

著者 / 唐宋_元明清著

经销 / 新华书店

印刷 / 三河市国英印务有限公司

开本 / 710 毫米 ×1000 毫米 16 开 印张 / 14 字数 /186 千

版次 / 2023 年 4 月第 1 版 2023 年 4 月第 1 次印刷

中国法制出版社出版

书号 ISBN 978-7-5216-3236-1 定价：59.00 元

北京市西城区西便门西里甲 16 号西便门办公区

邮政编码：100053 传真：010-63141600

网址：http://www.zgfzs.com 编辑部电话：010-63141832

市场营销部电话：010-63141612 印务部电话：010-63141606

（如有印装质量问题，请与本社印务部联系。）

ZHONGGUO YINHANGYE
SHENGYU FENGXIAN GUANLI LILUN YU SHIWU

# 中国银行业
## 声誉风险管理理论与实务

中国银行业协会
声誉风险管理专业委员会◎编著

中国金融出版社

# 本书编委会

编写参与机构及参编人员：国家开发银行　韩　超

中国农业发展银行　李恩泽

中国工商银行　白　靖

中国银行　戴　亮

中国建设银行　韩玲艳

中国光大银行　金立新

华夏银行　欧卫超

上海浦东发展银行　冀　业

中国民生银行　齐薇薇

渤海银行　王　莹

青岛银行　徐　馨

邯郸银行　何广利

郑州银行　王金召

大连银行　申　朋

中国华融　陈冬冬

东亚银行（中国）　刘　喆

参　编　协　调　人　员：唐旭东　张　剑　郑乙歌　贾再尧

# 序 言

## 稳固管控声誉风险，未雨绸缪正逢时势

"金融活，经济活；金融稳，经济稳。"习近平总书记 2017 年 4 月在中共中央政治局第四十次集体学习中掷地有声的讲话，从治国理政的高度，深刻阐述了维护金融安全是关系我国经济社会发展全局的一件带有战略性、根本性的大事。7 月召开的全国金融工作会议进一步强调了金融是国家重要的核心竞争力，金融安全是国家安全的重要组成部分，更将防止发生系统性金融风险作为金融工作的永恒主题，要求早识别、早预警、早发现、早处置，着力防范化解重点领域风险。10 月 18 日，习总书记在党的十九大报告中再次强调要求健全金融监管体系，守住不发生系统性金融风险的底线。这一系列讲话精神，为我国金融风险防控指明了方向。

党的十八大以来，面对世界经济复苏乏力的外部环境，面对我国经济发展进入新常态等一系列深刻变化，我国政府坚持稳中求进工作总基调，迎难而上，开拓进取，采取一系列措施加强金融监管，深化改革开放，着力推进供给侧结构性改革，实现了经济基本面稳中向好，银行业资产和负债规模稳步增长，资产质量好于预期、好于同期。2017 年第二季度末，我国银行业金融机构境内外本外币资产总额为 243.2 万亿元，同比增长 11.5%。银行业金融机构境内外本外币负债总额为 224.9 万亿元，同比增长 11.5%。信贷资产

质量总体平稳。商业银行不良贷款余额 1.64 万亿元，不良贷款率 1.74%。当前，监管部门把防范金融风险放到更加重要的位置上，我国银行业总体运行稳健，且盈利水平相对较好，有较强的风险抵补能力，不良资产规模在全球范围内也处于合理水平，未来中国银行业将继续保持稳健运行，风险总体可控。

声誉风险作为金融风险防控的重点领域之一，需要全行业高度重视、敏锐判断、全面监控、科学运用、及时应对，我们的银行业从业者必须耳听四面，眼观八方，心系天下，才能找准风险点，化危机为转机。这也意味着银行业声誉风险管理理论研究和实践探索必须与时俱进，配套完善。

纵观国际金融发展，近十年数度惊涛骇浪。2008 年 9 月，雷曼兄弟破产揭开了华尔街次贷危机的巨幕，继而席卷全球的金融海啸给世界各国带来一场深重的噩梦，也将金融风险监管的漏洞暴露在人们面前，正应了全球著名投资商巴菲特那句话："风险来自于你不知道你在做什么，海水退潮后才觉得自己是光着身子在裸泳。"痛定思痛，亡羊补牢，巴塞尔委员会次年对巴塞尔协议 I 和 II 进行了补足和增强，以改善风险管理和治理以及加强银行的透明度和信息披露，声誉风险开始成为重要评估指标。我国监管部门自 2009 年 3 月加入巴塞尔银行监管委员会以来，加快步伐推出实施国际监管新标准的框架和路线图，当年 8 月发布《商业银行声誉风险管理指引》，将声誉风险管理纳入公司治理及全面风险管理体系。2012 年 6 月颁布《商业银行资本管理办法（试行版）》，新资本协议监管标准在我国正式"落地"，声誉风险明确纳入商业银行主要风险进行评估并开展压力测试检查。

中国银行业协会以行业自律为己任，密切配合监管部门将行业声誉风险管理纳入重点服务职能，2012 年 3 月 15 日成立声誉风险管理专业委员会（以下简称委员会），带领成员单位以"及时联动、审慎防控"为原则推进行业声誉风险管理逐步提升。

为面向全行业从业人员推广声誉风险管理的知识、理念、方法和经验，促进声誉风险管理系统化、专业化、统一化，委员会于2013年着手规划并启动了《中国银行业声誉风险管理理论与实务》书稿的编写项目。本书编写过程中得到了银监会的大力支持，宣传工作部领导多次出席编写会，并作为评审专家高屋建瓴予以指正，我们还有幸邀请到著名经济学家巴曙松等专家学者参与了评审修订，打造了本书高度专业性和权威性。为确保编写过程严谨、科学、公正，中银协组织召开了多次编写会、修订会，举全行业之力，汇集20多家编写组成员单位的智慧和汗水，呕心沥血，屡易其稿，终于在2017年9月定稿。四载寒暑，矢志不渝，坚韧前行，百炼成钢。

本书作为银行业第一部声誉风险管理专业书籍，填补了行业空白，对于加强中国银行业声誉风险管理队伍建设，提升从业人员专业化素养具有深远的里程碑意义。全书6章30节十万余字，综合国际国内最前沿的理论，厘清了商业银行声誉风险管理的发展脉络，指出了当下面临的挑战和应对的策略。在吸收国际银行业实践经验基础上，结合我国国情，高度概括了构建我国银行业声誉风险管理体系的总体思路、方案和路径，详细阐述了声誉风险分类、排查、评估、处置、修复等五大流程和工作方法，引用了大量典型案例开展分析。全书观点鲜明、逻辑严密、深入浅出，很接地气，既承载了对行业和社会的强烈责任感，也具有首创性的学界示范意义，实用性与可读性兼备。

居高常虑缺，持满每忧盈，站在金融危机爆发近十年的节点，心怀党的十九大胜利召开的喜悦，我们欣慰地看到，我国银行业声誉风险管理研究虽然还存在各种不足，却始终稳步前行。十年磨一剑，今朝试锋刃，《中国银行业声誉风险管理理论与实务》顺利完稿出版，具有深刻的时代意义和行业价值，未雨绸缪，正当其时。

　　本书虽是微薄一册，却蕴含了智者千虑、达者广思的积累和沉淀，我深信，它将为我国银行业声誉风险管理体系建设和流程优化提供有益借鉴，在实践中让我们的声誉风险管理变得厚重有力，扎实提升行业相关工作质效。同时，也期待本书能在今后的行业研究、培训等方面纵深推广，实现成果运用的最大化，为银行业健康发展贡献力量，为金融体系稳健运行保驾护航！

中国银行业协会专职副会长　潘光伟

2017 年 9 月

# 前　言

　　声誉是企业获得长期利益的无形资产，已经成为现代金融业的核心竞争力之一。随着经济全球化步伐的加快，我国银行业对内对外开放也不断提速，行业竞争态势由价格服务竞争向声誉竞争转变。国际著名的汇丰集团前主席庞约翰爵士曾讲过一句经典名言："过去摧毁一座金融帝国可能需要一个漫长的过程，但是现在即便是一个经营了上百年的银行也可能在一夜之间倾塌。"这是对商业银行声誉风险的真实写照。2009 年 1 月，《巴塞尔新资本协议（征求意见稿）》将声誉风险明确列入第二支柱，成为了商业银行的八大风险之一。中国银监会于同年发布《银行业声誉风险管理指引》，成为我国商业银行声誉风险管理的里程碑式事件。因此，加强我国银行业声誉风险的全面管理，不断提升行业社会公众形象和美誉度，已成为我国银行业适应全球化发展和适应国内外监管需要的内在要求和必然选择。

　　2016 年以来，在党中央、国务院的正确领导和监管部门的引领下，我国银行业坚持稳中求进总基调，实现了"十三五"的良好开局。习近平总书记在第五次全国金融工作会议上强调，防止发生系统性金融风险是金融工作的永恒主题，要把主动防范化解系统性金融风险放在更加重要的位置。因此，防范金融风险已成为我国银行业今后工作的重点内容之一。我国银行业声誉风险管理面临着复杂的环境，特别是在全媒体时代全面到来的今天，声誉风险管理压力和难度不断加大。为了归纳总结我国商业银行在声誉风险管理领域中摸索出的宝贵经验以及在研究中取得的成果，向行业从业人员系统地介绍和普及相关知识，维护和提升我国银行业的声誉和形象，加强对声誉风险的防范和处置，保障银行业健康可持续发展，在银监会的指导下，中国银行业协会于 2014 年底启动了我国银行业声誉风险管理研究课题。

书籍以阐述声誉风险管理方法为主，兼顾理论分析，重视声誉风险管理理论和实践相结合，以培养和提高读者的声誉风险管理能力。全书共分 6 章，第 1 章追本溯源，简要论述国际声誉和声誉风险管理研究成果；第 2 章引经据典，概述商业银行八大风险定义、声誉风险的特征、影响因素等；第 3 章与时俱进，论述市场约束、金融监管、媒体关系、新媒体发展和大数据技术对商业银行声誉风险管理的影响；第 4 章承上启下，描述我国商业银行声誉风险管理体系现状、问题和构建路径，是商业银行全面风险管理不可分割的部分；第 5 章画龙点睛，描绘商业银行声誉风险的分类排查、评估、处置和修复等流程闭环，创新声誉修复方法和手段；第 6 章实事求是，客观公正地对商业银行各类典型声誉风险事件进行回放、点评，为商业银行声誉风险管理工作条线的同行提供经验参考。

不忘初心，方能行稳致远，对声誉风险管理的探索和研究永远在路上。由于我们对声誉风险管理的研究还不够深入，书中难免有不妥之处，敬请读者提出宝贵的意见，亦希望抛砖引玉，引发更多声誉风险管理资深人士共同探讨，助力提高。

《中国银行业声誉风险管理理论与实务》课题组

2017 年 9 月于北京

# 目　录

# 第1章 声誉风险的国际视角

**本章概要** 本章将讲授基本的声誉理论。声誉风险管理属于新兴学科，在学习本章内容之前，请大家预习《巴塞尔新资本协议（征求意见稿）》声誉风险有关知识及银监会《商业银行声誉风险管理指引》等规章制度知识，将对理解本章内容有所助益。

**学习目标** 对商业银行声誉风险的基本理论、声誉风险管理的研究和现状等方面的内容进行全面了解。

## 1.1 声誉理论概述

### 1.1.1 声誉理论的产生及声誉的涵义解析

自亚当·斯密开始，经济学中一直把声誉作为保证契约诚实执行的重要机制。随着不完备市场和信息不对称相关理论的兴起，声誉问题相关的研究逐步在主流经济学领域受到重视，这主要来源于三个方面的贡献：信息不完全理论、交易费用理论和博弈论。前两者构成了经济学中研究声誉问题的主要框架，而博弈论作为一种方法论则为系统、深入地研究声誉理论提供了最具逻辑性与解释性的分析工具。表1.1总结了对声誉问题研究的情况。

**表1.1 声誉理论研究总结表**

| 主要研究者 | 对声誉的定义认识 | 研究点 |
|---|---|---|
| 克莱因（Klein）与莱弗勒（Leffler）（1981） | 声誉是私人装置，并能在缺乏第三方强制条件下，提供保证合约绩效的激励 | 影响 |
| 夏皮罗（Shapiro）（1983） | 声誉只有在不完全世界中才有意义，如果消费者相信公司的产品是高质量的，那么该公司具有良好的声誉 | 产生 |
| 艾伦（Allen）（1984） | 若公司曾生产过低质产品，并广为人知，那么该公司将获得坏的声誉 | 影响 |
| 德琼（Dejong）与福赛思（Forsythe）（1985） | 良好声誉的代理商收到有质量保证的价格，且这种价格超过了提供高质量服务的成本 | 影响 |
| 贝蒂（Beaty）与里特（Ritter）（1986） | 由于同潜在购买者的重复交易，投资银行可以建立一个声誉，并获得声誉租金 | 产生 |
| 魏格尔特（Weigelt）与卡默勒（Camerer）（1988） | 从公司以前的事情推断出公司的一些属性 | 产生 |
| 拉希德（Rashid）（1988） | 声誉是能保障质量的一种广泛应用的手段 | 影响 |
| 纳亚尔（Nayyar）（1990） | 声誉执行了一个隐性合约，它是通过卖者对未来需求的关心来实现的 | 影响 |
| 拉奥（Rao）与卑尔根（Bergen）（1992） | 声誉好的卖者比声誉差的卖者的价格要高 | 影响 |
| 霍尔（Hall）（1992） | 声誉是通过个休特性化来形成竞争优势的主要因素，它表现了个体的知识与情感 | 产生和影响 |

资料来源：皮天雷，张平. 声誉真的能起作用吗——逻辑机构、文献述评及对我国商业银行的启示[J]. 经济问题探索，2009（11）.

## 1.1.2 声誉理论的深入探究：经典模型及逻辑机制

随着博弈论被越来越多地运用到经济领域，有关声誉研究的经济学文献日渐丰富起来。经济学中标准的声誉模型是由克雷普斯（Kreps）、米尔格龙（Milgrom）、罗伯茨（Roberts）和威尔逊（Wilson）（1982）创建的，他们将不完全信息引入重复博弈，解开了有限重复"囚徒困境"博弈的悖论。

该模型指出，完全信息条件下的有限次重复博弈不可能导致参与人的合作行为。KMRW模型考虑的是不完全信息无限次重复博弈条件下的声誉形成机制。然而由于社会中专业化和分工的存在，现实中的大量交易并非频繁发生和重复进行，通常的情形是交易个体不断地改变交易伙伴，因此交易者本人往往很难通过选择以牙还牙来对欺诈行为进行惩罚，在这种情况下，交易者又如何能够有积极性建立和维持良好的声誉呢？

坎多利（Kandori）（1992）拓展了KMRW声誉模型。坎多利认为声誉不仅可以通过"个人实施"来加以维持，还可以通过"社会实施"机制来加以维持。他把互利协议的非正式实施机制分为两类："个人实施"（Personal Enforcement）机制和"社会实施"（Community Enforcement）机制。"个人实施"机制的典型特征是受害者本人对欺诈者实施惩罚。这种机制通常只适用于频繁而长期的关系。研究表明，尽管不同经济主体之间的交易次数非常有限，但是如果能够及时将交易者的欺诈行为传递给其他相关成员，并由他们对欺诈者实施惩罚，同样可以促使交易者有激励维持诚实的声誉。

### 1.1.3 微观视角的声誉理论

#### （1）声誉交易理论

声誉交易理论的前提是将经济主体的声誉看成一种资产，如果企业未能履行合约，就可能丧失一部分顾客，企业声誉的价值等于未来交易的损失减去违背合约所得到的短期收益。这种观点已被正式化，成为无限次重复博弈的触动策略（Trigger Strategy）均衡。克雷普斯（Kreps）（1990）研究了"声誉怎样才能够成为一种可交易的资产"，通过将无名氏定理运用到重复博弈中，他认为声誉是长期生存的无形资本。与克雷普斯的观点相似，塔德雷斯（Tadelis）（1999）认为声誉是企业的一项重要的无形资产，但它附属于企业的名称并由其展现。塔德雷斯明确了两种声誉效应："声誉的维持效应"（Reputation Maintenance Effect）和"声誉的建立效应"（Reputation Start-up Effect）。塔德雷斯（1998）与克雷普斯等（1982）声誉模型的重要差别在于，塔德雷斯模型并不依赖于引导均衡（Bootstrap Equilibria），任何可以交易名称的均衡都不是由别的均衡支撑的，而是依赖于顾客的新认识，并且声誉的价值不是在初始被特别设定并在之后固定不变的，而是随着市场对于企业认识的变动而自然变化的。塔德雷斯（2002）又将道德风险纳入模型，发现企业名称不能把好的企业和差的企业区分开来，因为差的企业也在产权交易市场中购买拥有好声誉的企业。迈拉斯 J.（Mailath）和萨缪尔森（Samuelson）（1998）认为，声誉是一种与物质资产和金融资产相类似的资产，是逐步建立和逐渐消失的，也需要投资和维持。迈拉斯和萨缪尔森（2001）深化了他们的前期研究，他们将企业声誉解释为"顾客对于企业是有能力企业的事先预期"，他们进一步强调，市场中企业博弈均衡的结果是"有能力的企业通过选择高的努力程度来将自己区别于低能企业"。

### （2）声誉信息理论

经济学家们（如克雷普斯和威尔逊，1982）早已认识到声誉信息的广泛传播能够提高市场运作的效率，但是直到最近几年他们才开始研究声誉的传送机制，这就是有关声誉信息的理论，它将声誉看成反映行为人历史记录与特征（效用函数）的信息。声誉信息在各个利益相关者之间的交换、传播，形成声誉信息流（Reputation Flow）、声誉信息系统（Reputation System）以及声誉信息网络（Reputation Network），成为信息的显示机制，有效限制了信息扭曲、增加了交易的透明度、降低了交易成本。互联网的产生降低了有效信息的收集成本从而提高了声誉系统的效率。但是，他们的研究没能解决声誉系统怎样才能与市场交易和谐运作这个问题。

### （3）声誉的第三方治理机制问题

即使是企业作为声誉的载体，也仍然需要一种第三方治理机制的介入，使声誉的形成更为有效。因为在企业与另一方博弈的过程中，如果博弈的一方处于弱势，那么无论是断绝关系还是采取相同的手段进行报复，弱势方的损失都有可能更大，为确保在这种关系下合作均衡仍能形成、声誉仍能产生，这就需要第三方治理机制对非合作方进行惩罚，从而维持高效率均衡。米尔格龙（Milgrom）、诺斯（North）和温格斯坦（Weingast）（1990），格里夫（Grief）（1993）研究了在商业团体内部的放逐、仲裁、排斥等处罚措施对形成高效率均衡的作用。但这种团体内部的惩罚只能在交易秩序封闭的情况下才有效，而且由于缺乏强制力，交易的扩展就会使这种惩罚失效。于是，法律、制度、司法系统等强制性制度成为了另一种非人格化的第三方治理机制。因此，第三方治理机制作为声誉自我实施机制的加强与补充，在现代社会中具有极大的作用。

### 1.1.4 宏观视角的声誉理论

#### （1）组织声誉问题

在企业理论的研究进程中，克雷普斯第一个提出了企业的声誉理论，建立了比较正式的模型对企业的基本问题给出了解释。他认为"权威"源于企业的声誉。企业出于未来收益的考虑，有保护并维持其声誉的动机。声誉既不易建立，也不易消亡。因此，一个组织的早期历史可能在该组织声誉的形成过程中起着决定性的作用。然而，克雷普斯也承认，该理论本身也有许多问题。对于重复博弈而言，它的一个最大问题就是均衡解的多重性问题，主要表现在两方面：一是只要存在充当企业声誉载体的一种均衡，就同样存在其他没有声誉的可行均衡，这时可能就没有无形资产可以被保持（Preserved），进而就无法确定哪些均衡中的声誉是最有价值的；二是博弈的时期（Horizon）是无限的。此外，在具体应用时也同样存在明显的问题。如企业变换了名称，或者企业改变了所有权，这时对企业的声誉有何影响等。尽管如此，克雷普斯的企业声誉理论对于认识企业的本质提供了强有力的分析方法和解释工具。随着信息经济学的兴起和完善，更多地使用信息经济学中的一些方法来对企业的声誉问题进行分析。塔德雷斯（2000、2002）及迈拉斯与萨缪尔森（2001）等人把企业的声誉当作可交易的资产。迈拉斯与萨缪尔森（2001）通过使用不同的模型，对企业为顾客提供服务进行了分析，得出了服务质量是企业行为的一个不确定体现，它能在一定程度上反映企业的声誉。

### （2）声誉对金融中介的影响

随着现代金融中介理论的发展，声誉对金融中介的影响问题也成为许多金融学家所关注的问题。利兰（Leland）和派尔（Pyle）（1977）、坎贝尔（Campbell）和戴蒙德（Diamond）（1984）认为金融中介机构在金融市场中扮演了信息生产人的角色。而信息的质量是影响金融市场效率的关键因素[法玛（Fama），1965]，由此而引发的问题是如何保证市场中介信息生产的可靠性进而提高金融市场效率，而声誉机制被认为是金融中介信息生产可靠性的保证源泉。正因如此，金融中介的声誉问题成为许多金融学家关注的一个热点问题。普里（Puri）（1999）指出金融中介机构的声誉越高，其维持自身声誉和保持自律的动机就越强，这将为金融市场提供更高质量的信息。普里的研究表明，维持和建立声誉促进了金融中介保持自律并防范道德风险的发生。大量高声誉中介机构的存在将有助于提高金融市场信息生产的质量，进而提高金融市场效率。

### （3）声誉网络理论

另外一些学者研究了声誉网络。他们研究的基点是，声誉是在社会网络中建立起来的，而社会网络是通过人与人之间的口头交流产生的。亚阿尔（Yaar）（1997）总结出，声誉是社会机制的运作结果，在这种社会机制中各利益群体"可以看成是网络中的成员，他们之间以不同的社会距离相互联系"。这种观点与伯杰（Berger）（1988）的观点是一致的，伯杰认为声誉是消费者网络口头交流（Word-of-Mouth Communication）的结果。伯杰（1993）也指出，顾客能够与市场中的其他消费者交流他们认识到的企业的机会主义行为，这就构成了声誉网络。基欧（Kehoe）（1996）研究了声誉网络的溢出效应，声誉常常会超越交易范围而对范围之外的个体产生影响，而声誉的价值极大地依赖于负面的口头交流发生场所的范围以及在这个场所中与交易伙伴之间的可能的交易数量。但是，顾客在超越"厂商—顾客"二维关系的交易空间中，约束厂商行为的能力依赖于网络中的口头信息交流对厂商的真实损害程度。信息的传播是一个随机过程 [波多尔尼（Podolny），1993]，并不是每一个质量缺陷都能够在市场中以相同的速率被发现和交流。而且，地理上的距离与差异化的程度也制约了信息到达接收者的可能性。这表明在声誉建立的过程中，信息的有效性将是一个值得关注的问题。

近年来，声誉理论在声誉管理中得到了广泛的实践和应用。特别是，随着国际经济金融形势的变化，声誉风险管理在商业银行经营管理中越来越重要，其重要性不断凸显。国际银行业监管机构对声誉风险管理的认识经历了一个逐步深入的过程。1997年巴塞尔新资本协议将声誉风险作为市场约束的组成部分。2009年1月，《巴塞尔新资本协议（征求意见稿）》中明确将声誉风险列入第二支柱，声誉风险成为商业银行的八大风险之一，巴塞尔委员会指出银行应将声誉风险纳入其风险管理流程中，并在内部资本充足评估和流动性应急预案中适当涵盖声誉风险。但巴塞尔委员会注意到，声誉风险难以测量，希望银行业进一步开发管理这些风险各方面的技术。

## 1.2　声誉风险管理相关研究

### 1.2.1　声誉风险管理的内容研究

里根（Regan）指出，声誉风险管理是一个动态的过程而非一个静态体系，包括：第一步，进行声誉风险管理策略规划。声誉风险管理策略是指企业规定声誉风险管理目标，其中包括：用什么衡量声誉风险及如何衡量、企业如何将声誉风险管理融入现有的全面风险管理（ERM）体系、谁作为声誉风险管理的最终责任人、有哪些利益相关者及利益相关者的期望等。第二步，识别可能引起声誉风险的事件。声誉风险通常是由于银行内部营运发生的，而声誉风险的发生则是一种间接结果。可能引起声誉风险的问题包括：突发事件、领导者的违法行为、营销过失、非营利组织的贪婪等。第三步，评估风险并衡量其严重性。目前，国外进行声誉评价的方法主要是美国《财富》杂志使用的"财富法"，该法采用创新、财务表现、员工素养、公司资产使用、长期投资价值、社会与环境责任、管理水平以及产品与服务等8项指标对企业声誉进行排序。第四步，缓减声誉风险带来的损失。奈特（Knight）和普雷蒂（Pretty）发现，与直接损失相比，利益相关者们更关心的是经理人对于风险发生的反应。因此，事前拥有策略性的部署是管理和应对声誉风险的最佳方式。声誉风险应急计划主要包括事件管理、媒体控制及说服利益相关者。事件管理主要包括降低风险发生的可能性及严重性，事后管理及原因分析；媒体控制要做到事前就与媒体建立良好的关系，当事件发生的时候，有专门的新闻发言人与媒体进行准确及时的信息沟通；声誉风险的利益相关者主要包括投资人、客户及监管部门，因此不同的利益相关者会有不同的期望，风险应急计划要考虑到每类人群的期望。第五步，沟通、监管及更新。这里的沟通并不是与客户和媒体的沟通，而是指公司内部的沟通，在声誉风险过后，企业内部应及时沟通，让全体员工了解如何维护和加强企业的声誉。与此同时，整个行业环境是在不断变化的，因此，及时的监管和更新可以防止新的声誉危机的发生。

### 1.2.2　声誉风险评价指标

在国外学者提出的关于声誉的定量分析技术中，较具代表性的是哈里斯—丰布兰（Harris—Fombrun）声誉指数模型，其理论基础是利益相关者理论。哈里斯和丰布兰两位学者总结出20项声誉风险因子制成评估表。通过调查者对这些题项的打分，综合得出各种利益相关者对公司的评价结果即声誉指数，从而进行相互比较。总的来说，定性分析在声誉风险的评估中仍然占据主导地位，特别是对媒体报道进行系统全面的分析，正变得越来越重要，因为媒体报道直接影响利益相关者的感受和期望（见表1.2）。

**表1.2　哈里斯—丰布兰声誉风险指数指标体系**

| 一级指标 | 二级指标 |
|---|---|
| 工作环境方面 | 工作环境组织有序 |
| | 工作环境优越 |
| | 员工有竞争力 |
| 社会责任方面 | 支持公益事业 |
| | 对环境负责 |
| | 对人们友善 |
| 情感诉求方面 | 对公司有好感 |
| | 认可并尊重该公司 |
| | 认为公司可信任 |
| 产品和服务方面 | 支持公司产品和服务的运作 |
| | 能提供高质量的产品和服务 |
| | 对产品和服务不断创新 |
| | 能提供有价值的产品和服务 |
| 公司愿景和领导力方面 | 对未来有清晰的发展愿景 |
| | 能发现并利用市场机会 |
| 财务状况方面 | 有较强的盈利能力 |
| | 公司的投资风险较低 |
| | 对未来的扩张欲望强烈 |
| | 总试图超越竞争对手 |

资料来源：毕翼.商业银行声誉风险预警体系初探[J].上海金融,2013（10）.

## 本章参考文献

[1] 巴塞尔委员会. 巴塞尔新资本协议（征求意见稿）（第三稿）[R]. 中国银行业监督管理委员会译.

[2] 皮天雷，张平. 声誉真的能起作用吗——逻辑机制、文献述评及对我国商业银行的启示[J]. 经济问题探索，2009（11）.

[3] 刘江会. 证券承销商声誉的理论与实证研究[D]. 复旦大学博士论文，2004.

[4] 余津津. 国外声誉理论综述[J]. 经济纵横，2003（10）.

[5] 陈龙. 信贷市场上的声誉[J]. 2012.

[6] 陆岷峰，潘晓慧. 商业银行声誉风险管理的国际经验借鉴与思考[J]. 金融发展研究，2010（5）.

[7] 蔡彦贞. 我国商业银行声誉风险管理对策初探[J]. 中国集体经济，2011（7）.

[8] 毕翼. 商业银行声誉风险预警体系初探[J]. 上海金融，2013（10）.

[9] Traders[J]. Journal of Economic History, 1989, 49(4): 857-882.

[10] Haupert M J. New York free banks and the role of reputations[J]. Omicrondeltaepsilon, 1994, :v38(:n2): 66-77.

[11] Kandori M. Social Norms and Community Enforcement[J]. Levines Working Paper Archive, 2010, 59(1): 63-80.

[12] Kreps D M, Milgrom P, Roberts J, et al. Rational cooperation in the finitely repeated prisoners' dilemma[J]. Journal of Economic Behavior & Organization, 2010, 32(4): 613-619.

[13] Serdar Dinç. Bank Reputation, Bank Commitment, and the Effects of Competition in Credit Markets[J]. Review of Financial Studies, 2000, 13(3): 781-812.

# 第 2 章　商业银行声誉风险概述

**本章概要**　本章主要讲授商业银行声誉风险的基本概念及相关知识，介绍声誉风险的特点，以及商业银行主要风险类型与声誉风险的相互关系，并从若干角度说明商业银行加强声誉风险管理的重要性。

**学习目标**　了解声誉风险的特殊性以及其他风险类型对声誉风险的影响。

为保护金融服务消费者权益、维护金融稳定，我国监管部门和金融机构一直在努力建立包括声誉风险在内的全面风险管理体系。2006年，银监会将声誉风险监管要求和评估方法写入《银监会非现场监管指引（试行）》，自此声誉风险成为日常监管的要素之一。2009年8月，银监会发布《商业银行声誉风险管理指引》，要求各银行将声誉风险纳入全面风险管理体系。2012年，银监会下发《商业银行资本管理办法（试行）》，首次正式明确将声誉风险纳入第二支柱管理体系中，引导商业银行有效管理声誉风险，完善全面风险管理体系，更好地维护金融消费者权益，向国际标准靠拢，深化改革，推动普惠金融工作，已成为我国商业银行声誉风险管理的里程碑式事件。

## 2.1 商业银行声誉风险的定义与特征

商业银行作为经营风险和信用的金融企业，声誉维护与业绩增长同样重要。一旦遭遇声誉危机，不仅会直接损害商业银行的信用，而且会影响上市银行在资本市场的表现，导致银行市值损失，甚至会危及银行的生存。

因此，加强声誉风险管理，避免和控制声誉风险事件，是商业银行全面风险管理的重要组成部分。了解商业银行声誉风险的定义与特征，对建立规范的声誉风险管理体系，防范和化解随时可能出现的声誉风险，并减少其对银行品牌和声誉的损害至关重要。

### 2.1.1 商业银行声誉风险定义

商业银行声誉是指在社会经济交往活动中，与商业银行有关的人或组织（如股东、客户、员工、政府、传播媒介及竞争对手等）依据其一贯的表现而做出的舆论评判。商业银行声誉影响利益相关者预期的形成以及客户对于银行策略的反应行为，是对商业银行强有力的社会舆论约束。

商业银行的声誉风险是其相关利益方对其做出负面评价所带来损失的一种可能性。2009年8月，银监会发布《商业银行声誉风险管理指引》，对商业银行声誉风险作出了明确的定义，指引明确商业银行声誉风险是"由商业银行经营、管理及其他行为或外部事件导致利益相关方对商业银行负面评价的风险"。

商业银行的风险主要包括八大类：信用风险、市场风险、流动性风险、操作风险、国家风险、声誉风险、法律风险、战略风险。这八大风险相互影响，相互作用。声誉风险本质上是由其他风险引起的次生风险，与其他风险有较强的关联性。声誉风险作为一种次生风险与银行其他各类风险紧密相关，甚至可以说涵盖了银行所有的活动。根据普华永道的一次调查，134家银行的高级风险管理人员表示，总体上声誉风险是银行最大的风险（2005）。

中国内部审计协会指出：就对公司市场价值的影响而言，声誉风险排在第一位；就对收益的影响而言，声誉风险排在第六位。

声誉风险管理的最终目标是降低声誉风险事件发生的可能性、削弱声誉风险事件的负面影响。为达到这个目标，商业银行应当建立清晰的声誉风险管理流程，持久地预警、识别、评估、监测和处置可能影响声誉的风险因素。

### 2.1.2　商业银行声誉风险特征

商业银行声誉风险是商业银行在经营管理过程中的一种现象，既包含其他风险的普遍性特征，又有其特殊性。

#### （1）商业银行声誉风险的普遍性

① 多样性

商业银行直接的利益相关方主要有商业银行的股东、客户、交易对手、金融同业、监管部门、政府，间接的利益相关方有媒体及社会公众。影响利益相关方做出负面判断的因素呈现出复杂的多样性，如商业银行发生案件或风险事件，涉及民事诉讼、虚假宣传、客户投诉等，这些都可能诱发或诱导相关利益者对商业银行做出负面评价。由于引发影响商业银行声誉原因的多样性、做出声誉评价的利益相关方的多样性，声誉风险的种类也呈现出多样性。

② 常态性

声誉风险是一种常态化的风险，商业银行在经营管理的过程中，始终都会面临利益相关方的正面评价或负面评价，这种不同向的评价始终存在，并不断累积，逐渐在社会舆论中形成相对一致的看法，成为一种潜在的声誉风险因素，并在某一个时间点因为一个偶然事件而爆发，从而引发声誉风险。

③ 关联性

声誉风险与商业银行的其他风险类型一起构成商业银行的风险体系，与其他各类风险有着紧密的因果关系。商业银行的其他风险一旦变成现实时，就可能引发商业银行的声誉风险。同时，声誉风险一旦发生，也会影响到流动性风险、信用风险等其他风险，甚至反复相互作用。

④ 破坏性

声誉风险会破坏公众对银行品牌的信任和忠诚，银行的无形资产在短期内会遭受巨大损失，在资本市场上还会导致市值大幅缩水，破坏银行的再融资能力，提高银行负债成本，降低银行盈利能力，给银行经营造成极大影响，严重的甚至会引发挤兑。

⑤ 突发性

声誉风险有突发性特点，在演变的过程中可能突然升级。声誉风险的开始经常是很小的事件，无法引起银行管理者的重视和关注，却可能突然演变成大的危机事件，给人以措手不及的感觉，由量变到质变往往是一个突然的过程。

### （2）商业银行声誉风险的特殊性

① 外溢性

商业银行声誉风险不仅会危害到其自身声誉乃至生存发展，造成银行多方面的直接和间接损失，还可能给社会大众带来恐惧和惊慌，甚至会通过连锁反应波及整个行业，威胁到同业其他商业银行的声誉，最终给社会造成经济损失。

② 反复持续性

声誉风险虽然是一种次生风险，但是在它形成之后又具有很强的独立性。在引发声誉风险的源头事件没有彻底解决之前，都有可能进一步升级、扩大，持续发展。有时甚至在事件过去之后，也会不定期地反复，给涉事商业银行带来损失。

③ 传播迅速

商业银行声誉风险事件具有巨大的传递效应。在当今信息传播多元化、高速化的背景下，商业银行一旦爆发声誉风险，便会因其涉及的社会公众很广，危机事件常常会被迅速公开、传播，且商业银行的声誉情况也极易成为社会各界关注的焦点和热点。

④ 难以计量

声誉风险最显著的一个特点就是损失的难以计量。发生声誉事件之后，商业银行往往会面临客户的流失、交易成本的提高、盈利状况的下降、员工士气的低落，甚至市值的蒸发，而这些损失多数是可以被感知和发现，但难以计量的。

⑤ 动态性

声誉风险事件具有很强的胖尾（Fat Tail）效应，它的发生、发展过程不是一成不变的，每个阶段有不同的特点及表现，而且会随着处置应对是否及时、恰当而呈现动态变化的特点。

## 2.2 影响商业银行声誉风险的主要因素

当前，我国商业银行正处于发展转型的关键时期，社会各界对商业银行的关注空前活跃，社会信息渠道日益丰富，这就要求商业银行信息较之以前更加透明、公开，任何一点不利因素均有可能酿成声誉风险。因此，了解目前影响商业银行声誉风险的主要因素，对新时期商业银行加强声誉风险管理，降低客户的风险预期，减少经营管理及稳健可持续发展具有重要意义。

### 2.2.1 信用风险对声誉风险的影响

信用风险（Credit Risk）又称违约风险，是指交易对手未能履行约定契约中的义务而造成经济损失的风险，即受信人不能履行还本付息的责任而使授信人的预期收益与实际收益发生偏离的可能性，它是金融风险的主要类型。信用风险具有一定的传染性，容易导致信用链条的中断，授信人的预期风险和实际收益之间发生偏离，一旦积聚到一定程度就会导致整个商业银行的信用秩序出现紊乱。这一方面会使商业银行的呆坏账率增加而受到损失，另一方面会引发公众对银行盈利水平、资金安全、风险管理能力的质疑，从而影响商业银行的声誉。

## 2.2.2　市场风险对声誉风险的影响

市场风险（Market Risk）是指因市场价格（利率、汇率、股票价格和商品价格）的不利变动而使银行表内和表外业务发生损失的风险。市场风险存在于银行的交易和非交易业务中。市场风险可以分为利率风险、汇率风险（包括黄金）、股票价格风险和商品价格风险，分别是指由于利率、汇率、股票和商品价格的不利变动所带来的风险。利率风险按照来源的不同，可以分为重新定价风险、收益率曲线风险、基准风险和期权性风险。前文所称商品是指可以在二级市场上交易的某些实物产品，如农产品、矿产品（包括石油）和贵金属（不包括黄金）等。

由于目前我国银行从事股票和商品业务有限，因此其市场风险主要表现为利率风险和汇率风险。通常市场风险并不是由商业银行的行为直接决定的，但是市场风险会通过利率、汇率等影响商业银行的收益和内在价值，尤其利率的变动会对商业银行利差和盈利状况产生较大的影响，进而产生声誉风险。

## 2.2.3　流动性风险对声誉风险的影响

流动性风险（Liquidity Risk）是指商业银行无法以合理成本及时获得充足资金，用于偿付到期债务、履行其他支付义务和满足正常业务开展的其他资金需求的风险。当商业银行出现流动性风险就会影响其资产/负债结构，引发风险扩散，导致整个金融系统出现流动性困难，使得商业银行经营出现巨大问题，直接引发声誉风险。同时，严重的声誉风险也会造成客户、公众的恐慌，引发银行的流动性风险。如果应对不当，造成两种风险的叠加，就会给商业银行带来巨大的灾难。

## 2.2.4　操作风险对商业银行声誉风险的影响

巴塞尔银行监管委员会对操作风险（Operational Risk）的正式定义是：操作风险是指由于不完善或有问题的内部操作过程、人员、系统或外部事件而导致的直接或间接损失的风险。这一定义包含了法律风险，但是不包含策略风险和声誉风险。中国银监会《商业银行操作风险管理指引》中对操作风险的定义是："由不完善或有问题的内部程序、员工和信息科技系统，以及外部事件所造成损失的风险。本定义所指操作风险包括法律风险，但不包括策略风险和声誉风险。"

通俗来说，操作风险是由于内部程序、人员和系统的不完备或失效，或由于外部事件造成损失的风险，主要有内部欺诈，外部欺诈，互用合同以及工作状况带来的风险事件，客户、产品以及商业行为引起的风险事件，有形资产的损失，经营中断和系统出错及涉及执行、交割以及交易过程管理的风险事件等7类操作风险。上述7类操作风险都有可能成为声誉风险的直接诱因。声誉风险在被巴塞尔银行监管委员会单独识别为一种风险类型之前，一直是作为操作风险的一个类型而存在的，由此也可以看出声誉风险和操作风险具有较强的关联性。在实际发生的声誉风险事件中，由操作风险引发的也占了相当大的比重。这是因为操作风险涵盖银行管理的方方面面，不管是员工不当行为还是各类突发事件，往往都具有相当的新闻性，相对于其他风险类型更容易被媒体和公众理解和传播。

### 2.2.5 国家风险对商业银行声誉风险的影响

国家风险（Country Risk）指在国际经济活动中，由于国家的主权行为所引起的造成损失的可能性。国家风险是国家主权行为所引起的或与国家社会变动有关。在主权风险的范围内，国家作为交易的一方，通过其违约行为（例如停付外债本金或利息）直接构成风险，通过政策和法规的变动（例如调整汇率和税率等）间接构成风险，在转移风险范围内，国家不一定是交易的直接参与者，但国家的政策、法规却影响着该国内的企业或个人的交易行为。国家风险也称国别风险，根据中国银监会《银行业金融机构国别风险管理指引》，国别风险是指某一国家或地区经济、政治、社会变化及事件，导致该国家或地区借款人或债务人没有能力或者拒绝偿付银行业金融机构债务，或使银行业金融机构在该国家或地区的商业存在遭受损失，或使银行业金融机构遭受其他损失的风险。国别风险可能由一国或地区经济状况恶化、政治和社会动荡、资产被国有化或被征用、政府拒付对外债务、外汇管制或货币贬值等情况引发。转移风险是国别风险的主要类型之一，是指借款人或债务人由于本国外汇储备不足或外汇管制等原因，无法获得所需外汇偿还其境外债务的风险。

通常这类风险发生的可能性较低，一旦发生其带来的破坏性是巨大的。国家风险会造成政局动荡、汇率大幅波动等，并通过其他风险类型例如流动性风险、市场风险等间接作用，影响商业银行的经营稳定和风险管控，形成声誉风险。

随着我国对外贸易与投资活动的增加，特别是"一带一路"倡议的实施，我国商业银行的经营管理将会面临更大的国家风险。目前，我国商业银行国家风险管理中，存在国家风险管理意识较为淡薄，国家风险管理工具、技术和专业人才匮乏及缺乏完善的国家评级体系等不足，不利于我国商业银行把控声誉风险。

## 2.2.6　法律风险对商业银行声誉风险的影响

法律风险（Legal Risk）是指商业银行因为无法满足或违反法律要求，导致商业银行不能履行合同发生争议、诉讼或其他法律纠纷，而可能给商业银行造成经济损失的风险，是一类特殊的操作风险。法律风险的发生会对商业银行的正常运作产生不良影响，削弱其竞争力，这就容易使得客户对商业银行的经营能力产生质疑，削弱商业银行稳健经营的形象，降低商业银行的声誉。

## 2.2.7　战略风险对商业银行声誉风险的影响

战略风险（Strategic Risk）是指因高级管理层的重大决策（如兼并与收购、产品定价、市场进入和退出、新产品开发等）失误而导致损失的风险。战略风险对声誉风险的主要影响在于因为商业银行采用了错误的战略，或者错过了战略机遇从而影响到了自身的经营发展，引发利益相关方及公众对商业银行未来财务表现、市场地位、盈利状况等产生负面评价和看法。

## 2.3 商业银行品牌与声誉风险

品牌是企业为客户提供产品和服务的外在综合形象，品牌的价值在于它在客户心目中的独特的、良好而清晰的形象，并产生持续的市场竞争力。企业品牌是通过人与行为、市场与传播、产品与服务、环境四大要素的众多属性展示呈现给公众的，这些属性持续、叠加和强化，久而久之就会在公众心中形成对企业的某种认知，即品牌。

品牌是声誉的长期积累，标志着这个企业的产品性能、服务质量的状况，是利益相关方对企业整体评价的一个指标，具备特定品牌的企业会塑造出更好的声誉。而声誉一旦建立起来并保持高水平，将使消费者或客户对企业品牌产生信任，从而将影响他们偏好这家公司的所有产品服务品牌并建立忠诚度。反过来，客户对某种品牌具有忠诚度，意味着他们与品牌之间建立起了牢固的关系，他们较为排斥同一类别中的其他品牌，愿意长期偏好这一品牌并溢价购买，有的甚至在品牌出现危机时仍坚持信任和支持，显示较大的包容心，增强企业声誉的抵抗力。比如苹果公司的产品，拥有相当数量忠实的"果粉"，每逢产品更新换代必买，在新品上市前彻夜排队抢购，即使这些产品价格不菲。

声誉体现所有利益相关者，包括员工、客户、股东、政府等对其的总体认知。作为大众，通常我们对某一企业的声誉判断（好或者差）正是基于我们对企业或者企业产品服务品牌的认知和了解。对于商业银行来说，良好的声誉口碑或者说品牌价值本身就是一种资产；反之，不良的声誉会构成风险。从声誉风险管理的角度来看，做好品牌管理和品牌建设，就会为自己积累声誉资本，成为防范和抵御声誉风险的一道重要屏障。

　　2011年7月，"7·23"甬温线特别重大铁路交通事故新闻发布会上，铁道部新闻发言人因"至于你信不信，我反正信了"而成为舆论炮轰的对象，中国高铁及发言人本人被卷入了巨大的舆论漩涡中。舆论风暴给中国高铁带来了几乎致命的后果，大有把中国高铁拉回120公里之势。但中国高铁的快捷、舒适不可否认，经过暴风骤雨，中国高铁挺过了低谷期，并且重新在世界上活跃起来。在李克强总理把中国高铁当作"中国名片"向全世界推介的今天，相信不会有人再怀疑原铁道部新闻发言人当初对中国高铁的自信。中国高铁创造了奇迹。

## 2.4　声誉风险对商业银行的影响

　　声誉风险对于商业银行来说是一种客观存在，正视这种风险，并主动加以管理对商业银行来说不仅可以完善全面风险管理机制，避免出现危及银行生存的"黑天鹅"事件，还可以累积声誉资本，提升银行品牌美誉度。声誉风险管理对于商业银行的积极意义可以从定性和定量两个方面概括。

### 2.4.1　定量方面

　　有研究表明，长期来看，具有主动塑造良好形象、重视声誉风险的商业银行，无论在股市表现还是在财务业绩上，都大大胜过同业。这一点不管是国际上的商业银行1000强排名还是国内的陀螺评价体系都可以印证。

### 2.4.2　定性方面

　　有效的声誉风险管理不仅能够消除或削弱负面影响，还能给商业银行带来各种正面效应，其关键是利益相关方的信任。当利益相关方对商业银行的负责人、产品或者服务失去了信任时，声誉风险就已发生，声誉损害将持续蔓延，直至银行采取行动重获信任。

> **CASE 案例**
>
> 2017年，美国某航空公司的一架航班因超额预售，在乘客已登机的情况下，强行拖走一名被随机选中离开飞机但坚持拒绝下飞机的亚裔男子。这家航空公司的暴力逐客事件引发了全球舆论关注，全球社交媒体出现大量抵制该航空公司的声音，不少网友分享以往乘坐该航空公司航班的负面体验，或表示以后绝不乘坐该航空公司航班。事发后第二天，该航空公司的股价一度下跌达4.3%，半小时内市值蒸发近10亿美元。该航空公司为这一事件付出的代价除了高额的和解费，还有客户流失、市值下跌和声誉受损。

## 2.5　加强声誉风险管理的重要性

正因为声誉风险可能造成的影响是方方面面的，重视和加强声誉风险管理就显得更为重要，其重要性体现在以下几个方面：

### 2.5.1　提高核心竞争力的内在需求

商业银行的客户之所以购买和再购买某种产品和服务，是由于该种产品和服务具有令人满意的品质。由于信息不对称的存在，消费者在购买决策之前无法充分地了解产品和服务的品质。在这种情况下，消费者会直接根据商业银行的声誉来做出判断。在商业银行和顾客之间建立较强的情感联系将提高商业银行的声誉，从而增加他们购买商业银行产品和服务的可能性，而不良的声誉则会影响产品和服务的销售。具有良好声誉的商业银行，品牌形象深入人心，更易于获取潜在客户，提高市场竞争力。

### 2.5.2 实现可持续健康发展的关键之一

如果一家商业银行有良好的声誉风险管理文化，银行管理层、各级机构和员工有良好的声誉风险意识，银行的各级分支机构、部门和员工就会对自身的行为进行自我约束，关注发展的同时也关注有序合规经营，增强客户和投资者对商业银行的认同，从而保持业务的持续健康发展。

### 2.5.3 有利于提高员工对商业银行的认同度

声誉的好坏直接影响到商业银行员工的凝聚力、认同感和忠诚度，甚至还会影响到整个机构的工作气氛。良好的声誉是员工士气的源泉，可以减少离职率，提高工作效率。

## 本章参考文献

[1]  中国银监会《商业银行市场风险管理指引》（2004）.

[2]  中国银监会《银行业金融机构国别风险管理指引》（2010）.

[3]  中国银监会《商业银行流动性风险管理办法》（2014）.

[4]  中国银监会《商业银行声誉风险管理指引》（2009）.

[5]  刘畅. 论我国商业银行品牌建设[J]. 经济视角下，2013(3): 44-45.

# 第 3 章　商业银行声誉风险的管理环境

**本章概要**　本章将为学习者讲授商业银行声誉风险与市场约束、媒体监督和大数据技术三个方面的内容；引入以上内容的目的是让学习者能了解目前商业银行声誉风险面临的管理环境，理解市场约束、媒体监督和大数据技术对于商业银行声誉风险管理的挑战和重要作用。

**学习目标**　学习本章我们要理解市场约束、媒体监督、新媒体、大数据等相关概念性内容；学习市场约束、媒体监督、大数据技术在商业银行声誉风险管理中的作用和面临的问题；了解控制银行声誉风险的措施。

## 3.1　商业银行声誉风险与市场约束

2004年，巴塞尔委员会在《巴塞尔新资本协议》中引入了市场约束（Market Discipline）的概念，并将其称为第三支柱。根据委员会的定义，市场约束是指以市场力量为基础，促进商业行为和企业主体（商业银行）提高透明度，披露风险信息，以保障稳健的财务和经营。其内容包含两个层次：狭义上，市场约束就是指企业主体的信息披露，提高经营的透明度，主要内容包括信息披露和外部审计；广义上，市场约束是指市场通过所有能反映企业主体经营活动的信息来影响或约束企业主体行为的过程，该过程也称为市场约束运行机制。2007年1月，证监会公布《上市公司信息披露管理办法》，规范上市公司信息披露工作。同年7月，银监会发布《商业银行信息披露办法》，要求我国商业银行按规定披露财务会计报告、各类风险管理状况、公司治理、年度重大事项等信息。

市场约束作为第一支柱（最低资本要求）和第二支柱（监督检查）的补充，其手段是制定一套信息披露规定，其目的在于使市场参与者掌握有关银行的风险轮廓和资本水平信息，通过市场奖励经营良好、风险管理有效的银行，惩戒效益低下、风险管理混乱的银行，推动商业银行持续提高经营效益和风险管理水平，降低经营风险，促进商业银行及其财务系统的安全和稳健。

由于商业银行声誉风险具有关联性，市场约束一般通过对其他风险的直接影响而间接影响声誉风险。例如由于金融业隐晦的信息披露，市场约束弱化，导致2008年次贷危机在全球蔓延，危机本身给全球银行业造成巨大的声誉危机，其中，美国雷曼金融集团由次贷危机引发的声誉风险最终致使自身覆灭的事件就是一个典型案例。

## 3.2 商业银行声誉风险与金融监管

目前，加强银行业监管已成为各国政府和金融管理当局的共识。由于银行业市场约束失灵的现象不可避免，完善高效的金融监管体系能够促使银行业金融机构构建起高效、完善的公司治理体系、风险管控体系、考核评级体系和声誉风险管理体系，起到防范和化解金融风险的作用。

2017年，全国金融工作会议全面论述了提高金融服务实体经济效率和水平、防范化解金融风险、深化金融改革开放等一系列重大问题，为银行业监管部门做好新形势下的工作提供了根本遵循。会议提出了"回归本源、优化结构、强化监管、市场导向"四大原则，以及服务实体经济、防控金融风险和深化金融改革三项工作任务，标志着从严监管、防范风险将是未来相当长一段时间内金融监管工作主旋律，也为我国银行业声誉风险管理工作指明了工作方向。

作为我国银行业的主要监管机构之一，银监会依照法律、行政法规制定并发布对银行业金融机构及其业务活动监督管理的规章、规则，通过构建完善高效的金融监管体系，充分使用监管资源和有效的监管手段，严厉打击各种非法、违法金融业务活动等，对银行业实施监管，维护金融的安全稳定和经济的健康发展，其制定和发布的《商业银行信息披露办法》《商业银行声誉风险管理指引》《银行业金融机构全面风险管理指引》等一系列规章，都是商业银行防范金融风险的制度保障。

## 3.3　商业银行声誉风险与媒体关系

银行业作为服务行业，必须随时随地接受被服务者的监督，一举一动始终都置于社会公众审视之下，其直接表现就是媒体的关注。银行要追求价值最大化，要扩大自身品牌无形资产，在市场上树立优良形象，在客户中形成良好口碑，就一定要时刻注意加强媒体关系的提升与维护，善于利用媒体，主动设置议题，正确引导舆论，以积极态度应对媒体，为业务发展创造良好的外部舆论环境。银行业一定要充分认识媒体报道可能给银行业造成的正负面影响，在不断提高客户服务质量的前提下，重视媒体关系管理研究与实践，更好地借助大众传媒，塑造银行良好声誉。

### 3.3.1　媒体关系管理的特点

媒体关系管理是银行公共关系管理的重要组成部分。它既不同于银行的内部管理，却又极大地作用于银行管理工作的方方面面；同时，由于大众传媒自身的许多特性，媒体关系管理与银行其他的公共关系管理相比，又有着一些鲜明的特点。

### （1）广泛性

新闻传播学是大众学科，广泛性是新闻业的一个显著特点。根据新闻学原理，它的广泛性至少体现在两个方面。一是新闻受众的广泛性，生活在当今社会的每一个人，都有新闻需求，都是新闻的受众和受益者。二是新闻来源的广泛性，伴随着移动互联网的快速发展，微博、微信、微视频和新闻客户端等开放平台的建立，使得社会的每一位新闻受众自觉或不自觉地成为了新闻制造者。

从银行来说，上至总行高管，下到普通员工，每个人在公众场合的一言一行都要接受客户监督，随时都可能被媒体关注。即使是基层的员工，一旦面向社会，面向公众，也就无可辩驳地代表了银行的形象，就可能成为没有任命的"新闻发言人"。换言之，在新闻媒体那里，银行的任何一位员工都可能是银行新闻的提供者，谁都不能置身事外，尤其是身处客户服务一线的员工，更是时刻处在"新闻"关注的风口浪尖。

### （2）突发性

媒体关系管理的核心是媒体危机管理，而媒体危机常常是不可预知、突发性的。"新"是新闻的全部价值，没有"新"就没有新闻。在全媒体时代，新闻的传播速度已经可以"微秒"计。哪怕是一件发生在十分偏远地方的事件，借助网络、借助电波，眨眼工夫就可能传播到全世界。媒体对"新"的追逐，决定了新闻事件发展的不可预知性。有时甚至新闻已经通过网络传播铺天盖地了，"新闻"制造者本人可能还浑然不觉。

新加坡某家商业银行的一名员工在地铁上坐了爱心专座并拒绝给老人让座，老人拍了照片并放在了社交媒体上，导致该银行受到网友的一片指责。随后，该银行代表该名员工道歉，要求该名员工公开道歉，并公开宣称该名员工是合约员工，他的续约将会被重新审视。

### （3）不可控性

媒体是一个职业独立体，除了法律法规及职业道德方面的约束，它只对公众和社会负责。银行机构作为服务性企业，不能左右媒体的选材和报道。媒体对银行的报道，只要事实准确无误，不违背国家政策法律和新闻职业伦理，完全不必考虑银行的立场。对一些可能产生负面影响的敏感事件，媒体常常保持更大的关注度。

媒体的特性决定了媒体关系的复杂性，也决定了维护媒体关系管理的难度。银行业金融机构应该以积极的态度去适应媒体，建立良好的沟通交流渠道，提升媒体关系，加强正面宣传，正确引导舆论。

## 3.3.2　媒体在影响商业银行声誉风险中的作用

在利益多元化、媒体多样化的今天，媒体的发声在一定程度上代表着社会的呼声。就我国商业银行健康发展而言，有媒体的监督是好事而不是坏事。不过，媒体的发声也有质量之别，善恶之分。客观和理性的报道可以为商业银行健康发展提供助力，而夸大其词、断章取义甚至歪曲虚假的报道则会阻碍和破坏我国银行业的发展。

### （1）正面作用

媒体作为独立的社会传播形式，可以通过对商业银行声誉风险事件的客观、公正的报道来使民众了解真相，保障社会公众知情权，以平息谣言、抑制恐慌。

① 认识

在银行发生重大负面事件时，媒体可以通过对事件详细、客观、准确的报道使民众了解事件的真实情况，以减少公众心里的疑惑及抱怨，降低因恐慌引起的银行挤兑等风险隐患。

② 平衡

情感是影响社会个体行为选择的重要因素。由于环境、知识、渠道等主客观条件的限制，个体的情感一般不可能获得充分自然的表达，隐藏的情感会被暂时压抑，长期压抑的心理状态会使人情绪失调。在此种心理状态下，个体会表现出麻木或偏激两种不良趋势，容易采取反社会的偏激行为。银行事件往往都是影响公众切身利益的大事件，通过媒体报道，会使公众对于曾压抑在心里的对银行的各种不满得到宣泄，同时又能够帮助公众解决问题，起到安抚公众心理的平衡作用。

③ 监督

媒体是公众的喉舌，它能够对商业银行进行舆论监督，影响银行在社会中的声誉。在这种压力之下，商业银行会更加注重经营行为和风险防控，减少声誉风险事件的发生。

## （2）负面作用

危害银行声誉的事件本身具有破坏性，媒体的报道首先会对事件的经过进行描述，无论其报道的目的、措辞、详略程度如何，报道本身就会给商业银行带来负面的影响。

① 无中生有

网络信息时代，一些媒体为了博取公众眼球，提高阅读率、点击率，追求自身利益，不惜用夸张、唬人、怪异、弯曲等各种耸人听闻的手法制作新闻，在微博、微信、微视频等新媒体平台上传播，引发轩然大波。无中生有的报道严重破坏银行公信力，进一步放大了公众与商业银行之间的隔阂与断裂，极大地破坏我国银行业健康发展所需的舆论环境。

② 扩大

深度报道是近年来媒界流行的报道形式，但是一些媒体记者为了寻求独家新闻，在采编过程中也把一些"过度报道"混杂于"深度报道"中，不仅对公众客观、理性地了解事件真相造成困扰，也给商业银行应对负面舆情造成压力和困扰。中国人民大学新闻学院教授高钢说："新闻报道好比一把'双刃剑'，从积极的一面来看，真实的报道确实能够满足公众的知情权。但是从另一个角度来说，如果媒体故意加以渲染，那么可能效果会适得其反，不仅会让受众产生危机恐惧的心理，而且很可能还会唤醒那些潜在的犯罪分子的犯罪动机。"

> **CASE 案例**
>
> 某家电视台的一名记者为了谋取所谓的业绩，以"喂狗"为由，要求早点工人将浸泡后的纸箱板剁碎掺入肉馅，制作了20余个"纸箱馅包子"并秘拍了制作"纸箱馅包子"的过程。在节目后期制作中，他采用剪辑画面、虚假配音等方法，对其供职的电视台隐瞒了事实真相，使该虚假新闻得以播出，造成了恶劣影响。同年，该市中级人民法院依法公开开庭审理了"纸箱馅包子"虚假新闻炮制者涉嫌损害商品声誉案。该名记者因犯损害商品声誉罪，被一审判处有期徒刑1年。

### 3.3.3  建立良好的媒体关系

首先，要正确认识商业银行与媒体之间的关系。商业银行与媒体既不是朋友也不是敌人，而是彼此有需要的利益相关方。商业银行需要媒体为本机构、行业发出声音，媒体则为商业银行提供真实、全面、详尽的素材。双方建立这种工作关系，寻求利益的最大交集。

其次，要树立正确对待媒体的态度。既不能回避媒体，也不能过分依赖媒体关系。以真诚的态度与媒体交往，认真主动地沟通。

最后，要利用好主流媒体。主流媒体在生存逻辑上与商业银行有一定的差别，但在根本立场上是一致的。当一个负面事件无法回避，需要正面解决时，最有可能依靠的传播力量就是主流媒体。为其提供便利的采访条件，有价值的信息及其他实质性的帮助，即使不能使主流媒体的报道偏向于商业银行的立场，最起码能保证事实被客观、公正地传播。

近年来，随着数字科技、互联网、移动终端等技术的飞速发展，新闻媒体本身也在互联网化，这使得每个个体也具备了媒体的能力和平台，改变了我国商业银行声誉风险环境和格局，对银行业声誉风险管理提出了新的挑战（见表3.1）。

### 表3.1　媒体类别表

| 媒体类别 | 列举 |
| --- | --- |
| 中央级媒体 | 人民日报、新华社、中央电视台、中央人民广播电台、中新社、经济日报、光明日报、中国日报等 |
| 全国性财经媒体、门户网站 | 中国证券报、上海证券报、证券时报、证券日报、第一财经日报、21世纪经济报道、中国经营报、经济参考报、新世纪周刊、财经周刊、金融时报、经济观察报、中华工商时报、新浪网、网易网、搜狐网、腾讯网、凤凰网、新华网、人民网、央视网、中新网、中广网等 |
| 地方重点媒体 | 南方都市报、广州日报、大河报、南方周末、北京日报、北京晨报、京华时报、新京报、东方早报等 |
| 新媒体 | 新浪微博、天涯论坛、微信公众号、知乎及新闻类客户端等 |
| 境外媒体 | 路透社、英国金融时报、华尔街日报、彭博社、香港商报、苹果日报、星岛日报等 |
| 其他媒体 | 访问量低，但仍有可能被主流网站转载的媒体 |

## 3.4　商业银行声誉风险与新媒体

### 3.4.1　新媒体发展对商业银行声誉风险管理的挑战

在移动互联网时代，认识新媒体及其特点对于商业银行正确认识和适应新环境、提升声誉风险管理水平具有重要意义。对于新媒体的定义，目前学术界尚无统一定论。清华大学新闻与传播学院熊澄宇教授认为，新媒体主要是指在计算机信息处理技术基础上产生的媒体形态，包括在线的网络媒体和离线的其他数字媒体形式。随着以个人为中心的信息传播方式从边缘走向主流，新媒体已形成了一个传统媒体以外的重要舆论场。近年来，商业银行的声誉风险点通过新媒体发酵，并最终形成声誉事件的案例日渐增多，声誉风险管理在新媒体时代面临全新挑战。

#### （1）媒体门槛降低，负面消息呈现出分散化和多样化的特点

新媒体降低了信息发布的门槛，无处不在的网络和手机的普及，使得人人都可能成为新闻信息的发布者，舆情的源头更加分散和多样，新闻的突发性更强，舆情的监测和防控工作难度加大，声誉风险管理工作容易陷入被动。

#### （2）言论随意性强，情绪化、非理性的偏激言论易受欢迎，造谣成本低

相比传统媒体，由于新媒体用户身份的虚拟性和信息发布"把关人"的缺失，新媒体上的言论通常缺乏理性，可靠度较低。此外，在新媒体环境下，海量的信息使得"渴望被关注"成为信息发布者的普遍心态，为吸引眼球和产生轰动效应，信息发布者倾向于不负责任地发布虚假、夸大的信息，容易引发声誉风险事件。在此情况下，相对平淡地澄清信息不容易被广泛传播，商业银行的澄清说明和声誉重塑工作通常效果不佳。

### （3）声誉风险事件酝酿时间缩短，难以应对和控制

新媒体的裂变式传播，导致信息传播速度加快，网民非理性情绪聚集迅速，舆情应对的时间大为缩短，舆情的产生、传播、扩散、放大过程变得愈发不可控。传统的应对手段不再有效，声誉风险防控的手段将萎缩为"加强自身管理"和"事后及时澄清"，声誉风险管理工作被动性增强。

### （4）网上言论到网下行动转化迅速，声誉风险事件的破坏性增强

新媒体时代，网友不仅仅是信息的发布者、转发者、接收者，还是信息主体间的互动者。新媒体使得信息传播的关注度高、参与性强，传播过程中网友互动、新旧媒体互动加剧了声誉风险事件的酝酿和共振，提升了网友的被关注感和参与感，容易引发网友在线下采取行动，导致声誉风险事件的破坏性比传统媒体时代更大。

## 3.4.2　新媒体环境下商业银行声誉风险管理的应对策略

面对新媒体的发展趋势，商业银行也应顺势而变，积极构建和完善与新媒体相适应的声誉风险管理体系，应对新媒体带来的挑战。

一是要适应、活用新媒体的传播方式，改变应对方法。商业银行应当在做好新媒体舆情监测的前提下，打造自己的官方新媒体关系，培育自有新媒体的影响力和公信力，融洽与意见领袖的关系，丰富自身的声誉风险事件应对手段，加强信息发布速度。同时，加强内部员工新媒体使用管理，强化员工保密意识与声誉风险意识教育，防止滥用新媒体泄露商业秘密、顾客信息，发表不当言论，对银行声誉造成损害。严格区分私人账号和工作账号，对带有本行标签、认证的员工微博、博客等自媒体使用应逐步实现备案制管理。

二是要建立快速高效的应对机制，打造声誉风险防控的专业团队。商业银行要针对新媒体时代信息传递速度加快的特点，改变传统媒体时代信息发布的逐级审批机制，建立由专业团队集体决策的口径制定与发布机制，缩短信息发布的审批流程。此外，商业银行的高层管理者要有一定的容忍度，给

声誉风险管理人员和应对人员一定的试错空间和成长时间，打造人员相对稳定、专业素质高的声誉风险管理团队。

三是要提升内部信息沟通效率，加强自身管理和源头治理。新媒体时代，传统媒体环境下强性压制负面信息的手段已逐渐失效。对于恶意攻击，充分运用新媒体平台进行澄清和应对即可有效化解；对于善意监督和批评，一味压制既无可能又无必要。提升内部部门间的信息传递速度、顺畅舆论压力的传导路径，在可控前提下让问题倒逼自身管理水平和服务水平的提升，才能从根本上解决问题、化解风险。

四是要继续加强与政府部门、监管机构和新闻媒体的沟通，坚持"新旧并抓"。并不是只有媒体参与报道的负面事件才是声誉风险事件，因此，商业银行要继续做好与政府部门和监管机构的沟通；并不是新媒体出现，传统媒体就会消亡，传统媒体也在采用新媒体技术，因此传统媒体的影响力不容忽视，仍然要做好关系维护。商业银行既要做好新媒体平台的搭建和运用，也要维护好与传统媒体的关系。只有这样，商业银行才能充分借力多种媒介，做好声誉风险的立体管理。

**CASE 案例**

2015年8月，包商银行数字银行——有氧金融正式上线，定位为一家完全基于线上的互联网银行。在互联网和大数据蓬勃发展背景下，以自媒体为代表的新媒体应运而生，并越来越多地成为新闻的发布源头和传播的重要载体。为此，有氧金融利用爬虫技术自建囊括传统媒体和新媒体的数据监测平台，并设置关键词以便即时掌握与自有平台、合作方及行业相关的重要资讯，并对资讯设置中性、正面、负面评级进行统计，对负面新闻进行评估，从而采取观望、回应准备、主动回应等行动策略。另外，有氧金融还利用外部监测工具，了解重要新闻资讯传播的源头、转载媒体、转载数量等信息，从而较全面地掌握舆情发展态势，并做出科学的评估和判断。

## 3.5　商业银行声誉风险管理与大数据技术

大数据是数据分析的前沿技术，简言之，就是从各种类型的海量数据中，快速获得有价值数据的能力和技术。近几年来，随着云计算、物联网、移动互联网的发展和运用，大数据技术高速发展。

商业银行应用大数据技术具有得天独厚的条件。商业银行较早地实现了电子化，积累了大量的高质量客户信息，这些数据是商业银行的金矿。如何加强大数据技术的应用，提升数据的处理和挖掘能力，最大化数据价值，发挥其在降低风险、拓展市场和提高利润上的作用，是商业银行必须研究的课题。特别是在声誉风险管理领域，大数据技术既带来了风险和挑战，也带来了变化和发展。

### 3.5.1　大数据给商业银行声誉风险管理带来的挑战

（1）大数据背景下的信息呈现出个性化、多样化、跨平台的特点，舆情监测和应对难

大数据时代，与声誉风险管理相关的信息极度丰富，特别是随着社交网络的兴起，声誉风险事件酝酿和爆发的平台更加多样化，信息的表达形式多样，精准推送技术使得每个人看到的信息各异。如何从不同媒介平台、不同表现形式、不同推送范围的海量信息中及时监测和发现声誉风险，在跨平台媒体上及时找到其内在的联系并判断趋势，在不同媒介和受众群体中化解风险重塑声誉，将是商业银行声誉风险管理面临的首要难题。

（2）大数据背景下声誉风险的次生性越来越强，受其他风险的影响越来越大

在云计算的条件下，银行、企业、中介服务机构之间的联系越来越紧

密，一时一地，一个单位的局部风险，可以迅速扩展为系统性、全面性风险。大数据时代的信息来源更广、传播速度更快，商业银行声誉风险的诱发因素更多，防控难度更大。

### （3）大数据的公开性、高关联性使得客户隐私和信息保密问题成为新的声誉风险点

在商业银行领域，客户隐私保护历来是公众关注的焦点。近年来，网络信息、资金安全事件频繁发生，银行面临客户信息、账户信息、交易信息以及信息系统安全的挑战。一旦大数据技术被不法分子利用，导致商业银行信息系统破坏和黑客入侵，将会给客户的资金安全和信息安全带来巨大的风险，因此大数据技术带来的隐私保护问题将成为商业银行新的声誉风险点。

## 3.5.2　大数据技术给商业银行声誉风险管理带来的变化和发展

大数据时代对人类的数据驾驭能力提出了新的挑战，也为人们获得更为深刻、全面的洞察能力提供了前所未有的空间与潜力。大数据技术为商业银行实现真正的声誉风险管理提供了可能。

### （1）大数据使声誉风险的量化成为可能

任何风险的科学管理必须以量化为前提。对以数字为基本对象、追求精细化管理的商业银行而言，如果缺乏有效、合理的量化手段，风险因素在传统管理指标体系中就难以得到充分体现，风险管理将只能依靠主观经验判断。经过多年努力，商业银行在声誉风险管理领域已取得了长足的进步，但目前的声誉风险管理实质上仍局限于声誉风险事件的应对，究其根本，还是因为声誉风险量化手段不足。

商业银行要想从根本上改变声誉风险管理在整个管理体系中的尴尬定位，必须具备完善的风险量化能力，至少从以下几个维度评估：声誉风险量化的准确性、时效性、前瞻性。利用大数据技术对客户的行为进行分析，完全可以及时得到声誉风险的精确传播范围，以及客户知晓声誉事件前后的行

为变化，从而得出声誉事件造成的经济损失。大数据技术为实现上述目标提供了全新的可能性。

### （2）大数据使得声誉风险关口前移成为可能

商业银行自身拥有高质量的客户交易信息和客户基本资料信息，只要加强与社会化媒体、实时传感器数据、电子商务数据等数据源的合作，打通数据库通道，就可以对异常交易、客户投诉、系统故障进行及时监测和应对，从而避免风险事件或诈骗案件的发生。通过大数据技术，使得各类风险在源头就被发现和解决，为声誉风险防控的关口前移提供了可能。

### （3）大数据使得声誉风险的预测成为可能

大数据技术的数据多样性和结果有效性的特征，以及高速度、跨平台的特点，使得商业银行从纷繁复杂的海量碎片化信息中，找出有价值的风险苗头和线索在技术上得以实现。结合舆论背景分析，大数据技术使得声誉风险的预测成为可能。

以收费类舆情为例，通过大数据分析技术，如果商业银行发现当前客户在微博、微信、投诉平台等社交平台上关于某一项中间业务收费的投诉和抱怨逐渐增多，但暂未形成风险事件，而本计划该项收费还将上调，那么可以做出风险预测，提前采取应对措施，避免产生声誉风险。

## 本章参考文献

[1] 巴曙松，张阿斌，朱元倩. 中国银行业市场约束状况研究——基于巴塞尔新资本协议第三支柱视角[J]. 财经研究，2010（12）.

[2] 梁陆涛. 重视媒体关系管理在维护银行社会形象中的作用[J]. 河北金融，2011（10）.

[3] 赵欣. 媒体在商业银行信誉风险中的作用研究[J]. 中国市场，2010（7）.

# 第4章 商业银行声誉风险管理体系的构建

**本章概要** 本章将结合前3章讲述的基本概念搭建初步的理论基础，具体讲授我国商业银行声誉风险管理体系；通过对本章内容的理解和吸收，学习者将能整体了解我国商业银行声誉风险管理体系的基本框架和具体构成；本章是此书的核心部分之一，同时也是最需要学习者结合理论和实际反复思考和体会的一个章节，在学习前3章商业银行声誉风险管理基本概念、形成原因和管理环境基础之上，我们将对具体的管理框架和实践经验形成更清晰和全面的认识。

**学习目标** 通过对本章的学习和结合实际的思考，希望学习者能对我国商业银行声誉风险管理体系的基本框架和具体构成等内容进行全面的了解。学习本章我们要深化对前文中声誉理论、商业银行声誉风险等概念的理解；同时，形成一套完整的用以分析商业银行声誉风险管理的理论框架体系，为学习之后章节内容及案例分析夯实理论基础；此外，仍需掌握我国商业银行声誉风险管理体系的相关知识，并结合基本案例进一步思考我国商业银行声誉风险管理体系中存在的问题以及完善的方向。

## 4.1　我国商业银行声誉风险管理体系的现状

从国际金融监管实践看，加强声誉风险管理是国际化背景下的大势所趋。各国金融监管部门对声誉风险的认识经历了逐步深化的过程，特别是在2008年国际金融危机后，随着美国五大投行相继走向终结，雷曼破产，贝尔斯登、美林证券被摩根大通和美国银行分别并购，高盛和摩根士丹利转型成为商业银行，银行业在声誉风险冲击下的脆弱性彻底暴露。将声誉风险纳入商业银行风险管理框架中，并将其作为全面风险管理的重要组成部分之一，是各国家和地区监管当局实施风险监管的重要指标之一。

近年来，我国商业银行声誉风险管理体系现状形成如下特征。

### 4.1.1　相关制度建设逐步完善

2009年银监会发布了《商业银行声誉风险管理指引》（以下简称《指引》），在我国首次制定了声誉风险管理的制度。《指引》主要包括六方面内容：一是明确了声誉风险的定义；二是明确要求商业银行将声誉风险管理纳入公司治理及全面风险管理体系；三是突出强调董事会的核心作用和职责；四是要求商业银行建立声誉风险排查、声誉事件分类分级管理、应急处理、投诉处理监督评估、信息发布和新闻工作归口管理、舆情信息研判等机制；五是明确有效处置重大声誉事件的原则和方法；六是提出了声誉风险监管的原则性要求。同时，《指引》还要求行业协会加强对行业声誉风险的协调和引导。随后，大多数商业银行都依据《指引》出台了本行的声誉风险管理制度，并随实践不断完善和细化，使得声誉风险管理有章可循。

### 4.1.2　组织架构初步确立

目前，国内大多数商业银行已经建立了由董事会、高级管理层和声誉风险管理部门组成的声誉风险管理组织架构。在职责分工上，将声誉风险防范、舆情监测与应对、新闻宣传、信息发布等公共活动统一纳入声誉风险管理部门职责之中。在管理流程上，明确声誉风险管理部门与银行内部其他各部门之间的职责分工和报告路径，使声誉风险管理部门成为银行声誉风险管理的中枢，发挥其综合管理、快速协调的作用。在人才队伍建设上，各家商业银行按照人岗相适原则，建立了声誉风险管理人员的培训机制，培养了一批敏感度高、反应快速、素质过硬的声誉风险管理队伍。

### 4.1.3 管理程序基本建立

各家商业银行基本建立了包括声誉风险的排查、监测、识别、评估、报告、控制、处置、总结与修复等环节的声誉风险管理程序，并制定了声誉风险应急预案。在发生声誉风险时，各商业银行可以按流程进行报送，镇定冷静地即时做出研判和评估，并有序开展声誉风险处置工作，确保事态不扩大、不升级、不蔓延，有效降低声誉损失。

### 4.1.4 信息披露机制初见成效

目前，国内大多数商业银行建立了信息披露机制，能够及时准确地向公众发布信息，主动接受舆论监督，为正常的新闻采访活动提供便利和必要保障。2015年银监会建立了"银行业例行发布会"制度，及时主动回应社会关切的银行业话题，为商业银行提供了信息发布和媒体交流的平台，得到媒体和公众普遍认可，对银行业构建良好的声誉环境发挥了积极作用。

### 4.1.5 行业组织发挥协调引导作用

各级银行业协会负有"加强同新闻媒体的沟通和联系，制定突发事件新闻处理机制，及时有效引导社会舆论，维护银行业声誉"之责，在近几年的一些重大声誉风险事件中，行业协会就曾多次协助会员与社会公众沟通，加快危机解决进程。行业协会的协调引导作用主要体现在五个方面：一是组织全行业新闻报道活动，扩大行业发展成就的宣传效果，促进银行业声誉的正向积累，提升抗风险能力；二是开展全行业评选，引导媒体聚焦银行业正能量；三是通过举办培训活动，促进银行业各机构间声誉风险管理先进经验的交流学习；四是组织开展银行业声誉风险管理理论研究，提升银行业声誉风险管理的科学性，为商业银行声誉风险管理提供理论指导；五是建立专家智库平台，充分利用银行业、高校、研究所、媒体意见领袖等外部资源，组织一批在业界享有较高知名度和影响力的专家学者，在重大负面信息发布及市场舆论导向不明时给予客观、公正解读，以正视听。

CASE 案例

中国银行业协会于2012年成立了声誉风险管理联席会议，2017年初经协会理事会审议通过，更名为声誉风险管理专业委员会。委员会宗旨为搭建银行业声誉风险管理交流平台，加强宣传业务条线的资源整合，有效促进会员单位之间的交流与学习，大力推动银行业声誉风险管理工作的规范与提高，切实提升全行业声誉风险管理水平，维护银行业健康发展的良好舆论氛围。其工作的基本原则为"及时联动、审慎防控"。委员会坚持正确舆论导向，坚持正面宣传，传播中国金融好声音，讲述中国金融好故事。委员会连续10年举办的"中国银行业十件大事"评选活动和连续5年举办的"中国银行业好新闻奖"活动已成为协会品牌活动。

## 4.2 商业银行声誉风险管理体系面临的主要问题

声誉风险实际上是覆盖面与诱发原因最广泛的风险，但我国商业银行在风险管理实践中并没有对构建声誉风险管理组织系统高度重视，相比较其他种类风险管理的组织体系，现行的商业银行声誉风险管理组织体系构建还存在较多的问题。

### 4.2.1　组织架构仍不健全

目前商业银行声誉风险管理职责所需的组织架构大部分虽有但不健全。大多数商业银行虽然建立了由董事会、高级管理层和声誉风险管理部门组成的声誉风险管理基本结构，但不同的利益牵绊使得声誉风险管理决策的执行缺少独立性与权威性，决策时过于迁就以营利为目的的业务，组织体系内的互相合作与制衡的机制较为薄弱。

### 4.2.2　职责界定尚不明晰

从职责界定上来说，目前大多数商业银行的声誉风险管理组织体系框架已初具雏形，但各决策主体、职能部门在声誉风险管理方面的职责尚未清晰划分，没有达到全面风险管理的要求。不少金融机构声誉风险的主办部门有应对处理之责，却没有监督管理之能。多数情况下事前管理不足，只能事后疲于应对。在不少管理层的观念中，声誉风险依然是宣传部门或品牌部门去"应对和公关"媒体的工作。发生声誉风险之后，对肇事（涉事）的责任部门追责不力，缺乏有效约束监督机制。

### 4.2.3　基层管理弱化缺位

从基层分支机构来说，目前我国商业银行的声誉风险管理主要是管理层—总行—分行的集中管理，在支行基层机构则缺乏独立行使声誉风险管理职能的角色。现实中，声誉风险事件在基层网点的发生率非常高，但是基层网点恰恰又是管理的薄弱环节。因为现实的业绩压力，加上缺乏必要的培训指导，导致基层网点在遇到突发事件时应对失据，或者重视不够导致小事变大事，或者过度反应弄巧成拙。支行基本没有专门负责声誉风险管理的岗位设置，更谈不上人员配备；不能有效地传达落实自上而下的声誉风险管理政策与措施，无法实现有效的垂直管理；基层业务经营活动与声誉风险管理目标基于成本—收益的矛盾，最终导致声誉风险管理在基层管理成效弱化或缺位等。

### 4.2.4　内部信息不对称

从信息传递上来说，目前商业银行声誉风险管理组织框架中依然存在信息传递不畅通、不对称等问题。涉事部门在"出事后"一般不愿主动向声誉风险管理部门报告风险，造成信息的阻滞，把小事拖成大事，错过了最佳处理时机。声誉风险管理部门与风险管理部门、业务部门分别由不同的行领导分管，由于缺乏与管理部门有效的沟通渠道，从而影响组织框架各环节的正常运转和作用发挥，使得组织框架中的决策系统、执行系统和监督系统环节的有效运转缺少支撑。涉及声誉风险的各个平行业务部门彼此相互隔离，缺少畅通的信息传递，造成声誉风险管理机构重叠或者出现部分职责空白。

### 4.2.5　声誉风险管理专业人才较少

专业人才是声誉风险管理组织体系的重要软实力。声誉风险管理各个层次都要有专业的管理人才负责。而目前我国商业银行缺乏声誉风险管理方面的专业人才。就处于声誉风险管理阶梯上层的董事会与高管层而言，制定组织管理运行政策措施所需的信息收集处理流程上也缺乏专业技术人才支撑。譬如银行高管公关意识还相对薄弱，各级组织负责人缺乏"第一宣传人"的角色意识。声誉风险管理岗位在金融、法律、会计、审计等不同专业间的有效互补和科学搭配方面存在不足。

### 4.2.6　声誉风险管理文化尚处弱势

我国商业银行的声誉风险管理文化尚处弱势。目前来看，我国商业银行尚未形成全面的声誉风险管理文化，尤其是员工的风险文化意识最为薄弱。第一，银行高层管理者过分追求声誉风险管理措施的有效性和管理手段的先进性，还未充分认识到声誉风险管理文化这种"柔性"技术对声誉风险管理的重要性。第二，银行员工存在这样一种错误认识，认为声誉风险管理是总行声誉风险管理部门的责任，与己无关，因而无须建立声誉风险管理意识。第三，银行因对声誉风险管理文化的普及工作不到位，导致职员尤其是基层人员对声誉风险管理文化具体涵义的掌握不充分，普遍存在认为声誉管理等同于和媒体"搞好关系"，一旦出现声誉危机，搞定、摆平媒体就万事大吉的思想，严重忽略了内部的管理，没有从自身行为上想办法、找原因，无法形成健康有效的声誉风险管理文化。

## 4.3 商业银行声誉风险管理与全面风险管理

### 4.3.1 声誉风险管理与全面风险管理的关系

随着各国监管机构对商业银行声誉风险管理的关注持续升温，商业银行声誉风险管理已经不仅是金融风险管理中的一个概念，而是需要单独区分、着重理解并纳入全面风险管理的重要一环。具体而言，商业银行声誉风险管理与全面风险管理有如下关系：

#### （1）全面风险管理为声誉风险管理提供了指导思想

商业银行全面风险管理是声誉风险管理的理论基础，也是最可遵循的一般规律；此外，全面风险管理为声誉风险管理提出了一般要求。就管理方法而言，全面风险管理要求声誉风险管理建立在最基本的业务基础上，从风险预警与防范到危机处理都要有科学的管理模型。事实上，声誉风险管理是全面风险管理的一个部分，声誉风险管理要与全面风险管理的动态管理、全程管理、计量管理、立体管理保持同步。

#### （2）声誉风险管理是全面风险管理的重要组成部分

全面风险管理体系下的声誉风险管理至少包括三个层次的含义：一是管

理来自所有不同类别的风险所引发的声誉风险，从不同业务线的角度来管理声誉风险；二是管理各个层面的声誉风险，从不同层级的角度来管理声誉风险，声誉风险管理必须涵盖各个分支和层级；三是全过程的声誉风险管理，即全面风险管理体系下的声誉风险管理应渗透到业务的全过程之中。无论是监管要求还是实践需要，声誉风险管理都是落实全面声誉风险管理的重要措施。

### 4.3.2　基于全面风险管理的声誉风险管理策略

正是基于商业银行声誉风险管理与全面风险管理二者的相互关系，全面风险管理原则同样适用于商业银行声誉风险管理。构建一个对外部舆论环境有较强适应能力，对声誉风险管理有操控力，有市场竞争力的商业银行，就必须具备全面化的声誉风险管理策略。具体而言，全面化的声誉风险管理策略需要：充分考虑来自各类风险引发的声誉风险和应对各类风险的管理环节；营造全员声誉风险管理文化，强化各个层级业务人员的声誉风险意识；组建全方位的声誉风险管理组织，形成完备的声誉风险管理组织和程序；采用科学的声誉风险管理方法，建立数据库系统进行有效的声誉风险预测与预警；实行综合化的声誉风险管理策略，在权衡"风险—收益"的基础上加强各层级各条线的沟通协调，定岗定责，立体应对各种外来风险。

## 4.4　建立有效的声誉风险管理体系

### 4.4.1　声誉风险管理体系的设计原则

商业银行的声誉风险管理体系要为声誉风险管理目标服务，同时，又必须充分体现商业银行经营管理和声誉风险的特征及内在要求。因此，管理体系的设计必须遵循以下原则。

### （1）全覆盖原则

商业银行声誉风险管理体系设计既要考虑声誉风险管理全流程的特点，又要考虑声誉风险多样性的特点。因此，设计时必须遵循全覆盖原则，管理体系要能够覆盖所有银行经营业务和所有风险管理环节中的声誉风险。

### （2）独立性原则

独立性原则主要体现在其组织制度设计方面，要形成一个由董事会与高级管理层直接领导，以声誉风险管理部门为中心，职能独立的声誉风险管理组织，其风险管理战略制定与落实之间必须具有相对的独立性，不受外部因素的干扰以保持其客观公正性。

### （3）信息充分原则

这一原则要求商业银行声誉风险管理体系的设计能搭建一个信息上通下达以及横向有效的传递渠道。同时，要保证声誉风险管理部门具有足够的权限，全面获取必需信息。

### （4）集中性与分散性相统一原则

集中性一方面表现在声誉风险管理战略目标要与业务发展战略目标保持本质上的一致，另一方面表现在声誉风险管理部门要从整体上把握商业银行面临的声誉风险，做到归口管理。分散性表现在商业银行风险管理要渗透到各业务部门中，声誉风险的化解依赖于其他各类风险的根源性解决。因此，声誉风险管理体系的建设要将集中性与分散性相统一。

## 4.4.2　建立有效声誉风险管理体系的路径

加强商业银行声誉风险管理必须通过对机制的建立来实现持续、完善的风险管理。主要可以从以下几个方面展开：

### （1）制定与银行战略目标一致且适用于全行的声誉风险管理政策

按《指引》要求，由董事会负责制定声誉风险管理政策及建立声誉风险管理体系，并由其负责监控全行声誉风险管理的总体状况和有效性，承担声誉风险管理的最终责任。做到健全组织、明确责任，把加强声誉风险管理提高到战略高度、纳入全面风险管理框架，实现专业化管理。具体的做法：一是审批及检查高级管理层有关声誉风险管理的职责、权限和报告路径。二是授权专门部门或团队负责全行声誉风险管理，配备与本行业务性质、规模和复杂程度相适应的声誉风险管理资源。三是明确本行各部门在声誉风险管理中的职责，确保其执行声誉风险管理制度和措施，确保声誉管理政策的有效传导及实施。其中树立并强化声誉管理意识要不断宣传声誉管理对银行发展的重要意义，充分认识声誉管理是银行可持续发展的重要保障，并把声誉管理作为一项长期的战略性任务来抓，对声誉管理进行明确的管理定位并对声誉管理进行统筹，使声誉管理处于银行管理的重要地位。

### （2）积极培育声誉风险管理的专业人才

在建立和完善商业银行声誉风险管理体系过程中，对各层声誉风险管理人员识别潜在声誉风险的思维能力、解释能力、危机应对能力提出了较高的要求。因此，声誉风险管理部门在进行人力资源配置时，一方面要集合金融、法律、新闻、传播等社会学科专业人才，同时还需要信息系统、计算机技术等不同专业人才辅之强有力的流程和信息技术、创新技术给予支持，来自多方面的人才通过有效互补和科学搭配增强声誉风险管理的成效。另一方面，对在声誉风险管理过程中逐步积累声誉风险管理经验的人才可以分配到各个分支机构继续进行声誉风险管理的培训，在实践中丰富和发展声誉风险管理理论，培育声誉风险管理专业队伍，为建立商业银行声誉风险管理长效机制打下基础。

### （3）构建畅通的信息沟通渠道

现代商业银行管理中，声誉风险管理战略和政策的正确制定、声誉风险管理策略的实施、声誉风险管理的监测与报告都依赖于所获取的有关声誉风险信息的充分性和准确性。独立的封闭的风险管理组织体系只会导致信息在声誉风险管理职能部门和业务发展部门之间流通不畅。构建高效流畅的信息沟通渠道，横向看就是在各个业务职能部门与声誉风险管理职能部门之间建立良好的沟通交流渠道和交流机制；纵向看就是自上而下的声誉风险管理政策、措施的下达与实施效果报告渠道。通过覆盖业务部门与声誉风险管理职能部门的信息系统，完善总行—分行—支行网络信息实时监测系统，声誉风险管理人员与风险管理部门定期进行交流和交换，严格规范声誉风险报告制度，宣传推广良好的声誉风险管理文化，都可以实现信息的充分沟通与交流。

### （4）强化与完善基层分支机构声誉风险管理职能

当前，商业银行最普遍的组织管理模式是总行—分行—支行制。但支行基层机构层面一般没有专职的声誉风险管理岗。为此，商业银行应当在支行一级单位设置声誉风险管理岗位，配备具有专业知识能力人员专门负责声誉风险管理；对由于链条中断没能有效地落实声誉风险管理政策与措施的情况，可以加强中间职能部门的监管，实施实时监控报告制度，保证有效的垂直管理顺利运作；对于基层业务经营活动与声誉风险管理目标基于"成本—收益"的矛盾情况要加强业务部门与声誉风险管理部门的信息交流沟通，建立"成本—收益"数据库，通过量化的方法及时做出最优的管理成本与经济收益组合，选择恰当的时机与科学有效的方法逐步强化声誉风险管理在基层的实施。

### （5）建立新闻发言人制度

新闻发言人制度是商业银行提升透明度，增强社会服务功能，快速应对声誉风险事件，塑造良好行业形象的一项重要制度。新闻发言人应该具有较高的政治素质和政策理论水平、较强的文字功底和口头表达能力、良好的心理素质和应变能力及担当精神，熟悉本机构工作流程、相关政策制度和经营管理情况，掌握社会关注度和舆论热点，能较好地满足新闻发布、媒体沟通、回应社会、舆论引导等新闻工作需求。新闻发言人根据工作需求要由具有一定行政级别的管理人员担任，任职应保持相对稳定。新闻发言人要针对重大事项、重要活动以及公众关注的银行业经营管理行为，通过发通稿、召开新闻发布会、接受采访等方式，代表本机构进行信息传播。新闻发言人应当为银行业发展积极营造良好的舆论环境，根据监管部门的要求，主动发声。各商业银行要为新闻发言人提供必要的授权、经费、装备和人员等资源保障，确保其能有效履行职责。

### （6）建立有效的声誉风险管理数据库

正如本书第3章所述，大数据技术的发展使商业银行声誉风险的量化、预测、管理前置等成为可能，因此，建立有效的声誉风险管理数据库，运用大数据对商业银行声誉风险进行防范、预警、研判、评估等，提高声誉风险管理的科学性。通过借鉴国外先进的管理经验，我国商业银行声誉风险管理数据库的建立应包括设计方案、采集数据和加工数据等三方面。因此，在建设声誉风险管理数据库的过程中，要丰富数据的梳理与整合手段、完善数据的筛选与补充更新流程，同时统一数据质量要求标准，制定专业数据管理规章，保证我国商业银行声誉风险数据统计的全面性、及时性和准确性，为使用先进的声誉风险管理方法，提高声誉风险管理的质量，实施声誉风险计量做好基础性的工作。

### （7）打造全员化的声誉风险管理文化

声誉风险管理文化作为现代商业银行稳健经营与持续发展的重要软环境，涵盖了声誉风险管理理念、声誉风险管理行为、声誉风险管理环境等要素。构建高效的声誉风险管理文化是一项长期的、系统性的工程：第一，树立商业银行业务经营中时时有风险、处处有风险的理念，各种产品各项业务的潜在风险都可能引发声誉事件，带来声誉风险，所以声誉风险管理要与业务发展相统一；第二，做好长期的声誉风险文化培植，通过广泛的声誉风险教育，重视风险评估，并将声誉风险管理成效与业绩考核配套。进一步完善高管人员考核评价体系，尽快解决高管人员只为突出任期内业绩，对靠长期稳健经营才能获得的声誉不够重视的问题。培育所有员工恪守公平和道德行为准则的观念，不可因某项业务、某位客户、某个盈利机会，而牺牲银行整体的声誉；树立具有社会责任心的公众形象，热心公益事业，使银行得到社会各界的认同并获得良好的声誉。

邯郸银行高度重视声誉风险管理，前移声誉风险管理关口，着力从根本上铲除舆情风险发生的土壤，构建了抗投诉业务模式。针对银行业"乱收费、排长队、服务差"三大舆情热点，打造"办事快、客户乐、我快乐"的"快·乐银行"企业文化，积极创建"免费银行""便捷银行""夜市银行""不排队银行""公益银行"等品牌，为各项业务发展植入了"抗投诉"基因，连续多年保持行外零投诉、零负面舆情。

## 本章参考文献

[1] 陆岷峰，张惠. 商业银行声誉风险管理组织体系构建的思考[J]. 长春金融高等专科学校学报，2010（2）.

[2] 廖岷. 加强中国银行业声誉风险管理[J]. 中国金融，2010（7）.

[3] 林谦. 全面风险管理视角下的商业银行市场风险管理体系[J]. 金融论坛，2009（7）.

[4] 黄丽平. 浅谈商业银行声誉风险[J]. 现代商业，2009（12B）.

[5] 孙伟，葛树君. 农行应加强声誉风险管理[J]. 贵州农村金融，2009（1）.

# 第 5 章　商业银行声誉风险管理流程

**本章概要**　本章将为学习者讲授声誉风险的排查、识别、评估、应对处置和修复五个方面的内容，希望学习者通过本章的学习对商业银行声誉风险管理流程有一个初步认识；声誉风险管理流程是商业银行实现声誉风险管理目标过程中所制订的计划、选定的方法、确定的步骤等各项工作的总和，是提高商业银行声誉风险管理能力和效率的有效手段，本章侧重于声誉风险发生前的识别、风险排查和评估、风险应对和处置等内部控制方面的内容，希望通过声誉风险管理前置，稳固内控基础，降低风险损失。

**学习目标**　通过本章的学习，我们可以对商业银行声誉风险识别、声誉风险排查、声誉风险评估、应对和处置等方面的内容进行全面了解。学习本章我们要理解对商业银行声誉风险事件的分类；学习银行声誉风险识别评估体系的构建、声誉风险排查的基本做法；了解声誉风险的处置和应对的相关举措，为日常声誉风险管理工作提供实践指导。

声誉风险管理流程是商业银行实现声誉风险管理目标过程中所制订的计划、选定的方法、确定的步骤等各项工作的总和，是提高商业银行声誉风险管理能力和效率的有效手段。对声誉风险进行流程管理是规范有效地实施声誉风险管理的必要前提。声誉风险管理流程能更好地协调各类风险之间的关系，一方面将声誉风险管理区别于其他七类风险；另一方面，将各类风险管理有机地协调起来，形成一个统一的声誉风险管理体系。商业银行声誉风险流程管理是商业银行建立、维护、重塑声誉的基本方式，能够将声誉风险管理标准化、程序化，以更好地服务于商业银行的快速发展。

## 5.1 商业银行声誉风险事件的分类

要对商业银行声誉风险进行管理，首先要对声誉风险事件进行有效分类，以便针对不同的声誉风险事件类型，适用不同的方法和原则进行处理。按照不同的标准，声誉风险事件的分类方法很多，本书以导致声誉风险事件发生的原因为标准，划分为十二类：

（1）因国家监管机构发布的新政策而引发的声誉风险事件，包括网上评论、窗口质疑、公共场所言论等行为。

（2）因商业银行的规定而引发用户、媒体质疑、反对、抵制等行为。

（3）在执行监管机构、商业银行的规范中，客户的公开性质疑、抵制、与工作人员发生冲突等过激行为。

（4）在提供服务过程中执行央行、商业银行的行为规范等失职行为而引发的声誉风险事件。

（5）因为银行工作人员的违法犯罪行为而引发的声誉风险事件。

（6）因为理财产品、创新金融产品等高风险服务行为而引发的银行声誉风险事件。

（7）因服务链中的客户、中介机构、担保机构的行为以及银行的失察行为而引发的客户对银行指责的声誉风险事件。

（8）在银行经营场所发生的客户纷争，导致社会舆论对银行管理行为质疑的声誉风险事件。

（9）　因银行自助设备、电子渠道等信息系统故障而引起的声誉风险事件。

（10）　因制度、管理不规范、不到位引起的声誉风险事件。

（11）　因内部员工泄密或第三方披露而引起的声誉风险事件。

（12）　因为侵犯他人知识产权、不正当竞争等行为而引起的声誉风险事件。

## 5.2　商业银行声誉风险的排查

声誉风险的排查是声誉风险管理的重要环节。商业银行要在建立和完善声誉风险管理体系的基础上，进行定期的声誉风险排查，不断加强声誉风险的前瞻性管理；及时提交风险排查报告，根据声誉风险发展变化情况，对声誉风险点进行重新查找评估，提出新的应对措施，并对风险进行持续监控。要将声誉风险管理重心前移，让相关业务部门参与到声誉风险管理中来，建立好传统风险与声誉风险的防火墙，切实将声誉风险纳入全面风险管理的框架中；要将防范工作渗透到日常管理工作中，商业银行各个职能部门、各个工作单元、各个业务岗位，要对照管理目标的要求，建立常规的声誉风险点、风险源排查制度，及时发现风险隐患和风险苗头，并提供给风险管理部门进行分析，这是商业银行进行有效的声誉风险管理的基础。

### 5.2.1　声誉风险排查的原则

#### （1）及时性原则

由于各种可能导致声誉风险的内外部因素时常处于变化之中，随着风险环境的变化，银行所面临声誉风险的风险类型、受险部位、严重程度等都可能发生改变。因此，声誉风险排查的及时性原则要求声誉风险管理部门应当根据实时信息随时关注声誉风险的变化，定期开展专门的风险摸底排查，重新评估声誉风险点，并及时调整风险应对策略。否则，滞后的风险管理系统将难以适应瞬息万变的风险环境。

### （2）系统性原则

系统性原则要求按照风险事项的流程、顺序、内在结构关系排查和识别声誉风险。商业银行经营活动的每一个环节、每一项业务都可能发生声誉风险。有的声誉风险容易被识别和排查出来，而有的风险可能因为存在一定的时滞和隐蔽性从而不易被察觉，对其中任何一个环节的忽视都可能导致声誉风险管理的失败。除此以外，还应该特别注意各个环节、各项业务之间的紧密联系。声誉风险管理部门应该根据实际情况及时调整风险应对策略，尽可能将整体风险控制在可接受范围内。

### （3）经济性原则

风险的排查和识别需要花费人力、财力、物力和时间，考虑到排查的投入产出及资源的稀缺性，声誉风险的排查应当遵循经济性原则，权衡成本和收益，确定最优的风险排查方案。侧重点应该放在两个方面：一是风险属性，着力把一些重要的风险即预期损失比较大的风险识别排查出来，而对于影响较小的风险可以适当减少资源的投入；二是风险载体，对于银行整个活动目标都有重要影响的工作结构单元，必然是风险排查的重点。

## 5.2.2 声誉风险排查的要点

做任何事情都要理解其关键点，声誉风险排查也不例外。只有准确了解风险排查的要点，才可能事半功倍。

### （1）早识别

风险排查和识别是对声誉风险进行分析、采取应对措施的前提。风险排查是否全面，直接影响商业银行风险管理的质量，特别是有可能对银行造成重大损失的风险因素的遗漏，更容易对银行造成致命伤害。如果风险管理是扫除"地雷"的过程，风险排查就是要对影响银行发展的"地雷"进行准确定位，关键是发现所有的"地雷"，确保不留下未识别的声誉风险隐患。

### （2）关联性

风险事件的相互依赖性主要体现在两个方面：一方面，一个事件往往会引发其他风险事件的发生，尤其是声誉风险这一特殊的风险类型，它可能是以其他类型的风险造成的衍生风险的类型存在的；另一方面，多个风险事件有可能同时发生，形成共同影响银行的声誉风险。因此，在声誉风险排查的过程中要注意风险事件之间的关联，系统地看问题，而不是孤立地看待各个风险因素。

### （3）全覆盖

按照内外部、业务模块、部门单位等条件将各类声誉风险因素进行分类汇总，对各类声誉风险制定有针对性的应对和处置措施，有助于风险管理部门更好地理解风险因素之间的关系，从总体上把握风险，制定合理有效的应对措施，并且有助于各职能部门更好地认识和关注与其直接相关的声誉风险。

## 5.2.3　声誉风险排查方法

### （1）风险树搜寻法

其实质是利用逻辑思维的规律，以图解的形式将声誉风险逐层分解，采取类似于"顺藤摸瓜"方式，最终找到银行所承受风险的具体形态。由于风险分解后的图形呈树枝状，故称风险树搜寻法。该方法由美国贝尔电话实验室于1962年提出，最早应用于空间项目。这种分析方法几乎在任何领域都可以使用，其优点是简单明确，能够比较迅速地发现问题，商业银行通过这种方法可以清晰、准确地判断自己所承受声誉风险的具体形态及其性质，从而正确估计所面临的局面，为以后的相关决策提供科学的依据。

### （2）情景分析法

情景分析法又称前景描述法或脚本法，是在对经济、产业或技术的重大演变提出各种关键假设的基础上，通过对未来详细地、严密地推理和描述来构想未来各种可能的方案，并随时监测影响因素的变化，对方案做相应调整，最终为决策服务。目前在商业银行声誉风险排查中，情景分析法是应用最普遍的一种方法，即商业银行通过相关的数据、曲线、图表等模拟商业银行未来发展的可能形态，以识别潜在的声誉风险因素及后果。

### （3）专家意见法

专家意见法又称为德尔菲法（Delphi Method），由银行风险管理人员制订出一种调查方案，确定调查内容，以发放调查表的形式将相关资料发给若干名专家，由专家们依据调查表所列的问题并参考有关资料各自独立地提出自己的反馈意见。接着汇集整理专家们的意见进行再次调查，经过多次反复比较，由银行风险管理人员最终形成比较一致的结果。这种方法综合了诸多专家的意见，有集思广益的效果，可以逐步得出对经济风险比较正确的看法。当银行所面临的声誉风险的成因比较复杂，影响比较重大而又无法用分析的办法对风险进行有效的排查和识别的时候，德尔菲法是一种比较有效的方法。

### （4）筛选—监测—诊断法

筛选是指将各种风险因素进行分类，确定哪些风险因素明显可能会引起损失，哪些因素需要进一步考察，哪些因素明显不重要应该被排除出去。监测是只对筛选出来的结果进行观测、记录和分析，掌握这些结果的活动范围和变动趋势。诊断是指依据监测的结果进行分析、评价和判断，对声誉风险进行排查和识别。

**CASE 案例**

渤海银行将风险排查和风险提示纳入该行声誉风险管理体系，推动声誉风险管理关口前移。该行在全行范围内建立了声誉风险隐患排查制度，层层落实，将触角一直延伸到支行网点。在实际操作中，将日常排查和季度排查相结合，常规问题与重点问题相结合，及时发现问题隐患。对于常规问题，该行列出问题清单，每季度开展排查，与总行内控合规部、客户投诉部门紧密联系，实现信息共享。在做好常规问题排查的基础上，对舆情热点或苗头性问题进行重点排查，提高了排查效率。

## 5.3 商业银行声誉风险的识别与评估

作为一种次生性风险，声誉风险具有很强的突发性和不可控性。从宏观审慎性监管的思路出发，商业银行应该将风险管理前置，做好预案准备，并建好风险隔离的"防火墙"，防止其他风险引发声誉风险。

构建商业银行声誉风险识别、评估体系是加强声誉风险管理的主动性措施，结合我国商业银行声誉风险特点和管理要求，探索商业银行声誉风险的识别评估指标、管理方法和应对措施，是当前各家商业银行加强风险管理的重要任务。当前，各商业银行十分注重品牌价值竞争，防范和化解商业银行声誉风险更显重要。构建商业银行声誉风险识别评估体系则是加强声誉风险管理的主动性措施，因此，我们必须通过建立声誉风险识别评估体系来有效地防范和化解声誉风险。

商业银行的声誉风险是其相关利益方对其做出的负面评价。建立风险识别评估体系就是要通过对一系列可能导致负面评价的指标进行监测、分析，得出商业银行声誉风险状况和程度的一个基本评价或判断，为银行高管人员提供经营决策依据。因此，对商业银行负面评价可能带来影响的指标的设置就成为构建银行声誉风险识别评估体系的基础工作。

### 5.3.1 商业银行负面评价影响因素分析及指标设置

商业银行其他七类风险发展或集中到一定程度时会引起声誉风险的爆发，在这七类风险中尤以信用风险、市场风险、操作风险、流动性风险对其影响作用最为突出。其他七大风险对声誉风险的影响前文已有介绍，不再赘述。除此之外，还有其他因素对银行声誉产生负面影响：

（1）监管部门公布的处罚信息。由于权威性和处罚性质，监管部门公布的行政处罚信息对被罚机构的声誉无疑将产生不可估量的负面影响。

（2）新闻媒体负面报道。作为社会监督工具，新闻媒体对商业银行的监督速度越来越快，范围越来越广。部分负面报道可能有些夸大，甚至有可能误报，容易造成负面影响。

（3）各类评比、评级中的负面评价。政府、监管部门或第三方机构会发起对商业银行的各类评比活动，例如政府或第三方机构对商业银行服务质量的评比，在同业中发展的位次等评比结果公布后，可能会给排名靠后的商业银行的声誉带来负面影响。

（4）竞争能力。商业银行的竞争力是一种综合能力，对商业银行的声誉具有很大的影响。一般而言，竞争能力越强，客户满意度越高，银行的声誉就越好；反之，银行的声誉则越差。目前，银行业界普遍认可的评价银行综合能力的指标有公司治理能力、收益可持续能力、风险管控能力、运营管理能力、服务能力、竞争能力、体系智能化、员工知会能力和股本补充能力等。

### 5.3.2 声誉风险的前期识别与评估

声誉风险的识别与评估是一个微观概念，主要是指具体声誉风险事件或潜在声誉风险点所蕴含的风险严重程度及判断标准，目的是为事件发展方向的预测、后续应对工作的响应级别和处理措施提供决策依据。声誉风险事件的识别与评估分为两大类：一类是静态的潜在声誉风险点的识别与评估；另一类是动态的突发声誉风险事件的识别与评估。

### （1）潜在声誉风险点的识别与评估

潜在声誉风险点识别的核心在于：正确识别信用风险、市场风险、操作风险、流动性风险中可能威胁商业银行声誉的风险因素。

商业银行可以要求各业务单位及重要岗位定期排查，通过清单法详细列明其当前所面临的主要风险及其所包含的风险因素，然后将其中可能影响到声誉的风险因素提炼出来，报告给声誉风险管理部门。声誉风险管理部门将收集到的声誉风险因素按照影响程度和紧迫性进行优先排序，与业务部门共同制定风险排除措施。或者反向操作，由声誉风险管理部门从历年数据或当前舆论热点、同业舆情中总结出声誉风险点，反馈给业务部门，采取措施提前排除和整改。

### （2）突发声誉风险事件的识别与评估

突发性声誉风险事件的识别与评估主要有以下几种方法：

① 分项指标法

分项指标法是指在总结声誉风险管理实践经验的基础上，根据声誉风险事件的影响因素，结合历史数据，提炼出能评判声誉风险事件所蕴含声誉风险大小的指标，通过对各项指标的打分，预判声誉风险事件的严重程度和发展趋势，指导后续应对工作的开展（见表5.1）。

声誉风险事件分级的相关规定，对突发声誉风险事件进行预判和预评估，以明确响应级别和指导后续工作的开展。

② 案例比较法

商业银行监测到声誉风险事件发生或者出现苗头后，可以通过将该事件与之前发生过的类似事件进行对比，从而估计出事件的严重程度和级别，采取相应的应对方法和策略进行处理。

**表5.1 商业银行声誉风险分项指标体系**

| 指标 | 指标描述 |
|---|---|
| 事件本身性质 | 利益相关方 |
| | 事件带来的损失程度 |
| | 事件关注度和敏感性 |
| | 事件新闻性,是否有过类似报道 |
| 传播效度 | 原发媒体级别(中央媒体、市场化媒体、党政媒体) |
| | 媒体的影响力和负面指数 |
| | 报道推送位置(首页、头版还是一般版面) |
| | 转载扩散速度 |
| | 是否跨媒体报道(自媒体、门户网站、纸媒、电视) |
| | 是否有多家媒体报道 |
| 涉及对象 | 客户性质,是个人客户还是企业客户 |
| | 涉及全行范围还是局部 |
| | 是否涉及老弱病残孕等弱势群体 |
| 舆论背景 | 是否处于敏感时期(上市前夕、"3·15"期间等) |
| | 是否属于近期热点话题和媒体关注焦点 |
| | 公众是否对类似问题存在情绪积累 |

### 5.3.3 声誉风险事件的后期评估

声誉风险事件的后期评估就是在声誉风险事件发生并处理完后,对声誉风险事件的处理效果进行全面评价,并将评价结果反馈至相关决策和管理部门,以改进业务瑕疵、避免系统性风险重复发生的过程。其目的是通过对声誉风险事件产生、发展的原因及风险应对处理工作的措施进行全面、科学的总结分析,对其产生的后续影响及应对工作效果进行客观、详细、量化的评估,为今后提升类似事件的处理水平提供科学、可靠的依据。

声誉风险事件的后期评估既是评价声誉风险管理效果的需要，也是降低风险管理成本的需要；既是优化声誉管理体系的需要，也是积极管理声誉风险的需要。

### （1）后期评估的基本方法

① 征询法：商业银行可以就声誉风险管理实施后的满意程度，向职能部门和利益相关者进行随机问卷调查，了解利益相关者对声誉风险事件处理工作的评价，收集反馈意见，找出工作的可改进之处。随着微博、微信等新媒体的发展，此种征询法的操作难度越来越小，实施成本也在不断降低。

② 比较法：商业银行可以将声誉风险事件的处理结果与本行或同业曾经发生过的类似事件处理结果相比较，得出评价结果。这种方法的目的是找出变化和差距，为提出问题和分析原因找到重点，这种比较法有利于找出声誉风险事件应对方案实施的质量，是风险管理过程评价应遵循的原则。

③ 指标分析法：是指商业银行声誉风险管理小组根据商业银行自身特点、风险管理情况，建立起一套较为客观且可操作的指标体系，结合实际工作情况，对评价指标逐条打分，得到后评估结果。

本书重点介绍指标分析法。

### （2）指标分析法

**表5.2　商业银行声誉风险事件后期评估指标体系**

| 一级指标 | 二级指标 |
| --- | --- |
| 机构履职指标 | 风险识别与监测；风险评估与报告；风险控制；风险处置 |
| 组织机构指标 | 反应速度；媒体公关能力；预案的制定和实施能力 |
| 质量效益指标 | 媒体正、负面报道数量；是否出现跨媒体报道；是否有持续跟踪报道；评级机构的评级；经济损失大小 |
| 外部性指标 | 利益相关者满意度；媒体及公众评论；市场占有率变化情况；业务推广难度 |

资料来源：陆岷峰.商业银行声誉风险管理[M].上海财经大学出版社，2010.

### （3）后期评估的基本流程

① 应对决策后评价。决策后评价是评价商业银行面临声誉风险时决策执行的情况，验证前期的风险识别、趋势预测、响应级别和预评估是否正确，并重新评价此次决策是否符合商业银行发展的需要。

② 方案实施后评价。这是对方案实施过程中各环节工作实际成效进行评价，总结各环节的经验教训，找出每个阶段的实际效益和偏差程度，以便责任的认定和对方案进行修正。

③ 处理技术后评价。在决策正确、方案正确执行的情况下，评估声誉风险事件应对处理技术的实际效果，进一步了解声誉风险处理方案的实际情况，检验方案设计的正确度和处理技术的有效性，为以后处理方案的评审提供依据。

### （4）经济效益后评价

这是指对方案实施后商业银行实际财务状况和经济损失进行再评价，分析处理声誉风险事件后，挽回的经济损失和花费的资源成本，为今后的决策提供依据。

### （5）社会效益后评价

这是指对社会发展目标的影响和贡献的评价，包括舆论环境影响评价、社会影响评价、经济影响评价等多个方面。

商业银行声誉风险事件后期评估结果的使用是后评估体系的重要环节，后评估发挥作用的关键在于所发现问题教训和经验总结在声誉风险管理的各个环节被采纳的情况和应用的效果，以及由此带来的业务流程改进和政策调整。

## 5.4  商业银行声誉风险事件的应对与处置

商业银行应该在内部治理方面加强对声誉风险的管理，相关方法包括建立稳健的媒体关系、组织体系、应急预案等。在对声誉风险正确有效地评估之后，银行应该依据法律法规、监管要求及内部控制政策确定风险是否可以接受，以确定是否进一步采取措施。在该声誉风险可接受时，应及时检测并定期评审，以确保其持续可接受；在风险不可接受时，应制订详细的内部控制方案，其中应该明确规定控制声誉风险的相关职责与权限，以及控制风险的策略、方法、资源需求和时限要求。

### 5.4.1 银行声誉风险事件的处理流程

商业银行声誉风险事件的处理流程，是商业银行声誉风险管理的关键环节，只有建立了完整的处理流程，才能保证银行声誉风险管理制度的顺利实施和声誉风险事件的及时处理。具体如下：

#### （1）及时发现，双线报送

从舆情监测中发现的声誉风险事件，应在第一时间核实情况，根据声誉风险事件的等级和报送要求报告行内高级管理层和监管机构。

#### （2）分级响应，合理分工

掌握声誉风险事件情况后，如评估结果为重大声誉风险事件，则应立即召集相关机构组成应对小组，小组成员包括相关业务部门、声誉风险管理部门、法律部门、合规部门、安全保卫部门等。同时，小组确定一名联系人，负责媒体接待和口径发布，保证声誉风险事件应对的效率和对外口径的一致；如评估结果为一般声誉风险事件，则启动日常应对程序进行处理。

#### （3）果断决策，主动发声

由于舆情发展瞬息万变，在声誉风险事件处置决策时效性要求和信息匮乏条件下，任何模糊的决策都会产生严重的后果。所以必须最大限度地集中决策使用资源，迅速做出决策，系统部署，付诸实施。

应对小组商讨形成统一的应答口径后，应指定专人与媒体对接，按照统一口径对外发布，并根据声誉风险事件的严重程度，选择适当的发布渠道，如通过官方网站、官方微信、官方微博进行回应或由新闻发言人通过新闻发布会发布。

目前很多商业银行都建立了官方微博、官方微信、网点显示屏等自有媒体渠道，同时行内各业务条线、各分支机构、行内专家或意见领袖也分别开设了微博和微信公众号，如果平时注重培育这些自媒体的影响力，建立起自有媒体矩阵，在发生声誉风险时，相互分工协作，也能发挥有效的舆论引导作用。

> **CASE 案例**
>
> 中国农业银行近几年建立了覆盖30多家分行、多个业务条线的官方微博、微信立体矩阵，在发生声誉风险事件后，能根据声誉风险事件的性质、类型和范围选择合适的平台发声，既防止人为将事件升级，也避免响应力度不够，削弱了正面影响。此外，中国农业银行还充分利用自有报纸、刊物讲述中国金融好故事、传播正能量，为该行声誉加分。

#### （4）持续监测，动态调整

声誉风险管理部门在声誉风险事件处置过程中，应实时关注并分析舆情走势，根据事件进展及处置情况，动态调整对声誉风险事件级别的认定及应对措施。声誉风险应对小组内部建立沟通机制，及时相互通知事件进展情况和媒体沟通情况。

#### （5）正面引导，善用外力

根据声誉风险事件的内容，声誉风险管理部门应积极组织舆论引导，可以主动寻求监管机构、行业协会、公安机关、当地政府及其他有利于本行的第三方机构的帮助和支持。通过政府机构、外部专家、本行网络评论员以及关系较好的媒体记者、自媒体人等，主动发出对本行有利的声音，以缓解和对冲舆情压力。

### （6）消除隐患，源头化解

避免二次发酵要真正彻底地消除声誉损失，需要在控制事态后，及时准确地找到危机的症结，对症下药，谋求治"本"。如果仅仅停留在治标阶段，就会前功尽弃，甚至引发新的危机。事发机构应在危机过后，积极化解声誉风险事件的原发矛盾，消除声誉风险隐患；声誉风险管理部门应针对此次原发媒体以及负面舆情易发媒体做好维护工作，防止跟进报道和连续炒作。

> **CASE 案例**
>
> 中国工商银行于2016年9月投产使用声誉风险管理系统。该系统涵盖新闻舆情提示、网络舆情提示、声誉风险隐患提示、声誉风险隐患事件排查和台账管理、声誉风险应急演练、通知、报告多项功能，以系统信息流转取代电子邮件传递方式，以系统统计功能取代手工台账管理，实现了信息的及时反馈、完整存储和充分共享，有效督导了声誉风险管理各项工作机制的规范、准确执行。同时，该系统大大促进了工行集团内各级机构的上下联动，实现流程化、动态化的声誉风险管理，大幅提升了管理质效，并为中国银行业提升声誉风险管理的信息化和规范化水平，优化声誉风险信息和数据的记录存储模式，提供了先进经验，在行业内具有示范作用。

## 5.4.2 处理银行声誉风险事件的方式方法

声誉风险事件的种类繁多，我们只有对症下药，才能迅速及时有效地解决问题、化解风险。对此，我们将处理银行声誉风险事件的方式方法做了如下分类：

### （1）动态更新法

对于突发声誉风险事件，应依据事件进展情况，动态更新媒体应答口径，持续发布事件处理情况，及时告知最新进展。如遇到系统中断导致业务不能办理，可通过官网、官微动态发布系统修复和业务逐步恢复的信息，一方面安抚消费者的情绪，另一方面也向公众展现银行积极处理问题的态度和工作效率。

### （2）分而治之法

面对复杂的声誉风险事件，应整体协调将处置压力分散到各个部门和分支机构，各司其职，分工协作。从现场秩序维护、客户沟通与安抚、准备并发布媒体应答口径、弱化网络传播、寻求公安机关或当地政府帮助、报送上级机构和监管部门等多方面入手同步开展处置工作。避免将危机化解的压力全部聚集于声誉风险管理部门，也不宜将所有的精力都用于公关媒体。

### （3）切割法

在处理突发声誉风险事件时应根据事件发展态势，采取"弃小存大、顾全大局"的方法，将声誉风险事件直面的最小单元迅速与整体进行切割，争取在处置中占据有利位置，为声誉风险事件处置工作赢得充足的时间和空间。

如在客户集体投诉引发的声誉风险事件处置中，应注意区分带头者和跟随者，集中精力与带头客户进行沟通，了解客户关切的内容，并首先解决。在私售飞单类舆情的处置中，应注意个人与机构的切割，这种切割不是雇佣关系的切割，而是个人行为与职务行为的切割，即不是开除私售飞单的员工了事，而是要告知公众，员工的私售行为违反了商业银行的管理制度和员工行为准则，不能代表所在银行的意志。

### （4）主动出击法

针对网络谣言引发的声誉风险，声誉风险管理部门应迅速公开澄清事件情况，避免歪曲事实真相或者恶意攻击的言论四处传播；针对网络上一些难以定性的银行声誉风险事件，声誉风险管理部门可组织内部专家组，针对疑难问题进行分析研究，由专家对外发表专业看法，引导舆论。

### （5）合纵连横法

当危机来临时，要善于借助第三方力量，充分和政府部门、行业组织、银行同业以及友好媒体配合，借助外部资源发声，增强公信力、影响力，协助自身化解危机。

## 5.4.3　声誉风险事件的处理原则

随着社会经济、传播技术、媒体环境的发展变化，声誉风险事件的类型也在不断增加，现有的方法不可能适用于所有问题的处理，在遇到新问题、新情况时，就要根据声誉风险事件处理的基本原则来解决问题、化解风险。

### （1）统一应对原则

声誉风险事件的处理必须坚持统一组织、统一领导、统一实施的原则，以一个体系、一个声音、一个态度应对。一个体系即要有一个专门的、权威的组织负责处理事件，统一负责事件的调查、处置以及与媒体和公众进行沟通等；一个声音即处理声誉风险事件要统一口径，由专门人员对外发布，把握应对口径的一致；一个态度即对所有的媒体和记者都同样坦诚相待。

### （2）承担责任原则

声誉风险事件发生后，公众会关心两方面的问题：一方面是利益的问题，利益是公众关注的焦点，商业银行应有责任担当，不能推责以避免利益损失；另一方面是情感问题，声誉风险事件的处理应当先讲情再讲理，银行应站在受害者的立场上表示同情和安慰，及时致歉，解决深层次的心理、情感关系问题，从而赢得公众的理解和信任。

### （3）真诚沟通原则

声誉风险事件发生后，商业银行的态度是公众和媒体关注的焦点，银行千万不要抱有侥幸心理，企图蒙混过关，而应该主动与公众真诚沟通，说明事实真相，促进理解，消除不安。

### （4）第一时间原则

在声誉风险事件发生的最初几个小时内，消息会像病毒一样，以裂变方式高速传播。此时可靠的消息往往不多，社会上充斥着谣言和猜测。银行的第一份声明将是外界评判其如何处理这次事件的主要根据。因此银行必须当机立断，快速反应，迅速控制事态，及时发布消息。声誉风险事件发生后，能否首先控制住事态，使其不扩大、不升级、不蔓延，是处理的关键。

### （5）权威证实原则

声誉风险事件发生后，作为利益相关方，银行往往容易陷入"塔西佗陷阱"：公众认为银行的解释、声明不可信。因此，声誉风险事件发生后，银行要善于利用客观中立的第三方来发声，如专家学者、律师、监管机构、行业协会等，进行信用背书，解除客户和公众的警戒心理，重获信任。

## 5.5  商业银行声誉修复

声誉风险事件的处置不仅包括"及时灭火"，还包括"原址重建"，即声誉修复工作。对于商业银行来说，所谓声誉修复，指的是应对由声誉风险事件产生的恶劣影响，稳定、恢复并维护商业银行声誉的一系列措施。通常来说，修复商业银行声誉需制定一个可行性框架，需要商业银行各层级、各部门下定决心并密切配合。这是一个漫长的过程，需要足够的耐心。

### 5.5.1  声誉修复的步骤

声誉修复的过程和步骤目前学界没有定论，从日常工作实践来看，大体上可以总结为以下几个步骤：

### （1）领导重视，高管先行

声誉修复一般发生在重大声誉风险事件之后，商业银行的声誉严重受损，甚至影响到了业务和经营活动的正常开展和运行。考虑到声誉风险的次生性特点，导致声誉风险事件发生的问题一般涉及多个业务条线和部门，问题要得到系统性、根源性的解决，前提是商业银行高管层高度重视、下定决心整改。唯有如此，声誉修复才有可能。

### （2）坦诚道歉，转移焦点

声誉风险事件发生后，商业银行要勇担责任、直面批评，不要偏执掩饰，避免人为延长事件的持续时间。要善于在坦诚道歉的同时提出问题的解决方案，引导公众的关注点从已发生的事实转移到下一步的改进措施，从而为声誉修复赢得理解和时间。

### （3）果断处理，不存侥幸

声誉风险事件的应急处置工作完成后，要对引发事件的相关责任人和责任部门及时果断处理、一步到位，给公众一个"知错就改"的正面形象，不可心存侥幸，不可"护短"。在新媒体时代，一方面社会监督无孔不入，另一方面社会焦点转移迅速。商业银行出现工作失误、管理不善不可避免，认错并改正后声誉会逐渐修复；反之，如果偏执掩饰、不愿改正，声誉修复就无从谈起。

### （4）找到根源，彻底解决

声誉风险管理部门和工作人员是"化妆师"，但不是"整形师"，更不是"魔术师"。声誉风险管理可以有限美化企业形象，但不可能无视、歪曲商业银行确实存在的问题，更不可能去扭曲事实、指黑为白、粉饰隐患。因此，要想修复声誉，必须从根本上解决源发问题，加强内部整改，审视过去，分析问题的原因和症结所在，制定切实有效的对策，并改进不合理、不完善的制度或流程。

### （5）源头改进，及时宣传

声誉修复的过程中，问题剖析到最后，最根源、最难解决的往往是企业文化和价值观的问题，因此声誉修复最根本的是要改进企业文化，重建企业文化和价值观，并及时将这种改变在合适的时机，以合适的方式和频率公布出去。

### （6）不懈沟通，持续修复

声誉修复要做好打持久战的心理准备，一般来说，负面消息的传播速度和范围通常比正面消息要快得多、大得多，往往负面消息一个小时转载几百条，正面澄清和回应却无人关注和转载。因此声誉修复工作要有耐心，在此过程中，要及时公布整改进程，与公众和媒体不懈沟通、反复宣传。

## 5.5.2　加速声誉修复的方法

声誉修复工作也有"捷径"，加速声誉修复一般来说有以下几种方法：

### （1）积极塑造主要负责人的美誉度

如果商业银行主要负责人信誉好、可信度高、知名度广，将是声誉修复工作的一大"利好"。相关问题整改完成后，只要该负责人在适当的场合和时机发布、宣传整改成果，再配合媒体推广，声誉修复工作的进程将会大大加快。因此，商业银行要注意保持主要负责人平时的活跃度和美誉度，积蓄声誉修复的力量。

### （2）抓住相关正面典型事件，及时修复

在声誉修复过程中，如果恰好发生了与之前声誉风险事件相关的正面典型事件，商业银行要抓住这一绝好的机会，扩大正面典型事件的传播范围和影响力，加速声誉修复。

### （3）把批评者转化为正面信息传播者

在问题整改过程中，如果确有明显改进，获得了阶段性成绩，要善于利

用批评者的力量和信誉，在适当的时机邀请有影响力的批评者和媒体参观、座谈，把他们转化为正面信息的传播者，通过他们把商业银行的改变、改进宣传出去。

### （4）抓住转变机遇，借助第三方加速声誉修复

声誉危机有时候不仅是"危"，也是"机"，机会往往在变化中降临，商业银行要抓住声誉风险事件推动整改的绝佳时机，切实改进服务、改善流程、明确企业文化、修正企业价值观，在此过程中，可以征求第三方意见，邀请第三方参观座谈，借助第三方的可信度，增加宣传效果，加速声誉修复。

## 5.5.3　阻碍声誉修复的几种情形

声誉修复工作往往不是一帆风顺的，过程之中往往会有一些干扰和阻碍，如果各部门、各分支机构意见不统一，管理出现失误，就有可能延缓甚至阻碍声誉修复工作的进行。

### （1）同类问题反复发生

声誉修复工作的大忌就是在向公众道歉，称问题正在整改的过程中发生同类声誉风险事件，这将严重损害商业银行的声誉并大大延缓声誉修复的过程。通常这种情况出现的原因是高管层不重视，相关机构没有对问题整改达成一致意见。因此，在声誉修复工作开始之前，得到领导的重视、各层级机构的支持十分重要。此外，避免这种情形发生的最好办法就是在声誉风险事件发生之后迅速开展同类事件排查，提前设置防火"隔离带"。

### （2）重广告投放，轻问题解决

在声誉修复的过程中，商业银行往往存在误区，以投放广告代替声誉修复，至于问题本身是否解决、流程是否改进、服务是否提高却不关注。实际上犯了将知名度等同于美誉度的错误，须知，在美誉度没有提升的情况下，知名度越高，声誉损失越大。

## 本章参考文献

[1] 陆岷峰，潘晓惠. 商业银行声誉风险管理流程研究[J]. 天津市财贸管理干部学院学报，2010（9）.

[2] 危家凤，杨未未. 情景分析法在企业危机预警中的应用[J]. 科技情报开发与经济，2008（12）.

[3] 陆岷峰，葛虎. 关于构建商业银行声誉风险管理后评价机制的探讨[J]. 华北金融，2010（4）.

[4] 张海宁. 中国企业危机公关管理研究[D]. 华中科技大学硕士论文，2009.

# 第6章 商业银行声誉风险处置案例分析

## 6.1 市场传言引发的声誉风险处置

### 6.1.1 基本事件

某日中午，一客户到A银行网点取20万元现金，因未提前预约，银行柜员予以拒绝。随后，"A银行要倒闭"的谣言便在坊间传开。

当日下午2点，提款人群开始在该行某分理处聚集，高峰时达数百人，分理处迅速向上级汇报。傍晚，该行董事长带着大量现金赶赴分理处。尽管如此，储户仍未散去，兑付工作一直持续到次日凌晨3点才结束。

据统计，当日该行共有4家网点遭挤兑，取款人数1200多人。

当晚，媒体开始报道此事，报道关注点集中在事件发展状况、现场情况、产生原因和A银行、政府、储户三者的态度。这些报道虽客观中性，但在当时多家担保公司负责人跑路、民间借贷资金链断裂、储户对资金安全风声鹤唳的舆论背景下，实际上加深了民众的恐慌，许多在外学习、打工的人也打电话催促亲友提款。特别是当晚某网络媒体首发的文章《A银行被传倒闭引挤兑》，被迅速转载1000多条，相关微博达到7000多条，引爆了舆情。

坊间以讹传讹，次日A银行情况紧急，19家网点遭挤兑，取款人数8000多人。第三日，仍有22家网点近8000人办理取款。

第二日和第三日，国内主流网络媒体、财经媒体、都市媒体和部分外媒对此事给予了全面报道和分析。有媒体指出：一句简单的传言，能发酵为挤兑事件，背后是因为当地是民间借贷的重灾区，民间金融乱象丛生，金融生态脆弱而敏感，几年来多次发生担保公司跑路、互助社挤兑事件，老百姓损失巨大。一家知名境外金融媒体发表文章称：在始于中国一家地方银行的挤兑事件开始出现蔓延苗头后，当地官员不得不采取紧急措施平息储户的恐慌情绪。过去数天里，数百名储户争相从该银行提取现金。挤兑事件显示中国金融系统正面对日益严峻的压力。不过，这次挤兑仍只是一起局部事件。

第三日下午，事态逐渐平息，当晚，散布"谣言"的蔡某被刑事拘留。自第五日起，谣言得到彻底澄清，舆情开始回落，逐渐消解。

据统计，受此次挤兑事件影响，3日内该行存款余额比事发前日下降9亿元。

### 6.1.2　声誉风险处置

#### （1）迅速反应，一线处理

事件发生后，该行迅速反应，A银行董事长带着大量现金赶赴分理处，向取款的储户澄清事实，稳定客户信心。同时，迅速将情况向监管部门和政府部门汇报，寻求多方支持。

#### （2）寻求支持，协同应对

为应对此次挤兑，各方积极协作。次日，央行开通绿色通道保证资金送达。第三日，该县县长发布电视讲话，表态将确保储户利益不受影响，乡镇政府领导也到现场呼吁民众勿轻信谣言，当地银监局和中国银行业协会也公开发表声明，称该行经营状况良好，不存在破产倒闭风险。公安机关迅速行动，将散布谣言的蔡某刑事拘留。

### （3）引导舆论，第三方发声

第三日中午，中国银行业协会出面，在官网发表《关于个别银行发生集中支取存款事件的有关声明》，表达对该行的信任与支持，并协同近20家媒体开展深度解读，迅速澄清事实、还原真相、引导舆论。第四日，A银行开始在媒体上展开舆论引导，邀请专家、公众人物正面评价。同时，社会各界陆续对农村金融、民间借贷的问题进行反思，讨论如何夯实脆弱的民间金融基础，梳理事件始末，并针对某些节点发表相应评论。

## 6.1.3　案例分析

声誉风险是一种次生风险，其核心特点在于扩散性和持续性：将小事放大，甚至无中生有，对涉事主体形成扩大化、持续性的伤害。其中，谣言导致的声誉风险事件最为典型，也最为考验商业银行的应对能力和管理水平。本案例中，一句恶意中伤的谣言就引发公众恐慌，导致A银行存款蒸发9亿元，损失惨痛。作为商业银行，应当深刻分析该事件发生的原因和背景，汲取其中的经验教训，避免重蹈覆辙。在A银行挤兑事件中，各方统一协调，快速扭转了挤兑事件负面影响持续扩散局面，有力回击了造谣者对银行业的污蔑，有效维护了银行业的行业声誉和整体稳定。该事件的产生、发展和影响值得深刻反思，以下几点经验教训可供参考：

**一是要加强舆情排查，及时预警。**平时要高度关注舆论环境的新变化、新动向，联系本行实际，找出声誉风险隐患并及时预警。声誉风险事件的发生有其客观规律：年关前后，是资金链断裂和电信诈骗引发的声誉风险事件的高发期；重阳节前后，是柜台延伸服务引发的声誉风险事件的高危时点；涉及商业银行的新政策颁布生效后，该政策的执行情况就要高度注意；调整个人客户中间业务收费标准时，都市类媒体往往高度关注。中国银监会印发的《商业银行声誉风险管理指引》第五条明确指出，商业银行应开展声誉风险排查，定期分析声誉风险和声誉事件的发生因素和传导途径。在本次挤兑事件发生前夕，当地金融生态恶化、民间借贷案高发、老板跑路频繁、部分非法金融机构倒闭造成的舆论环境就应该引起当地商业银行的高度注意，提前做好资金兑付类突发事件的应对预案和媒体备答口径，及早防范、源头化解。

**二是要及时借助权威第三方之力"增信"。**西方政治学有个"塔西佗陷阱"定律，即某一组织失去公信力时，无论说真话还是假话，做好事还是坏事，都会被认为是说假话、做坏事。"塔西佗陷阱"的存在，导致声誉风险事件发生时，无论商业银行是否认还是坦承，均难获公众信任，此时，得到监管部门、行业组织、司法机关和专家学者等权威第三方的支持来为自己"增信"至关重要，《商业银行声誉风险管理指引》第五条也指出商业银行应及时澄清虚假信息。挤兑发生初期，A银行迅速向当地监管机构报告，由监管机构提供担保，调集现金，并派人员到现场配合银行宣传，使得该行的现场宣传更加可信。中国银行业协会的声明也为事件的成功化解提供了有力支持。

**三是要以实际行动坚定客户信心。**声誉风险事件化解的前提是事件本身的成功解决和舆情的有效应对。本次挤兑事件应对过程中，在营业大厅柜台上，始终码放大量现金，营业网点门前也停放运钞车补充现钞，网点推迟营业结束时间，保证客户能够按意愿支取。该行高层、镇政府负责人在一线反复向公众宣传不要传谣信谣。各种措施都在向客户传递信息和信心：A银行没有问题，谣言不可信。

**四是要先情后理，寻找与客户的情感共通点。**涉及个人客户的声誉风险事件的应对，特别要注意客户情绪的安抚，要善于打感情牌。例如，在劝离年纪比较大的顾客时，将连续奋战的年轻柜员比作顾客的晚辈，寻求顾客的同情和理解；为保证所有客户都能取到钱，除了延长营业时间外，正在休假期间的员工也返岗加班；组织部分在创业初期阶段得到该行贷款支持的客户在网点现身说法，存入大量存款表明信心。

《商业银行声誉风险管理指引》第六条指出，商业银行应积极稳妥应对声誉事件，其中，对重大声誉事件，相关处置措施至少应包括按照适时适度、公开透明、有序开放、有效管理的原则对外发布相关信息。在此次挤兑事件应对过程中，有些教训也应引起重视：声誉风险事件应对准备不足，挤兑发生的第4天才开始着手舆情引导；缺乏系统和制度化的媒体舆情预案，缺乏正面宣传引导的渠道；对新媒体运用不足，没有直接与网民对话和宣传的新媒体平台等。

## 6.2 银行员工过错引发的声誉风险处置

### 6.2.1 基本事件

某日凌晨，有网友在天涯论坛上发帖"晒"一位银行员工的微博，该银行员工在个人微博中发布偷拍的客户照片，并用恶毒、侮辱性的语言攻击客户，此帖立即引来大量网友围观跟帖。该银行员工的相关"语录"也被直接晒到了网上：

"这些人真贱，银行开门一天不来，全部等到下班才来，我只能祝福你们出门就被撞死。"

"早上收到客户填的自主设备故障单，刚才打开机器一看，这个蠢货把一张纸币往机器里丢，不故障才怪！这次我要拖够两个星期的时间才得给他处理，不收拾下这些明明就是自己蠢还想怪到银行头上的蠢驴，我难以释怀。"

该员工还多次以客户的姓名开玩笑，说"顾客都去死吧"，并将客户的姓名、照片等信息上传到微博，引发网友极度不满，一时舆论哗然。

这些微博在网络上被广泛转载后，网友根据其微博内容透露的信息，判断其应该是B银行某支行员工叶某，网上迅速形成了一拨"倒叶派"。叶某的言行引发了网友对B银行的质疑。网友通过天涯、百度、腾讯、微博等网络平台对B银行该员工的行为进行声讨：

"一直觉得B银行不错的啊，没想到能招进这么不靠谱的职员！"

"这样的人真没素质，既然对这份工作那么没热情，干嘛还要去干呢？"

"他微博改过名字，他这样拍照不是泄露客户资料吗？公开嘲笑客户的名字，这人素质究竟低成什么样？"

"服务窗口居然私自泄露客户资料，职业道德在哪？操守在哪？"

次日凌晨有网友收到B银行相关机构回复："总行、分行及支行的相关负责人和同事都在紧急处理此事，由于周末的原因，时间有点滞后。同时，我们将对被泄密的客户亲自登门道歉。对于此事，我行会给各位客户一个满意的答案。"

第三日，针对网友的询问，B银行官方微博回复该行已于次日下午联系上客户，当晚该支行行长等人已到客户家诚挚道歉。

第六日，由于该行迟迟没有拿出对涉事员工叶某的处理意见，众网友依旧不依不饶，要B银行给个说法：

"请问叶某恶毒辱骂客户的事情有没有处理结果？还打不打算处理？请贵行尽快给我们一个明确答复，谢谢！"

第六日，B银行客服回复："员工微博辱骂客户事件发生后，我行高度重视，分行相关领导已于当天下午主动联系当事客户，随即登门致歉并取得客户谅解。我行本着对广大客户负责的态度，对辱骂客户的员工做出严肃处理，事发后的第一个工作日已责令其离岗。我行对该事件的发生表示真诚的歉意，感谢广大客户和媒体朋友对我行的关心与关注。我行会大力加强员工职业道德教育，竭诚为广大客户服务，坚决杜绝类似事件再次发生，并请社会各界和客户、媒体朋友们予以监督，谢谢！"

B银行对该员工做出的"离岗"处理，仍然让网友们不满，有人曝出"叶某是B银行揽储能手，开除谁也不会开除他，最多离职休息儿大义复原职"的说法，甚至有网友表示："叶某不除，不用B银行卡。"

第七日，B银行官方微博回复网友："经调查核实，依据相关制度，我行对员工叶某给予了开除处分。再次感谢广大网友的关心与关注。"

随后，当地媒体和几大门户网站都对此事进行了报道。针对部分网友"开除不应是最后结局，他除了违规之外，还侮辱了客户的人格，开除只是银行对他的处理意见，他还应该亲自向被'曝光'的几位当事人道歉"的说法，B银行某分行相关人士表示："对于被侵隐私的几位客户，我行表示万分的歉意，此事已经引起了我行的高度重视，除了开除相关员工之外，分行相关领导已与当事客户取得联系，已登门致歉并取得客户谅解。接下来，我行会大力加强员工职业道德教育，竭诚为广大客户服务，坚决杜绝类似事件再次发生，并请社会各界和客户、媒体朋友们予以监督。"

至此，舆情得以逐渐消解。

## 6.2.2　声誉风险处置

### （1）核实事实，删帖致歉

当日15时左右，B银行监测到舆情后，迅速与分行联系，责令当事员工叶某将辱骂客户的微博删除；16时左右，通过官方微博和远程银行中心，以发私信和邮件方式向客户、网友解释并致歉，很快发布"感谢客户对我行的关注，该事件我行十分重视，目前正在积极处理中"的回应。23时，分行负责人与叶某已找到当事客户致歉并获得谅解。次日下午，叶某在其个人微博上道歉。

### （2）表明态度，处理员工

致歉之后，网友并未满意，在事件调查清楚后，B银行根据舆情态势，态度坚决，对当事员工先后做出了"离岗"乃至"开除"处理，将员工个人行为和银行整体形象做了"切割"，最大程度削弱了事件的负面影响。

### （3）透明处置，结果公开

无论是对当事员工做出"离岗"处理还是"开除"处分，B银行都通过客服或官网微博等公开渠道公开事件的处置结果，保持信息内外对称、透明，尊重了公众与媒体的知情权。

### 6.2.3 案例分析

新媒体时代，商业银行声誉风险管理面临更大的挑战。新媒体让每位银行员工都站到了话筒前，从公众的角度来说，银行员工利用自媒体谈工作，或在认证微博发声，员工代表的就不再是个人，而是所在商业银行的形象。然而很多银行员工并未意识到这一点，仍然将个人新媒体账户视为私人空间，低估了新媒体的传播力和杀伤力，也低估了网上舆论转为网下行动的反应时间。B银行员工在个人微博上辱骂客户的事件，就充分体现了"新媒体传播力"＋"服务意识薄弱"所造成的严重后果，其经验教训值得银行汲取和反思。该事件中，员工的出格言行引发舆情，归根结底，还是服务意识、法律意识不强，声誉风险防范意识偏弱，个人素质、媒介素养有待提升，另外，B银行的员工行为管理也不到位。从法律上看，该银行员工在网上辱骂具体客户的行为已涉嫌违法，不仅要承担民事责任，还可能构成侮辱罪而承担刑事责任。我国《民法通则》第一百零一条规定：公民享有名誉权，公民的人格尊严受法律保护，禁止用侮辱、诽谤等方式损害公民、法人的名誉。《刑法》也规定了侮辱罪，如果在网上公然侮辱他人，情节严重的，就可能构成侮辱罪而承担刑事责任，处三年以下有期徒刑、拘役、管制或者剥夺政治权利。从本案例中，银行应当汲取以下经验教训：

**一是要监测及时，快速反应。**容易发酵的服务问题能快速处理的，要尽量快速处理，而快速处理的前提是舆情监测及时。B银行周末舆情监测环节薄弱，发现舆情距网友发帖已滞后数小时，失去了快速反应的黄金时间，虽然后续处理果断快速，但网络舆情已迅速发酵，难以控制。

**二是要态度鲜明、处置果断。**虽然监测滞后，但事件发生初期B银行立即责令当事员工删帖、致歉，该行相关机构也向客户和网友致歉，网友普遍反映该行动作果断迅速，在很大程度上体现了该行的鲜明态度，这对延缓舆情恶化起到一定作用。

**三是要网来网去、加强互动。**B银行在回应过程中一直坚持"网上来网上去"的原则，充分利用网络媒体平台，控制消息传播范围。所有回复都是通过官方微博和远程银行中心，以发私信和邮件方式向客户、网友进行解释致歉。同时，在官方微博的回应中，也都采用回复评论、私信的方式进行，在有效回应的同时防止了负面信息的跨媒体平台传播。

**四是要加强道德教育，重视培训。**《商业银行声誉风险管理指引》第四条指出，商业银行董事会应培育全行声誉风险管理文化，树立员工声誉风险意识。B银行要加强员工职业道德教育和媒介素养培训，注意防范员工异常行为，尤其是关注员工在八小时之外的异常表现，加强心理疏导，帮助员工树立正确的服务观，切实提升服务意识和服务水平。

# 6.3 客户投诉引发的声誉风险处置

## 6.3.1 基本事件

某日上午，客户徐先生到C银行营业部办理余额查询业务，发现账户上3000多元存款"不翼而飞"。徐先生称卡和存折一直在他手里，无其他人支取，并向当地公安机关报案。经分行查询，该客户账户资金于近一个月前在该行营业部ATM上被取走3200元。此后，徐先生在公安人员的陪同下调阅了监控录像，但他否认录像中的取款人是其本人。因对该事件处理情况不满，徐先生遂向当地都市类媒体投诉。

11天后，某都市报刊登了题为"半年没取钱　卡上3200元不翼而飞"的报道。报道称，市民徐先生去C银行柜台取钱时，被工作人员告知卡上余额为零，但徐先生记得卡上应该还有几千块钱。交涉中，银行工作人员竟然说："别人卡上几十万元都被取过，你这点钱算什么？"该报道刊登后，少数几家地方网站进行了转载，但未形成大面积舆情。

12天后的上午，某电台在未核实该消息真实性的情况下，对此事进行了简要报道，并发表了批评性评论："C银行作为金融服务机构，理应为用户提供安全便捷的服务，保障用户正当权益，怎么能根据金额大小来区别责任轻重呢？切莫让'算什么'这种漫不经心、不负责任的态度，让人对银行'用户至上、安全第一'的理念产生怀疑。"同时，该电台下属网站刊登了题为《卡上资金不翼而飞 银行竟说"这点钱算什么"》的网稿，多家主流门户网站首页登载了该报道标题和链接，50多家网站进行了转载，舆情形势严峻。

13天后，C银行迅速调阅客户先后在ATM取款、在营业部柜台取款、到大堂经理柜咨询的录像，经认真比对，均为同一人。分行随后向公安机关报案，经公安机关再次调阅监控录像，并找到徐先生核实情况，确认3200元是由他本人取走。客户承认整个事情是因遗忘导致的误会，也承认对媒体提供了虚假新闻信息，所谓C银行员工称"这点钱算什么"的言论为其自行编造。

15天后，首发都市报刊发了题为《持卡人取走现金 C银行"躺着中枪"》的报道，对事实进行了还原，并刊登了客户的书面说明。经监测，澄清报道在24小时内被转载近40条，有效降低了该事件负面影响，彻底扭转了舆情形势。

## 6.3.2 声誉风险处置

### （1）查清事实，权威定性

针对上述情况，C银行总分行立即启动应急预案，成立舆情应对小组，积极处置舆情。通过询问核查接待该客户的工作人员确定内部无过失，通过调阅客户取款和咨询录像并认真比对确定取款人即客户本人，通过报案由公安机关介入调查并定性，为后续媒体协调奠定坚实基础。

### （2）源头化解，多方沟通

事实查清后，C银行多方沟通。一是由客户出具书面情况说明，证实存款系本人支取，给C银行造成的负面影响表示歉意，联系媒体告知真相。C银行与刊发首发报道的某都市媒体进行座谈，说明事实真相。该报表示将配合做好后续处置工作，澄清事实。之后次日，分行办公室负责人带队再次到该报洽谈解决方案，提出立即撤销不实报道，发表后续报道澄清事实、消除影响，联系其他媒体删除转载等意见。报社表示立即落实。

### （3）转载澄清，挽回声誉

在首发都市报刊发还原事实的报道并刊登客户的书面说明后，C银行积极协调主流门户网站及其他网站予以转载，并要求网站将澄清报道链接放置在前期不实报道相同位置，确保澄清效果。

## 6.3.3　案例分析

大风起于青萍之末，声誉风险事件发生后，如果不因势利导，及时处置，一旦发酵，局势将很难挽回。本案例中，原本是一个小误会，由于投诉处置不当，加上投诉人有意误导、媒体未经核实便报道，导致舆情酝酿发酵，演变为一起声誉事件，C银行被推到舆论的风口浪尖。本案例中C银行客户资金"被盗"事件发展过程、应对处置以及经验教训，值得其他商业银行借鉴。

3200元存款因客户的遗忘而"失踪"，媒体不经核实的报道导致C银行"躺枪"，看似一场闹剧，实为一次考验，考验的是声誉风险防范意识和突发事件应对能力，更重要的是银行服务客户的能力和水平。应当从本案例中汲取以下经验教训：

**一是要重视客户投诉，处置要及时到位。**《商业银行声誉风险管理指引》第五条指出，商业银行应建立和制定适用于全行的声誉风险管理机制、办法、相关制度和要求，其内容至少包括：投诉处理监督评估，从维护客户关系、履行告知义务、解决客户问题、确保客户合法权益、提升客户满意度等方面实施监督和评估。本案例中，客户于发现当日及前一日多次到支行询问存款事宜，又在民警陪同下调阅录像，但支行对此未能给予足够重视，直到13天后舆情爆发才仔细核实录像并报案，时间跨度近两周。如果工作人员敏感度高，从源头上重视客户投诉，及时核实录像，客户的误会和媒体报道完全可以避免。

**二是处置措施要快速准确、有力有效。**本次事件的后续处置工作紧抓源头、澄清事实、化解误会、挽回声誉，打了一场漂亮的"反击战"。分行与客户的后期沟通、与公安机关的协调，以及总分行与媒体间沟通协调等方面措施有力，为舆情平息奠定了坚实基础。

**三是要掌握媒体规律，重视媒体日常关系管理。**在全媒体时代，投诉客户与市场化媒体是天然的合作伙伴，报纸、网络与电台、电视台之间，是新闻线索共享和新闻转载合作关系，负面事件一经曝光，就会形成"自媒体发难、网络加速、大报定调、电视聚焦"的态势，舆情迅速蔓延放大。商业银行只有以开明的姿态面对媒体，重视媒体日常关系管理，保持信息对称，才能赢得媒体尊重，最大限度地避免媒体未经核实便刊发报道的现象，从而避免"躺枪"，一旦出现舆情，也可以将平息舆情及声誉风险管理的成本降到最低。

## 6.4 银行违规经营引发的声誉风险处置

### 6.4.1 基本事件

在电视台曝光之前的7年间，D银行黑龙江省哈尔滨市巴彦县支行为满足当地大客户徐某的信贷需求，利用手上掌握的农户个人资料和信息，在农户不知情的情况下，违规冒名办理小额贷款，供徐某集中使用，投资于建筑行业，涉及农户200多户、资金2000多万元。后因近两年建筑行业不景气，资金回流慢导致贷款逾期，致使被贷款的农户产生不良信用记录，无法从银行获得贷款，事件遂暴露。

某电视台播出节目《是谁让我背了债》。报道称，黑龙江省哈尔滨市巴彦县丰农村的村民们从未办理过贷款，却突然被当地的D银行通知有贷款逾期未还，并因此上了征信系统的黑名单，无法在银行得到贷款。按规定办理贷款时必须本人到场办理，程序严格，该电视台质问：究竟是谁贷了款？又是如何将款从银行贷出的？村民的不良记录怎么办？谁又该承担这一系列的责任？银行的漏洞到底在什么地方？

节目播出后，受到了公众的广泛关注。3天后，该电视台记者再次到巴彦县跟踪采访，发现村民之前的不良记录已消除。支行负责人告诉记者，其实这些钱他们贷给了当地一个叫徐某的民营企业家，投资于建筑行业，涉及农户200多户，共计2000多万元。近两年由于建筑市场不景气，徐某的资金链出了问题，才暴露出贷款逾期。

5天后，该电视台播出题为《农民被贷款事件再调查》节目，巴彦县支行行长接受采访，坦率承认明知徐某将村民贷款挪作他用，却仍向他违规发放贷款。

因D银行冒名贷款事件造成的影响，当月下旬，监管部门下发了严防冒名贷款风险的通知，点名批评D银行黑龙江省巴彦县支行，要求银行业严查冒名贷款，做好风险防范。

次月，某网络媒体刊发题为《D银行冒名贷款2000万 监管部门提示风险》的报道，称此案并非孤例，D银行其他分行也有类似情况。电视台曝光的当月，山西某网络媒体刊文《天镇村民云遮雾罩"被贷款"》，称山西天镇县也有大量群众到当地银行查询个人信用记录，发现多人被冒名贷款，涉及200多笔、1000多万元。

至此，事件从D银行的个案上升到整个银行业的问题，舆情向整个行业蔓延。

## 6.4.2　声誉风险处置

### （1）查清情况，及时追责

D银行在短时间内迅速查清贷款去向，及时删除了被贷款村民的不良信用记录，并及时追究相关人员责任，对巴彦县支行行长及相关人员进行了停职处理。

### （2）诚挚致歉，表明态度

在第二次电视报道中，D银行省分行负责人接受了记者采访，坦承银行内控管理方面存在的问题，并说明了整改措施，一定程度上挽回了银行声誉。

### （3）直面问题，积极回应

电视台播出该事件的报道后，D银行一改之前拒绝采访的做法，安排支行行长接受记者采访，详细介绍了事件的来龙去脉，一一回答了记者和公众的疑问。

## 6.4.3　案例分析

此类事件是由于银行本身经营存在错误导致的声誉事件，应对此类舆情要着重做好以下几方面：

**一是要放低身姿，端正态度**。冒名贷款属于违规行为，银行需承担合同义务，其中银行工作人员如果收受好处则涉嫌受贿罪或者非国家工作人员受贿罪。面对当事人投诉与质疑，基层机构和网点应当迅速核查事实，放低身姿，态度谦和、诚恳，积极处理投诉事件，做好客户安抚工作，避免情绪急躁、推诿、傲慢或冷漠，留心观察投诉人员的动向和变化。分行要端正经营态度，不得偏袒分支机构，迅速处理相关责任人并对外公布，做好风险切割。

**二是要釜底抽薪，解决问题**。立即采取补救整改措施，向当事人诚恳道歉，从根源上切实解决客户诉求，争取当事人的谅解。同时加强风险排查，完善制度和流程，宣传依法合规经营理念，杜绝此类事件发生。

**三是要统一口径，积极沟通**。《商业银行声誉风险管理指引》第五条指出，对于声誉事件应急处置，应当制订舆情应对预案，信息发布和新闻工作归口管理。由此，应统一应答口径，做好媒体沟通与协调，避免应对失误，恶化舆情。

## 6.5 媒体误判引发的声誉风险处置

### 6.5.1 基本事件

某日上午，权威主流的某电视台报道E银行广东省分行有一项"偷偷摸摸、似乎见不得光"的业务——"××通"业务，利用该银行境外分支机构实现超额换汇，突破了我国有关个人每年5万美元换汇上限的管制，帮助客户转移境内人民币资产，甚至"偷偷打通资金外流通道"，"和移民中介相互勾结，帮客户造假洗钱"，类似"地下钱庄"。

随后网络媒体迅速跟进传播，舆论哗然，E银行A股、H股股价均不同程度下跌。有市场人士认为此事是导致港股大跌300多点的元凶和拖累A股午后跳水的诱因。

收盘两小时后，E银行总行在其官方网站及微博发出声明，称该电视台"报道与事实有出入、理解上有偏差"，该项业务已"向有关监管部门汇报"。但不到半小时后删除。当晚约九时，E银行总行官方网站及微博再次发出声明，删除之前的"某电视台"字眼，将"向有关监管部门汇报"改为"报备"，将"报送监管业务系统"改为"输入监管业务系统"。稍后在A股、H股发布澄清公告。

当晚，E电视台报道中的两位出镜专家学者之一在其微信群发表公开声明，谴责记者做法"有违基本职业素养"，报道"脱离语境断章臆义"，并表示"金融业务是否涉及违背监管要求甚或有罪，某电视台或学者无权冒充法官先验判定"。该声明在微信上广泛传播。

次日凌晨，一家主流财经纸媒就E银行对澄清声明进行修改予以报道。

次日上午，上述电视台报道中的另一位专家在其新浪认证微博发表声明，称"从未对'××通'及其他任何银行外汇业务接受采访或进行评论"，"在一个月前的采访中，本人只对市场进行评论，主要谈及人民币国际化进程中的相关问题，从未涉及该银行具体业务"，该电视台报道中"'移花接木''张冠李戴'的做法已经严重违背新闻真实客观的基本原则"。

当日，两位专家的声明被媒体报道。

次日上午，另一家主流财经纸媒报道称，国家外汇管理局已致电各商业银行"摸底"是否有类似"××通"业务，并表示将会前往各行展开调查。中午，某境外通讯社报道称E银行对该社明确表示，该项业务不违规、不违法，不会叫停。同时，国家外汇管理局一官员否认入驻银行。

某主流门户网站报道提及"接近E行广东分行的人士告诉，推出类似业务的还有×行、×行等广东分行，但规模均比E行要小"。

次日，央行新闻发言人就此接受新华社记者采访时表示："近年来，顺应国际金融、国内经济金融发展的需求，我国跨境人民币业务本着积极稳妥、合法合规、市场导向、服务实体经济和防范风险的原则，得到了较快的发展。在业务拓展的过程中，办理机构要坚持依法合规，建立健全相应的规章制度，防范法律和操作风险。我们已经注意到媒体有关商业银行跨境人民币业务的报道，正在对相关情况了解核实。"

第三日，媒体报道量明显减少。新华社报道称，E银行广东分行未叫停该业务，且相关人士透露，该业务从开办之初就经过监管部门批准，由于是先行先试，因此一直未下红头文件，但业务操作都按要求报送监管业务系统。

第四日晚，前述电视台权威新闻栏目播发"5月跨境人民币指数小幅上升"的报道，援引E银行的跨境人民币指数5月录值为246，比4月上升4个点。报道称，我国自2009年开展人民币跨境结算服务以来，境内商业银行累积实现跨境人民币结算4.6万亿元。E银行副行长出镜接受采访说："跨境人民币结算业务为企业规避汇率风险，降低汇率成本，促进企业对外贸易发展提供了有益的帮助；对个人来说，跨境人民币结算业务为国内游客在境外旅游时方便地使用人民币消费提供了帮助。"

此后，舆论平息。

## 6.5.2　声誉风险处置

### （1）核实事实，权威定性

E银行总行与其广东省分行核实，2014年初，经有关监管部门同意，该分行试点开展"××通"业务。后续E银行总行积极与跨境人民币主管部门沟通，争取理解和舆论支持，该部门新闻发言人接受新华社采访，表示E银行开展该业务并不违规，只是具体操作环节可能存在不规范之处。

### （2）迅速反应，统一口径

E银行广东省分行积极应对：一是迅速暂停辖内所有资本项下个人跨境人民币汇出汇款业务；二是统一业务口径；三是严密监测舆论动向；四是迅速启动内部自查程序，对相关业务资料做专卷保管，特别针对反洗钱风险点进行反复自查。

### （3）及时澄清，发声引导

E银行总行当晚发布澄清声明，称该业务是经过向监管机构汇报的，媒体报道与事实有出入、理解上有偏差。此外，通过新华社的报道传递声音，降低负面影响。

### （4）原发纠偏，挽回影响

E银行积极通过宣传主管部门与原发电视台沟通，最终该电视台在权威新闻栏目中播发跨境人民币业务正面报道，并由E银行副行长出镜接受采访，为该行正名并挽回声誉。

## 6.5.3　案例分析

商业银行是经营风险的金融机构，合规风险是商业银行首先必须牢牢守住的底线。本案例中，某权威主流媒体未经采访监管部门，便将经监管部门同意的E银行人民币跨境汇出试点业务定性为"造假洗钱"，属于违背新闻专业主义和真实性原则的误判式报道，对涉事银行声誉造成短暂而剧烈的不良影响，由于该行迅速澄清，并积极借助第三方力量发声，及时控制舆论态势，维护了声誉。此类事件属于银行业务操作瑕疵引起媒体误读造成的声誉风险事件。舆情事件发生后，应着重做好以下几方面：

**一是要掌握事实，及时发声。**误读式报道与谣言类似，加上该电视台对其他媒体有强大影响力，舆论爆发周期缩短为4小时之内。《商业银行声誉风险管理指引》第六条指出，商业银行应及时澄清虚假信息。谣言止于公开，应当第一时间消除误会、回应关切，达到信息对称、引导舆论和控制局面的效果。E银行虽然错过黄金4小时的最佳发声时机，但在数小时内较快完成厘清事实真相、内部协调和信息披露等程序，通过自媒体发声澄清，以及交易所公告，引导其他媒体跟进报道时援引其观点，从而达到对冲、平衡负面信息、引导后续报道和安抚投资者的效果。

**二是要口径适当，引导舆论。**与第一时间处理原则相辅相成的，是口径适当原则。口径适当是指经授权制定发布口径时，要深思熟虑，基于事实，回应舆论关切，事实务必准确，分析务必理性，文字表述务必简明扼要，同时要注意语气、措辞是否得当，注意避免误伤不必要的关联方和进一步刺激媒体，对舆论起到消除误解、答疑解惑和适度引导之效。

本案例中，E银行的口径措辞委婉，语气适当，正面回应了媒体质疑的"突破管制"，反驳了报道中"地下钱庄"和"洗黑钱"的定性，引导媒体和外界关注金融产品创新和人民币国际化、金融业务国际化趋势。应当说，口径在内容完整、措辞得当、分析理性和引导适当上均可圈可点。

不足之处有两个方面：（1）首次声明措施不够谨慎，未区别正式审批与先行先试的监管用词表述，并直接点出媒体名称，误伤监管并刺激媒体，前后声明虽然只是删除或微调三处表述，但舆论疑窦顿生，触发猜测和遐想，引发质疑报道。（2）口径中点明该地区"已有多家商业银行试点开办此类业务"，虽然转移媒体关注，但却把舆情扩大到同业，将事件由单家银行的负面舆情扩大升级为行业的声誉风险事件。

**三是要借助外力，权威定性。**一旦发生重大声誉风险事件，银行在话语权上相对处于弱势，主要表现在发声公信力欠佳，自媒体传播力不足和自辩效果有限等方面，此时应当借助第三方权威力量（包括专家学者、权威机构、监管部门、行业组织和司法部门等）发声或定论。本案例中，E银行积极争取监管机构、新闻主管部门支持以及与专家、媒体合作发声的做法，值得肯定。

## 6.6  银行代销理财产品引发的声誉风险处置

### 6.6.1  基本事件

某日，F银行代理销售的"××2号集合资产管理计划"产品的投资管理人B证券发布《××2号集合资产管理计划到期终止清算的提示性公告》，提示"××2号集合资产管理计划"将于3日后存续期满终止。

"××2号集合资产管理计划"的基础资产为F银行重庆分行提供的××集合资金信托，融资方为F银行重庆分行的授信企业重庆某房地产开发有限责任公司，产品原计划于次月1日兑付。F银行重庆、长沙分行参与了产品销售，销售客户数达100多人，涉及金额1亿多元。

虽然截至公告当日，F银行重庆、长沙分行尚未收到某证券公司任何关于"××2号集合资产管理计划"产品不能兑付本息的书面通知，但却已经通过可靠渠道获悉，因融资方重庆某房地产开发有限责任公司将可能推迟还款，导致产品延期兑付概率较大。

2014年以来，银行业相关理财类产品销售合规和兑付舆情频发，虽然金融监管部门均明确提出应打破刚性兑付，社会舆论整体仍对银行业不利，一旦出现理财产品不达预期收益、延期乃至无法兑付的问题，投资者可能出现一些过激行为，如经媒体报道将备受社会舆论关注。这意味着，F银行重庆、长沙分行极可能面临投资者因情绪激动导致发生银行网点聚众等过激行为和诉诸媒体引发负面报道的巨大声誉风险。

因此，F银行重庆、长沙分行迅速向总行汇报声誉风险。为避免引起投资者恐慌，F银行重庆、长沙分行仍按照正常流程对客户进行预计到账日期的答复。

三天后，F银行重庆、长沙分行紧急召开专题会议，成立专项工作小组，并迅速展开可能受损客户的声誉风险排查。

公告后第7天，F银行总行与某证券公司就"××2号集合资产管理计划"产品问题进行会谈。同日，某证券公司建立"××2号集合资产管理计划"产品兑付工作应急处置小组，派出专人入驻F银行重庆、长沙两分行。

同时，F银行总行办公室督促总行业务部门拟定媒体备答口径，进一步指导重庆、长沙分行妥善处理，并敦促某证券公司尽快提供产品兑付处置方案。

之后，某证券公司母公司中国××集团旗下××资产管理公司表示对该笔集合资产管理计划的基础资产进行兜底收购并承担刚性兑付义务，经某证券公司与投资者协商，后者同意延期支付。

一个月后，该产品全部完成兑付。

期间，未发生投资者过激行为，也未产生任何媒体负面报道乃至微博舆情，一场声誉风险危机悄然消弭于无形。

### 6.6.2　声誉风险处置

#### （1）拟订预案，迅速排查

F银行重庆、长沙分行主动向总行汇报，紧急召开专题会议，成立以行领导为组长的专项工作小组，拟订应急方案，加强舆情排查、监测，重点就处理原则和针对可能受损投资者的下一步安抚工作进行相应部署。第一时间对购买该产品的可能受损客户展开声誉风险排查，为避免类似情况同期发生，还立即对其他代销的同类型产品开展全面风险排查。

### （2）安抚客户，统一口径

两分行安排相对独立的VIP贵宾室等环境，为可能出现的兑付危机做好客户安抚准备。未收到某证券公司任何关于产品不能兑付本息的书面通知前，F银行重庆、长沙分行仅按照正常流程对客户进行预计到账日期的答复，避免引起恐慌。同时，F银行总行根据与某证券公司的会谈结果及时制定统一应答客户话术，督促总行业务部门拟定媒体备答口径，要求分行辖内媒体采访统一由分行舆情管理部门负责安排。

### （3）多方沟通，防范激化

F银行重庆、长沙分行做好与重庆、长沙公安、网点就近派出所的事前沟通协调工作，并加强与本地各媒体的事前预警通报通气，争取媒体理解，如遇客户投诉、举报等情况相关媒体能第一时间联系该分行核实，做好防范投资者情绪过激行为的准备。

### （4）解决问题，化解舆情

F银行两分行成立以支行行长为首的应急兑付小组，对客户进行逐一排查，制订客户风险化解方案。F银行敦促某证券公司领导担任组长的产品兑付工作应急处置小组，就该产品兑付方案出具书面材料，包括但不限于兑付方案、还款计划、统一解释话术等，保持所有处置小组成员的联系方式24小时畅通，并要求该证券公司安排专人到达两家分行，负责产品兑付期间引导银行客户至该证券公司安排的指定工作地点进行解释安抚。

## 6.6.3　案例分析

步入大众理财时代，商业银行提供的理财产品数量激增，而理财产品的投资者教育仍是短板，投资者风险意识普遍薄弱，伴随近年来经济转型深化，部分理财产品出现未达预期收益、延期兑付甚至亏损，与理财产品相关的银行声誉风险事件频发。银监会要求严格落实"双录"，做到"买者自负"，切实打破"刚性兑付"。本案例中F银行及时启动舆情应急预案，总分行联动，大力督促理财产品投资管理人积极安抚客户，尽快实现兑现，最终成功化解一场极有可能爆发的巨大声誉风险隐患，值得借鉴。银行代销类理财产品出现兑付危机，要避免投资者出现过激行为和舆情，关键是快速反应、真诚安抚、妥善解决。注意以下方面：

**一是要主动作为，化解压力。**最重要的是银行要坚持主动性原则，态度积极，主动作为。本案例中，F银行相关分行对内横向纵向主动汇报情况，及时排查舆情隐患，保持信息对称，成立领导小组做好防范方案，部署好各项准备工作，对外主动向监管部门、公安部门乃至媒体汇报、通气，积极督促合作企业提出产品兑付方案，妥善安抚客户，始终掌握舆论引导和化解舆情危机的主动权。

**二是要以客户为尊，真诚解决。**银行舆情的产生有时是由于偏离了"以客户为中心"的服务初心，未能尽责维护好客户合法权益。F银行遵照《商业银行声誉风险管理指引》的规定，在投诉处理监督评估、维护客户关系、履行告知义务、解决客户问题、确保客户合法权益、提升客户满意度等方面执行较为到位。掌握可能延迟兑付的信息后，高度重视客户安抚工作，采取让产品管理方派员入驻分行安抚客户等种种措施直接消解客户不满情绪，并在法律框架下督促产品管理方尽早兑付，彻底解决声誉风险隐患，化解危机。

**三是要总分联动，信息对称。**面对任何一个重大舆情隐患，银行总行与分行舆情管理部门之间，总行舆情管理部门与业务部门之间，分行舆情管理部门与业务部门之间，务必做好总分行联动工作，密切联动，确保信息对称，不隐瞒，不拖延，及时提示风险，提出解决舆情隐患的有效应对措施，形成合力，为顺利化解舆情风险奠定坚实基础。

**四是要多方沟通，借助外力。**在重大舆情隐患面前，银行不仅仅面对客户抱怨、聚集等压力，还面临媒体报道、监管过问的压力，为了妥善应对舆情，就必须多方沟通，借助外力，做好防范工作。案例中F银行基于对客户负责原则主动向监管部门、公安等司法部门汇报有关情况，并向媒体进行预警通报，在很大程度上化解了来自外部的压力，赢得监管和媒体的理解与支持，为应对客户可能产生的过激行为提供缓冲，加上有效督促产品管理方解决问题，取得最佳的舆情化解效果。

## 6.7　银行员工异常行为引发的声誉风险处置

### 6.7.1　基本事件

某年某月，G银行上海分行嘉定支行一名高级理财经理给众多客户推销一款名为"××××投资中心入伙计划"的理财产品，该产品共分四期，历时半年，在次年4月之前陆续到期。

公告后约一年，"××××投资中心入伙计划"产品第一期到期。当日，投资人接到该理财经理第一通电话，称其投资可能"血本无归"。凌晨，该理财经理收到G银行上海分行的开除通知："你因违反G银行管理规定予以开除，解除劳动合同。"落款日期为11月19日。

次日21时许，投资人在G银行官方网站的客服系统询问该产品是否是G银行的理财产品，客服答称是该行代销的。投资人将此谈话记录截屏并复印。

三天后，投资人到G银行上海分行嘉定支行门口聚集抗议，被网友微博首次曝出，后虽删除，但网友转发量高达700多次。午间，某主流财经网站根据投资人提供的客服回复复印件，以"G银行理财产品到期无法兑付"为题对投资人聚集事件进行报道，给G银行在事件中的角色定调。

报道后次日，该理财经理被正式拘留。有网友在微博上曝料称，投资人在G银行上海分行嘉定支行购买的收益率高达11%的投资产品在到期后，不但一分钱没赚到，连本金都无法收回。数十名投资者聚集在G银行上海分行嘉定支行门前，迅速引发舆论关注。

聚集当日，新浪微博认证的G银行上海分行账号发布微博：近日，有投资者到我行嘉定支行要求兑付"××××投资中心（有限合伙）入伙计划"。经核查，该"入伙计划"并非G银行产品，本行亦从未代销过该"入伙计划"。特此声明。

聚集次日，因投资者连续多日聚集到G银行上海分行嘉定支行门前要求兑付，该支行暂停营业一天。

停业次日晚9时，G银行上海分行官方微博继续发布澄清公告称：某网站等媒体有关G银行上海分行嘉定支行理财产品到期无法兑付的报道不实。并称公安机关已经介入调查。但消息仍被广泛扩散，许多论坛转载，微博评论众多。

澄清公告后次日，50余位从G银行购买该系列产品的投资者，将位于上海陆家嘴的G银行上海分行大门围得水泄不通。G银行上海分行行长称："G银行会承担应有的责任，但是需按一定的法律程序进行。"

当天下午G银行上海分行召开紧急会议，随后以G银行总行副行长为代表在嘉定支行与投资者沟通协商。据参与谈判的投资者称，银行方面认为要跟有关部门协商后再决定承担多少责任，并承诺两个月内给出一个满意的方案，让投资者顺利过好春节。投资者认为"空口无凭"，要求银行给予书面承诺。G银行并没有接受这个要求。谈判未果，银行提出次日下午4点继续协商。

受事件影响，G银行当日收盘大跌4.15%，跌幅位居银行股首位。监管部门赴G银行上海分行了解情况。

澄清公告后第3日上午和下午，投资人分别到G银行上海分行以及上海市政府信访办进行申讨。

晚间，G银行与投资者在嘉定支行进行谈判，投资者方面仍然要求拿回本金，而银行方面则坚持等到调查结束，再确定所须承担的责任。继3日下午谈判失败之后，第二次谈判仍无结果。

一年多后，G银行前理财经理"飞单"案终审判决，法院最终认定代销环节人员明知这些理财产品并不合法合规，仍以高额回报承诺，向不特定公众人员推销，构成共同犯罪。该理财经理因向银行理财客户推销某机构的有限合伙理财产品，涉及非法吸收公众存款罪被判有期徒刑四年零九个月，并处罚金人民币九万元，违法所得予以追缴并发还投资人。

### 6.7.2 声誉风险处置

#### （1）否认代销

事件发生后，G银行两次发布微博澄清该产品并非G银行代销，而是嘉定支行前员工理财经理私售的理财产品。

#### （2）开除员工

G银行开除了当事理财经理，以证明对其私售行为不知情，同时也是对其作出的处罚。

#### （3）沟通承诺

G银行派总行副行长为代表在嘉定支行与投资者沟通协商，并承诺两个月内给出一个满意的方案，让投资者顺利过好春节，但谈判没有达成任何结果。

### 6.7.3 案例分析

近年来，理财产品"飞单"现象频现，此类表见代理行为中银行成为关联责任方，不仅对银行声誉风险造成严重损失，在司法审判上，有的判例银行对投资者损失也承担部分赔偿责任。学术界认为，面对"飞单"，银行若兜底将进一步扭曲金融体系风险定价，呼吁通过市场化方式（产品发行方、担保方清偿，抵质押资产处置，所投资公司股权转让等）解决该事件。本案例中，G银行由于未能及早积极有效应对，反应迟滞，简单切割，前期没有较好顾及投资人利益，导致声誉招致巨大损害进而引发市值蒸发，为整个行业敲响警钟。商业银行声誉风险事件，必须尽早准备舆情应急预案，而预案制订之前，应做好对舆情隐患的排查和评估研判工作，并将涉及的客户、媒体、监管、司法等各相关方纳入预案，统一口径，注意客户利益至上，情理结合。

**一是要早做预案，统一口径。** G银行开除理财经理的通知显示该行在当月中旬已知"飞单"之事，但在之后的十余天时间内却未能预估到可能爆发的舆情风险，未能制订详尽周密的舆情应急预案，包括未能与投资者进行有效安抚和对媒体展开提前沟通，以及未与监管、公安等有关部门提前报备寻求支持。同时，该行上海分行嘉定支行员工、客服部门、上海分行管理层、总行管理层多名人员接受媒体采访，出现口径不一或擅自、错误应答现象，导致舆情应对工作陷入被动，对舆情态势失去掌控力，舆情趋于恶化。

**二是要适时切割，避免过度**。在投资者情绪激动聚集，且已暴露的大量信息已经很难使公众相信此事"与G银行无关，完全是员工个人行为"的情况下，G银行上海分行发布微博澄清该产品与G银行无关，系"前员工"所为，这种不顾环境变化简单辞退员工的撇清和切割容易激怒投资者，导致公众对银行形象产生信任危机，同时激发媒体和公众的"求知欲"，媒体势必通过其他深入报道满足公众"知情权"，导致事态升级。

**三是要及时回应，不"挤牙膏"**。本案例中，G银行上海分行先是对微博舆情苗头未予重视，心存侥幸，错过"定调期"，后随着媒体报道推进，又被动回应，遮遮掩掩，激起媒体"穷追猛打"的兴趣，人为拉长舆情持续时间，导致舆情愈演愈烈。在事实调查清楚的前提下，对于事件的真相，商业银行与其"挤牙膏"式地回应引发媒体和公众持续关注，不如及早说明情况并诚恳道歉，以便及时消除事件悬念，削弱新闻性，并利用网络话题转换快的特性化解舆情。

**四是要人文关怀，态度明确**。在舆情事件中，银行应当注意既要遵守人文关怀原则，还要态度鲜明，厘清责任边界。在发布口径中，应当对利益受损的投资者表示同情，表明银行愿意协助客户通过法律途径维权的态度，同时，应当做好态度切割，即表明银行对此类"飞单"行为绝不姑息，尽快推动有关司法部门调查此案，尽早提供促成解决方案，希望在法律框架下厘清相关各方责任，承担法定责任。

**五是要加强排查，强化教育**。日常要做好员工异常行为及表见代理现象的风险管控，强化员工法律法规与职业道德操守教育，加强员工异常行为巡查，利用各种渠道加强投资者教育，对理财产品风险充分提示，对"买者自负"原则进行适当诠释。

## 6.8 上市前夕突发事件引发的声誉风险处置

### 6.8.1 基本事件

某年某月5日，我国H银行港股上市进入关键阶段，招股说明书已进入最后修订阶段。按照原定计划，当月7日印制红鲱鱼（给机构投资者的原始招股说明书），9日向机构投资者发布红鲱鱼，同时启动全球路演进程。就在此时，一则突如其来的负面消息袭击了H银行，使得上市进程乌云密布。

5日晚，H银行有关行领导获悉美国U银行将于美国时间同月6日（周五）晚上被关闭。2008年，H银行先后分两次投资U银行的唯一股东——UH公司，持股比例近10%，成为UH公司的第一大股东。U银行被关闭，等于UH公司倒闭，意味着H银行对UH公司的投资彻底失败，H银行将面临巨大的投资损失和声誉风险。特别是在H股上市在即的大背景下，这是一个严重的负面消息，因为U银行倒闭事件很可能影响到H股的顺利发行，且媒体的大肆炒作将会影响发行价格的确定，而过低的发行价格将难以被原有投资者接受，H股上市有可能终止。如何应对和化解声誉风险迫在眉睫。

面对危机，H银行立即启动声誉风险紧急处置程序，品牌管理部、董事会办公室、融资办公室相关人员以及法律顾问、H股上市承销商、H股上市公关公司等机构快速行动、通力合作，积极应对风险，力争将声誉风险降到最低。

而最大的难点在于：H银行作为A股上市公司，必须披露这一事件，而此事要到北京时间7日（周六）才会发生，H银行的公告只能在9日（周一）递交到上海证券交易所，周二才正式发布。但此事在7日发生之后，必定会在8日受到媒体关注，9日成为媒体广泛关注和报道的话题，很多报道都在9日进行采写，10日见报，相对而言H银行的公告存在滞后，不能起到以正视听的作用。如果H银行在发布公告之前对媒体发表评论和看法，或者透露公告的内容，很可能会遭到上交所谴责，甚至停牌，这将对H股发行产生不利影响。

由于H银行利用时差提前做了较充分的准备，与大多数媒体主动沟通，同时进行了声誉风险防范，绝大多数媒体在报道这一事件时，都比较客观公正，明确表达了"U银行被关闭对H银行今年第四季度的净利润影响很小，U银行被关闭不会对H银行H股发行上市造成任何影响"的观点，这些正是H银行化解声誉风险、希望通过媒体传达的意思。这样的报道使得U银行被关闭对H银行的H股上市无任何影响，对U银行的声誉几乎没有产生负面影响，声誉风险成功化解。

北京时间当月7日，U银行关闭消息正式披露后，H银行于9日如期启动了H股上市的公开招股和路演进程。由于U银行被接管事件没有成为海内外媒体关注的热点，没有被媒体恶意炒作，路演中只有少量投资者问到这一问题，绝大多数投资者对于H银行改革创新的成效和未来发展的前景都十分认可，纷纷下单认购H银行的H股股票。到19日路演结束时，H银行H股获得了机构投资者12.6倍的认购和散户160倍的认购。

## 6.8.2　声誉风险处置

### （1）联合商讨，分步应对

5日晚获悉消息后，H银行相关机构立即召开电话会议，分析和评估事件将产生的声誉风险后果、可能的媒体应对措施和如何进行信息披露。6日上午，品牌管理部、董事会办公室和董事会战投办相关人员与H股上市公关公司召开会议，商讨可能出现的媒体风险点和应对口径，提出分两步走应对：先准备一篇放风稿件，以市场人士的口径充分表达H银行的态度，在事发后第一时间发给国内有影响的财经网站，如果媒体来访，直接建议看该篇稿件，引导报道方向。如果香港媒体问及，也由H股上市公关公司提供此稿。同时，根据放风稿件准备公告和投资者问答内容，9日（周一）快速将公告报送上交所。

### （2）确定口径，及时投稿

6日下午，H银行品牌管理部向行领导做了汇报，行领导明确了放风稿件的口径。随后，该部准备了放风稿件初稿、投资者问题回答初稿和公告初稿，明确了"U银行被关闭对H银行几乎无大影响"的口径，具体包括"U银行被关闭对H银行今年第四季度的净利润影响很小，U银行被关闭不会对H银行H股发行上市造成任何影响"等内容。北京时间7日一早美国一家网站刊登了U银行被关闭的公告之后，H银行第一时间根据公告内容对放风稿进行修改，并发送给门户网站。

### （3）沟通媒体，总分联动

8日下午，H银行品牌管理部工作人员主动致电国内多家主流媒体记者，介绍U银行被关闭的情况，按照商定口径进行解释引导。9日上午，该部将放风稿发给十几家主流财经媒体跑口记者，并提请关注将于当日下班后挂在上交所网站的H银行公告。同时，紧急通知各分行实行"零报告"制度，依照该口径积极与地方媒体进行沟通，避免地方性媒体特别是都市类媒体炒作。

## 6.8.3 案例分析

上市对于商业银行的意义重大，例如补充资本，完善公司治理，规范经营管理机制，强化信息披露制度，提升在国内国际的知名度，但是商业银行的上市之路也频频遭遇业务过于集中、股权结构以及资产质量等绊脚石，漫长的上市之路上，还面临媒体对涉及这些问题的突发事件的报道压力及其与信息披露规定之间的矛盾冲突。《商业银行信息披露办法》第四条规定，商业银行披露信息应当遵守法律法规、国家统一的会计制度和中国银行业监督管理委员会的有关规定。本案例中，H银行快速应对、积极筹划，行内外密切联动，采取适当方式引导舆论，有效应对，最终成功化解这起声誉风险事件，保障了H股成功发行，其值得借鉴之处有三方面：

一是要快速应对，科学预案。重大风险事件一旦发生，会经由媒体报道得以迅速传播扩散，演变成严重的声誉风险，做好声誉风险管理，就要在风险事件尚未暴露之前及时做好充分的应对准备，包括启动声誉风险紧急处置程序，制订科学的应对预案。本案例中，H银行获知风险事件后第一时间即召集相关机构商议媒体风险点和应对策略，兼顾投资者、媒体和监管，应对预案有的放矢。

二是要口径明晰，主动发声。声誉风险管理，关键是影响媒体最初报道的态度和方向，从而影响甚至决定声誉风险的演变方向和危害程度。因此，针对媒体关注的焦点问题做好应对口径，一旦风险事件被媒体获知，第一时间主动发声，及时打消媒体疑虑，引导媒体报道方向。本案例中，H银行的口径覆盖了媒体、投资者关注的焦点问题（也是影响上市的最核心问题），又通过放风稿在主流媒体的主动投放，为主流舆论定调，掌握了舆论先机。

三是要主动沟通，联动防范。在媒体报道商业银行所发生的风险事件前，如果能够主动做好媒体沟通，让媒体了解商业银行对基本事实部分的阐述以及观点、态度，报道必将更加平衡，降低了失实、偏差和恶炒性报道出现的可能性，可避免声誉风险加剧和扩散，也是声誉风险得以最终化解的基本保障。本案例中，H行通过之前积累的良好媒体关系提前进行充分沟通，顺利引导了全国性媒体的报道方向，同时总分行联动，防范了地方性媒体炒作，最终确保了舆情平稳、可控。

## 6.9　银行雇用外包公司催收贷款引发的声誉风险处置

### 6.9.1　基本事件

某年，某省I县某镇人刘甲将同乡刘乙约到该县一家健身房，两人吵了起来，刘乙拔出军用匕首，刘甲试图用手抓住匕首，结果手被割伤，松手后，刘乙将匕首捅向刘甲的右小腿，刘甲倒地不起，右小腿鲜血涌出，被捅处只剩骨头和一层皮。

事情还得从刘甲的亲戚罗先生那说起。2004年罗先生在I县农村信用联社贷款8万元，已还了5万元。上述事件发生前，一位自称"代表I县人民政府"的人打电话给罗先生要找他"谈话"。事后，罗先生得知打电话的是刘乙的"手下"。罗先生想到亲戚刘甲和刘乙是老乡，希望他去"劝一下"。随后的情节，刘甲未能预料。

对于这起案件，I县农村信用联社一位领导在接受记者采访时称，该信用联社要改制成农村商业银行，在改制前不良贷款都要收回化解掉。信用社为此感到压力很大，将近1亿元的不良贷款委托J公司清收，"我们和J公司有条约，收债进程中呈现的纠纷，找J公司"。

至于该信用联社为何不自己清收，而委托外面的公司清收，该领导解释称，这近1亿元的不良贷款的客户都是钉子户，"这些硬骨头，我们啃不下来"。因为J公司之前和其他农村信用社有过类似合作。"签合同之前，我们也咨询过，认为J公司是合法的。"

同月18日，一家法制类周报刊发该起暴力催债事件。报道称，来催债的J公司员工自称劳改释放人员，受I县农村信用联社委托催债。收债人员驾驶的车内搜出杀猪刀一事。I县县委宣传部获悉：其第一时间从网络得知了相关舆情，并将报道的相关内容，移交I县相关部门、领导跟踪调查。

19日，报道引起了广泛关注。包括人民网、新浪、腾讯、搜狐、红网、北方网等在内的数十家新闻网站进行了转载，多家媒体对"暴力催债"这一现象发表了评论。该事件引起了各界的高度关注，社会公众的质疑声更是不绝于耳。

19日上午，某省农村信用社联合社相关工作人员对上述周报记者表示，省农村信用社联合社已介入调查。由于之前I县信用联社没有汇报此事，所以他们对相关详情并不了解。该工作人员还表示，他们已经接到一些媒体的预约采访电话，等调查结果出来后，会予以公开。

20日晚上，某省I县县委宣传部部长致电前述原发媒体记者，针对暴力催债事件，县人民政府非常重视。目前，已经要求I县信用联社终止和J公司（收债公司）的委托清收不良贷款合同，同时要求I县农村信用联社依法收债。针对该报报道提及的收债人员刘乙等人，I县公安局已经立案侦查。其中，砍伤刘甲的收债人员刘乙，已经被网上追逃。该法制类周报随后发布事件相关后续报道。

此后，舆情逐步平息。

### 6.9.2 声誉风险处置

#### （1）官方跟踪

在某法制类周报报道当天，I县县委宣传部第一时间从网络得知了相关舆情，便将报道的相关内容移交该县相关部门、领导跟踪调查。

#### （2）调查表态

媒体报道后，I县农村信用联社的上级主管机构某省农村信用社联合社，迅速对某省农村信用社联合社某办事处、I县信用联社、J公司相关人士展开调查，面对一些媒体的预约采访，表示调查结果出来后会予以公开。

#### （3）通报进展

I县县委宣传部部长致电前述法制类周报记者，披露已要求I县农村信用联社终止和J公司的委托清收不良贷款合同，要求I县农村信用联社依法收债，公安已对砍伤刘甲的收债人员刘乙等人立案侦查，并对刘乙进行网上追逃。

### 6.9.3 案例分析

随着我国经济步入转型深水区，商业银行不良贷款增加，依法对不良贷款进行委外催收现象逐渐增多，但个别商业银行对外包催收单位选择不慎、监督不力，由此引发的暴力催收成为舆论关注焦点，严重损坏了商业银行的形象和银行业声誉，如果商业银行授意或明知外包催收公司进行暴力催收而不予制止，一旦发生债务人人身伤害事件，根据我国《侵权责任法》第十六条规定，将承担民事赔偿责任。一旦发现委托催收单位暴力催收，商业银行应及时制止，可行使合同解除权，要求外包机构承担损失赔偿责任。本案例中，某省农村信用联社和I县宣传部门联手，积极调查，及时采取法律措施，主动公开信息，取得较好的舆情处置效果，其中值得借鉴之处有以下几点：

**一是要反应迅速，协同应对。**网络舆情一般会经历发生期、发展期、高潮期和消退期等阶段，如果能在舆情发生后、发展期之前就及时、务实、有效地应对，往往可以通过积极整改、主动发声、舆论引导、借助相关方协同应对等举措予以化解。本案例中，I县宣传部门反应迅速，在媒体报道当天就第一时间将报道内容移交该县相关部门、领导跟踪调查，为事件处置赢得时效，某省农村信用联社也快速启动调查，与I县有关部门在处置事件上形成良性互动。

**二是要信息公开，沟通通畅。**在舆情事件中，无论是政府部门还是商业银行，均应努力争取传统媒体的支持，利用传统媒体的公信力和权威性，及时发声表态，发布权威信息，尽早引导网络舆论走向，形成主流舆论。本案例中，某省农村信用联社在快速启动调查的同时对媒体表态将公开调查结果，以及I县宣传部门及时通报事件和案件处置进展信息，公开透明，为舆情避开发展期和高潮期而直接进入消退期奠定了良好基础。

**三是要回应关切，解决问题。**舆情事件发生后，问题责任单位如果闪烁其词，避开外界关切，面对问题不积极整改，不解决问题，那么无论采取怎样的公关措施，也不能彻底消除舆情，反而可能激化矛盾，产生二次舆情。本案例中，某省农村信用联社以及I县政府态度明朗，调查、纠错、追责的措施明确、有力，向社会公众传递出负责任解决问题的积极信号，这才是消除舆情的最根本保障。

# 商业银行声誉风险管理指引

## （银监发〔2009〕82号）

**第一条** 为引导商业银行有效管理声誉风险，完善全面风险管理体系，维护市场信心和金融稳定，根据《中华人民共和国银行业监督管理法》《中华人民共和国商业银行法》以及其他有关法律法规，制定本指引。

**第二条** 本指引所称声誉风险是指由商业银行经营、管理及其他行为或外部事件导致利益相关方对商业银行负面评价的风险。

声誉事件是指引发商业银行声誉风险的相关行为或事件。

重大声誉事件是指造成银行业重大损失、市场大幅波动、引发系统性风险或影响社会经济秩序稳定的声誉事件。

**第三条** 商业银行应将声誉风险管理纳入公司治理及全面风险管理体系，建立和制定声誉风险管理机制、办法、相关制度和要求，主动、有效地防范声誉风险和应对声誉事件，最大程度地减少对社会公众造成的损失和负面影响。

**第四条** 商业银行董事会应制定与本行战略目标一致且适用于全行的声誉风险管理政策，建立全行声誉风险管理体系，监控全行声誉风险管理的总体状况和有效性，承担声誉风险管理的最终责任。其主要职责包括：

（一）审批及检查高级管理层有关声誉风险管理的职责、权限和报告路径，确保其采取必要措施，持续、有效监测、控制和报告声誉风险，及时应对声誉事件。

（二）授权专门部门或团队负责全行声誉风险管理，配备与本行业务性质、规模和复杂程度相适应的声誉风险管理资源。

（三）明确本行各部门在声誉风险管理中的职责，确保其执行声誉风险管理制度和措施。

（四）确保本行制订相应培训计划，使全行员工接受相关领域知识培训，知悉声誉风险管理的重要性，主动维护银行的良好声誉。

（五）培育全行声誉风险管理文化，树立员工声誉风险意识。

**第五条**　商业银行应建立和制定适用于全行的声誉风险管理机制、办法、相关制度和要求，其内容至少包括：

（一）声誉风险排查，定期分析声誉风险和声誉事件的发生因素和传导途径。

（二）声誉事件分类分级管理，明确管理权限、职责和报告路径。

（三）声誉事件应急处置，对可能发生的各类声誉事件进行情景分析，制订预案，开展演练。

（四）投诉处理监督评估，从维护客户关系、履行告知义务、解决客户问题、确保客户合法权益、提升客户满意度等方面实施监督和评估。

（五）信息发布和新闻工作归口管理，及时准确地向公众发布信息，主动接受舆论监督，为正常的新闻采访活动提供便利和必要保障。

（六）舆情信息研判，实时关注舆情信息，及时澄清虚假信息或不完整信息。

（七）声誉风险管理内部培训和奖惩。

（八）声誉风险信息管理，记录、存储与声誉风险管理相关的数据和信息。

（九）声誉风险管理后评价，对声誉事件应对措施的有效性及时进行评估。

**第六条**　商业银行应积极稳妥应对声誉事件，其中，对重大声誉事件，相关处置措施至少应包括：

（一）在重大声誉事件或可能引发重大声誉事件的行为和事件发生后，及时启动应急预案，拟定应对措施。

（二）指定高级管理人员，建立专门团队，明确处置权限和职责。

（三）按照适时适度、公开透明、有序开放、有效管理的原则对外发布相关信息。

（四）实时关注分析舆情，动态调整应对方案。

（五）重大声誉事件发生后 12 小时内向银监会或其派出机构报告有关情况。

（六）及时向其他相关部门报告。

（七）及时向银监会或其派出机构递交处置及评估报告。

**第七条** 银行业协会应通过行业自律、维权、协调及宣传等方式维护银行业的良好声誉，指导银行业开展声誉风险管理。

**第八条** 银监会及其派出机构确定相应职能部门或岗位，负责对商业银行声誉风险管理进行监测和评估。

**第九条** 银监会及其派出机构将商业银行声誉风险监管纳入持续监管框架，对商业银行声誉风险管理的有效性进行监督检查，将商业银行声誉风险管理状况作为市场准入的考虑因素。

**第十条** 银监会或其派出机构在监管中发现商业银行存在声誉风险问题，有权要求商业银行限期改正；逾期未改正的，或在重大声誉事件处置中存在严重过失的，银监会或其派出机构依法采取相应监管措施。

二〇〇九年八月二十五日

# 商业银行信息披露办法

## （中国银行业监督管理委员会令 2007 年第 7 号）

### 第一章 总则

**第一条** 为加强商业银行的市场约束，规范商业银行的信息披露行为，有效维护存款人和其他客户的合法权益，促进商业银行安全、稳健、高效运行，依据《中华人民共和国银行业监督管理法》《中华人民共和国商业银行法》等法律法规，制定本办法。

**第二条** 本办法适用于在中华人民共和国境内依法设立的商业银行，包括中资商业银行、外资独资银行、中外合资银行、外国银行分行。

本办法对商业银行的规定适用于农村合作银行、农村信用社、村镇银行、贷款公司、城市信用社，本办法或银监会另有规定的除外。

本办法所称农村信用社包括农村信用合作社、县（市、区）农村信用合作联社、县（市、区）农村信用合作社联合社、地（市）农村信用合作联社、地（市）农村信用合作社联合社和省（自治区、直辖市）农村信用社联合社。

**第三条** 商业银行应按照本办法规定披露信息。本办法规定为商业银行信息披露的最低要求。商业银行可在遵守本办法规定基础上自行决定披露更多信息。

**第四条** 商业银行披露信息应当遵守法律法规、国家统一的会计制度和中国银行业监督管理委员会的有关规定。

**第五条** 商业银行应遵循真实性、准确性、完整性和可比性的原则，规范地披露信息。

**第六条** 商业银行披露的年度财务会计报告须经具有相应资质的会计师事务所审计。

资产规模少于 10 亿元人民币的农村信用社可不经会计师事务所审计。

**第七条** 中国银行业监督管理委员会根据有关法律法规对商业银行的信息披露进行监督。

## 第二章　信息披露的内容

**第八条** 商业银行应按照本办法规定披露财务会计报告、各类风险管理状况、公司治理、年度重大事项等信息。

**第九条** 商业银行财务会计报告由会计报表、会计报表附注和财务情况说明书组成。

**第十条** 商业银行披露的会计报表应包括资产负债表、利润表（损益表）、现金流量表、所有者权益变动表及其他有关附表。

**第十一条** 商业银行应在会计报表附注中说明会计报表编制基础不符合会计核算基本前提的情况。

**第十二条** 商业银行应在会计报表附注中说明本行的重要会计政策和会计估计，包括：会计报表编制所依据的会计准则、会计年度、记账本位币、记账基础和计价原则；贷款的种类和范围；投资核算方法；计提各项资产减值准备的范围和方法；收入确认原则和方法；衍生金融工具的计价方法；外币业务和报表折算方法；合并会计报表的编制方法；固定资产计价和折旧方法；无形资产计价及摊销政策；长期待摊费用的摊销政策；所得税的会计处理方法等。

**第十三条** 商业银行应在会计报表附注中说明重要会计政策和会计估计的变更；或有事项和资产负债表日后事项；重要资产转让及其出售。

**第十四条** 商业银行应在会计报表附注中披露关联方交易的总量及重大关联方交易的情况。

**第十五条** 商业银行应在会计报表附注中说明会计报表中重要项目的明细资料，包括：

（一）按存放境内、境外同业披露存放同业款项。

（二）按拆放境内、境外同业披露拆放同业款项。

（三）按信用贷款、保证贷款、抵押贷款、质押贷款分别披露贷款的期初数、期末数。

（四）按贷款风险分类的结果披露不良贷款的期初数、期末数。

（五）贷款损失准备的期初数、本期计提数、本期转回数、本期核销数、期末数；一般准备、专项准备和特种准备应分别披露。

（六）应收利息余额及变动情况。

（七）按种类披露投资的期初数、期末数。

（八）按境内、境外同业披露同业拆入款项。

（九）应付利息计提方法、余额及变动情况。

（十）银行承兑汇票、对外担保、融资保函、非融资保函、贷款承诺、开出即期信用证、开出远期信用证、金融期货、金融期权等表外项目，包括上述项目的年末余额及其他具体情况。

（十一）其他重要项目。

**第十六条** 商业银行应在会计报表附注中披露资本充足状况，包括风险资产总额、资本净额的数量和结构、核心资本充足率、资本充足率。

**第十七条** 商业银行应披露会计师事务所出具的审计报告。

商业银行在会计师事务所出具审计报告前，应与会计师事务所、银行业监督管理机构进行三方会谈。

**第十八条** 财务情况说明书应当对本行经营的基本情况、利润实现和分配情况以及对本行财务状况、经营成果有重大影响的其他事项进行说明。

第十九条　商业银行应披露下列各类风险和风险管理情况：

（一）信用风险状况。商业银行应披露信用风险管理、信用风险暴露、信贷质量和收益的情况，包括产生信用风险的业务活动、信用风险管理和控制政策、信用风险管理的组织结构和职责划分、资产风险分类的程序和方法、信用风险分布情况、信用风险集中程度、逾期贷款的账龄分析、贷款重组、资产收益率等情况。

（二）流动性风险状况。商业银行应披露能反映其流动性状况的有关指标，分析影响流动性的因素，说明本行流动性管理策略。

（三）市场风险状况。商业银行应披露其市场风险状况的定量和定性信息，包括所承担市场风险的类别、总体市场风险水平及不同类别市场风险的风险头寸和风险水平；有关市场价格的敏感性分析；市场风险管理的政策和程序；市场风险资本状况等。

（四）操作风险状况。商业银行应披露由于内部程序、人员、系统的不完善或失误，或外部事件造成的风险，并对本行内部控制制度的完整性、合理性和有效性作出说明。

（五）其他风险状况。其他可能对本行造成严重不利影响的风险因素。

第二十条　商业银行应从下列四个方面对各类风险进行说明：

（一）董事会、高级管理层对风险的监控能力。

（二）风险管理的政策和程序。

（三）风险计量、检测和管理信息系统。

（四）内部控制和全面审计情况。

第二十一条　商业银行应披露下列公司治理信息：

（一）年度内召开股东大会情况。

（二）董事会的构成及其工作情况。

（三）监事会的构成及其工作情况。

（四）高级管理层成员构成及其基本情况。

（五）银行部门与分支机构设置情况。

商业银行应对独立董事的工作情况单独披露。

**第二十二条** 商业银行披露的本行年度重要事项，至少应包括下列内容：

（一）最大十名股东名称及报告期内变动情况。

（二）增加或减少注册资本、分立合并事项。

（三）其他有必要让公众了解的重要信息。

**第二十三条** 外国银行分行的信息由主报告行汇总后披露。

外国银行分行无须披露本办法规定的仅适用于法人机构的信息。

外国银行分行应将其总行所披露信息摘要译成中文后披露。

**第二十四条** 商业银行应按本办法规定的内容进行信息披露。本办法没有规定的，但若遗漏或误报某个项目或信息会改变或影响信息使用者的评估或判断时，商业银行应将该项目视为关键性项目予以披露。

## 第三章 信息披露的管理

**第二十五条** 商业银行应将信息披露的内容以中文编制成年度报告，于每个会计年度终了后的四个月内披露。因特殊原因不能按时披露的，应至少提前十五日向中国银行业监督管理委员会申请延迟。

**第二十六条** 商业银行应将年度报告在公布之日五日以前报送中国银行业监督管理委员会。

**第二十七条** 商业银行应确保股东及相关利益人能及时获取年度报告。

商业银行应将年度报告置放在商业银行的主要营业场所，并按银监会相关规定及时登载于互联网网络，确保公众能方便地查阅。中国银行业监督管理委员会鼓励商业银行通过媒体向公众披露年度报告的主要信息。

**第二十八条** 商业银行董事会负责本行的信息披露。未设立董事会的，由行长（单位主要负责人）负责。

商业银行的董事会、行长（单位主要负责人）应当保证所披露的信息真实、准确、完整，并就其保证承担相应的法律责任。

**第二十九条** 对在信息披露中提供虚假的或者隐瞒重要事实的财务会计报告的商业银行，由中国银行业监督管理委员会按照《中华人民共和国商业银行法》第七十五条给予行政处罚，对有关责任人按照《中华人民共和国银行业监督管理法》第四十八条采取相应措施。

对出具虚假审计报告的会计师事务所及有关责任人员，按照有关法律、法规采取相应措施。

## 第四章 附则

**第三十条** 资产总额低于 10 亿元人民币或存款余额低于 5 亿元人民币的商业银行，按照本办法规定进行信息披露确有困难的，经说明原因并制订未来信息披露计划，报中国银监会批准后，可免于信息披露。

**第三十一条** 本办法由中国银行业监督管理委员会负责解释。

**第三十二条** 本办法自公布之日起施行。本办法公布之前有关规定与本办法相抵触的，以本办法为准。

二〇〇七年七月三日

# 上市公司信息披露管理办法

（中国证券监督管理委员会令第 40 号）

## 第一章 总 则

**第一条** 为了规范发行人、上市公司及其他信息披露义务人的信息披露行为，加强信息披露事务管理，保护投资者合法权益，根据《公司法》《证券法》等法律、行政法规，制定本办法。

**第二条** 信息披露义务人应当真实、准确、完整、及时地披露信息，不得有虚假记载、误导性陈述或者重大遗漏。

信息披露义务人应当同时向所有投资者公开披露信息。

在境内、外市场发行证券及其衍生品种并上市的公司在境外市场披露的信息，应当同时在境内市场披露。

**第三条** 发行人、上市公司的董事、监事、高级管理人员应当忠实、勤勉地履行职责，保证披露信息的真实、准确、完整、及时、公平。

**第四条** 在内幕信息依法披露前，任何知情人不得公开或者泄露该信息，不得利用该信息进行内幕交易。

**第五条** 信息披露文件主要包括招股说明书、募集说明书、上市公告书、定期报告和临时报告等。

**第六条** 上市公司及其他信息披露义务人依法披露信息，应当将公告文稿和相关备查文件报送证券交易所登记，并在中国证券监督管理委员会（以下简称中国证监会）指定的媒体发布。

信息披露义务人在公司网站及其他媒体发布信息的时间不得先于指定媒体，不得以新闻发布或者答记者问等任何形式代替应当履行的报告、公告义务，不得以定期报告形式代替应当履行的临时报告义务。

第七条　信息披露义务人应当将信息披露公告文稿和相关备查文件报送上市公司注册地证监局，并置备于公司住所供社会公众查阅。

第八条　信息披露文件应当采用中文文本。同时采用外文文本的，信息披露义务人应当保证两种文本的内容一致。两种文本发生歧义时，以中文文本为准。

第九条　中国证监会依法对信息披露文件及公告的情况、信息披露事务管理活动进行监督，对上市公司控股股东、实际控制人和信息披露义务人的行为进行监督。

证券交易所应当对上市公司及其他信息披露义务人披露信息进行监督，督促其依法及时、准确地披露信息，对证券及其衍生品种交易实行实时监控。证券交易所制定的上市规则和其他信息披露规则应当报中国证监会批准。

第十条　中国证监会可以对金融、房地产等特殊行业上市公司的信息披露作出特别规定。

## 第二章　招股说明书、募集说明书与上市公告书

第十一条　发行人编制招股说明书应当符合中国证监会的相关规定。凡是对投资者作出投资决策有重大影响的信息，均应当在招股说明书中披露。

公开发行证券的申请经中国证监会核准后，发行人应当在证券发行前公告招股说明书。

第十二条　发行人的董事、监事、高级管理人员，应当对招股说明书签署书面确认意见，保证所披露的信息真实、准确、完整。

招股说明书应当加盖发行人公章。

**第十三条** 发行人申请首次公开发行股票的，中国证监会受理申请文件后，发行审核委员会审核前，发行人应当将招股说明书申报稿在中国证监会网站预先披露。

预先披露的招股说明书申报稿不是发行人发行股票的正式文件，不能含有价格信息，发行人不得据此发行股票。

**第十四条** 证券发行申请经中国证监会核准后至发行结束前，发生重要事项的，发行人应当向中国证监会书面说明，并经中国证监会同意后，修改招股说明书或者作相应的补充公告。

**第十五条** 申请证券上市交易，应当按照证券交易所的规定编制上市公告书，并经证券交易所审核同意后公告。

发行人的董事、监事、高级管理人员，应当对上市公告书签署书面确认意见，保证所披露的信息真实、准确、完整。

上市公告书应当加盖发行人公章。

**第十六条** 招股说明书、上市公告书引用保荐人、证券服务机构的专业意见或者报告的，相关内容应当与保荐人、证券服务机构出具的文件内容一致，确保引用保荐人、证券服务机构的意见不会产生误导。

**第十七条** 本办法第十一条至第十六条有关招股说明书的规定，适用于公司债券募集说明书。

**第十八条** 上市公司在非公开发行新股后，应当依法披露发行情况报告书。

## 第三章　定期报告

**第十九条** 上市公司应当披露的定期报告包括年度报告、中期报告和季度报告。凡是对投资者作出投资决策有重大影响的信息，均应当披露。

年度报告中的财务会计报告应当经具有证券、期货相关业务资格的会计师事务所审计。

第二十条　年度报告应当在每个会计年度结束之日起 4 个月内，中期报告应当在每个会计年度的上半年结束之日起 2 个月内，季度报告应当在每个会计年度第 3 个月、第 9 个月结束后的 1 个月内编制完成并披露。

第一季度季度报告的披露时间不得早于上一年度年度报告的披露时间。

第二十一条　年度报告应当记载以下内容：

（一）公司基本情况；

（二）主要会计数据和财务指标；

（三）公司股票、债券发行及变动情况，报告期末股票、债券总额、股东总数，公司前 10 大股东持股情况；

（四）持股 5% 以上股东、控股股东及实际控制人情况；

（五）董事、监事、高级管理人员的任职情况、持股变动情况、年度报酬情况；

（六）董事会报告；

（七）管理层讨论与分析；

（八）报告期内重大事件及对公司的影响；

（九）财务会计报告和审计报告全文；

（十）中国证监会规定的其他事项。

第二十二条　中期报告应当记载以下内容：

（一）公司基本情况；

（二）主要会计数据和财务指标；

（三）公司股票、债券发行及变动情况、股东总数、公司前 10 大股东持股情况，控股股东及实际控制人发生变化的情况；

（四）管理层讨论与分析；

（五）报告期内重大诉讼、仲裁等重大事件及对公司的影响；

（六）财务会计报告；

（七）中国证监会规定的其他事项。

**第二十三条** 季度报告应当记载以下内容：

（一）公司基本情况；

（二）主要会计数据和财务指标；

（三）中国证监会规定的其他事项。

**第二十四条** 公司董事、高级管理人员应当对定期报告签署书面确认意见，监事会应当提出书面审核意见，说明董事会的编制和审核程序是否符合法律、行政法规和中国证监会的规定，报告的内容是否能够真实、准确、完整地反映上市公司的实际情况。

董事、监事、高级管理人员对定期报告内容的真实性、准确性、完整性无法保证或者存在异议的，应当陈述理由和发表意见，并予以披露。

**第二十五条** 上市公司预计经营业绩发生亏损或者发生大幅变动的，应当及时进行业绩预告。

**第二十六条** 定期报告披露前出现业绩泄露，或者出现业绩传闻且公司证券及其衍生品种交易出现异常波动的，上市公司应当及时披露本报告期相关财务数据。

**第二十七条** 定期报告中财务会计报告被出具非标准审计报告的，上市公司董事会应当针对该审计意见涉及事项作出专项说明。

定期报告中财务会计报告被出具非标准审计意见，证券交易所认为涉嫌违法的，应当提请中国证监会立案调查。

**第二十八条** 上市公司未在规定期限内披露年度报告和中期报告的，中国证监会应当立即立案稽查，证券交易所应当按照股票上市规则予以处理。

**第二十九条** 年度报告、中期报告和季度报告的格式及编制规则，由中国证监会另行制定。

## 第四章 临时报告

**第三十条** 发生可能对上市公司证券及其衍生品种交易价格产生较大影

响的重大事件，投资者尚未得知时，上市公司应当立即披露，说明事件的起因、目前的状态和可能产生的影响。

前款所称重大事件包括：

（一）公司的经营方针和经营范围的重大变化；

（二）公司的重大投资行为和重大的购置财产的决定；

（三）公司订立重要合同，可能对公司的资产、负债、权益和经营成果产生重要影响；

（四）公司发生重大债务和未能清偿到期重大债务的违约情况，或者发生大额赔偿责任；

（五）公司发生重大亏损或者重大损失；

（六）公司生产经营的外部条件发生的重大变化；

（七）公司的董事、1/3以上监事或者经理发生变动；董事长或者经理无法履行职责；

（八）持有公司5%以上股份的股东或者实际控制人，其持有股份或者控制公司的情况发生较大变化；

（九）公司减资、合并、分立、解散及申请破产的决定；或者依法进入破产程序、被责令关闭；

（十）涉及公司的重大诉讼、仲裁，股东大会、董事会决议被依法撤销或者宣告无效；

（十一）公司涉嫌违法违规被有权机关调查，或者受到刑事处罚、重大行政处罚；公司董事、监事、高级管理人员涉嫌违法违纪被有权机关调查或者采取强制措施；

（十二）新公布的法律、法规、规章、行业政策可能对公司产生重大影响；

（十三）董事会就发行新股或者其他再融资方案、股权激励方案形成相关决议；

（十四）法院裁决禁止控股股东转让其所持股份；任一股东所持公司5%

以上股份被质押、冻结、司法拍卖、托管、设定信托或者被依法限制表决权；

（十五）主要资产被查封、扣押、冻结或者被抵押、质押；

（十六）主要或者全部业务陷入停顿；

（十七）对外提供重大担保；

（十八）获得大额政府补贴等可能对公司资产、负债、权益或者经营成果产生重大影响的额外收益；

（十九）变更会计政策、会计估计；

（二十）因前期已披露的信息存在差错、未按规定披露或者虚假记载，被有关机关责令改正或者经董事会决定进行更正；

（二十一）中国证监会规定的其他情形。

**第三十一条** 上市公司应当在最先发生的以下任一时点，及时履行重大事件的信息披露义务：

（一）董事会或者监事会就该重大事件形成决议时；

（二）有关各方就该重大事件签署意向书或者协议时；

（三）董事、监事或者高级管理人员知悉该重大事件发生并报告时。

在前款规定的时点之前出现下列情形之一的，上市公司应当及时披露相关事项的现状、可能影响事件进展的风险因素：

（一）该重大事件难以保密；

（二）该重大事件已经泄露或者市场出现传闻；

（三）公司证券及其衍生品种出现异常交易情况。

**第三十二条** 上市公司披露重大事件后，已披露的重大事件出现可能对上市公司证券及其衍生品种交易价格产生较大影响的进展或者变化的，应当及时披露进展或者变化情况、可能产生的影响。

**第三十三条** 上市公司控股子公司发生本办法第三十条规定的重大事件，可能对上市公司证券及其衍生品种交易价格产生较大影响的，上市公司应当履行信息披露义务。

上市公司参股公司发生可能对上市公司证券及其衍生品种交易价格产生较大影响的事件的，上市公司应当履行信息披露义务。

**第三十四条** 涉及上市公司的收购、合并、分立、发行股份、回购股份等行为导致上市公司股本总额、股东、实际控制人等发生重大变化的，信息披露义务人应当依法履行报告、公告义务，披露权益变动情况。

**第三十五条** 上市公司应当关注本公司证券及其衍生品种的异常交易情况及媒体关于本公司的报道。

证券及其衍生品种发生异常交易或者在媒体中出现的消息可能对公司证券及其衍生品种的交易产生重大影响时，上市公司应当及时向相关各方了解真实情况，必要时应当以书面方式问询。

上市公司控股股东、实际控制人及其一致行动人应当及时、准确地告知上市公司是否存在拟发生的股权转让、资产重组或者其他重大事件，并配合上市公司做好信息披露工作。

**第三十六条** 公司证券及其衍生品种交易被中国证监会或者证券交易所认定为异常交易的，上市公司应当及时了解造成证券及其衍生品种交易异常波动的影响因素，并及时披露。

## 第五章　信息披露事务管理

**第三十七条** 上市公司应当制定信息披露事务管理制度。信息披露事务管理制度应当包括：

（一）明确上市公司应当披露的信息，确定披露标准；

（二）未公开信息的传递、审核、披露流程；

（三）信息披露事务管理部门及其负责人在信息披露中的职责；

（四）董事和董事会、监事和监事会、高级管理人员等的报告、审议和披露的职责；

（五）董事、监事、高级管理人员履行职责的记录和保管制度；

（六）未公开信息的保密措施，内幕信息知情人的范围和保密责任；

（七）财务管理和会计核算的内部控制及监督机制；

（八）对外发布信息的申请、审核、发布流程；与投资者、证券服务机构、媒体等的信息沟通与制度；

（九）信息披露相关文件、资料的档案管理；

（十）涉及子公司的信息披露事务管理和报告制度；

（十一）未按规定披露信息的责任追究机制，对违反规定人员的处理措施。

上市公司信息披露事务管理制度应当经公司董事会审议通过，报注册地证监局和证券交易所备案。

**第三十八条** 上市公司董事、监事、高级管理人员应当勤勉尽责，关注信息披露文件的编制情况，保证定期报告、临时报告在规定期限内披露，配合上市公司及其他信息披露义务人履行信息披露义务。

**第三十九条** 上市公司应当制定定期报告的编制、审议、披露程序。经理、财务负责人、董事会秘书等高级管理人员应当及时编制定期报告草案，提请董事会审议；董事会秘书负责送达董事审阅；董事长负责召集和主持董事会会议审议定期报告；监事会负责审核董事会编制的定期报告；董事会秘书负责组织定期报告的披露工作。

**第四十条** 上市公司应当制定重大事件的报告、传递、审核、披露程序。董事、监事、高级管理人员知悉重大事件发生时，应当按照公司规定立即履行报告义务；董事长在接到报告后，应当立即向董事会报告，并敦促董事会秘书组织临时报告的披露工作。

**第四十一条** 上市公司通过业绩说明会、分析师会议、路演、接受投资者调研等形式就公司的经营情况、财务状况及其他事件与任何机构和个人进行沟通的，不得提供内幕信息。

**第四十二条** 董事应当了解并持续关注公司生产经营情况、财务状况和公司已经发生的或者可能发生的重大事件及其影响，主动调查、获取决策所需要的资料。

**第四十三条** 监事应当对公司董事、高级管理人员履行信息披露职责的行为进行监督；关注公司信息披露情况，发现信息披露存在违法违规问题的，应当进行调查并提出处理建议。

监事会对定期报告出具的书面审核意见，应当说明编制和审核的程序是否符合法律、行政法规、中国证监会的规定，报告的内容是否能够真实、准确、完整地反映上市公司的实际情况。

**第四十四条** 高级管理人员应当及时向董事会报告有关公司经营或者财务方面出现的重大事件、已披露的事件的进展或者变化情况及其他相关信息。

**第四十五条** 董事会秘书负责组织和协调公司信息披露事务，汇集上市公司应予披露的信息并报告董事会，持续关注媒体对公司的报道并主动求证报道的真实情况。董事会秘书有权参加股东大会、董事会会议、监事会会议和高级管理人员相关会议，有权了解公司的财务和经营情况，查阅涉及信息披露事宜的所有文件。

董事会秘书负责办理上市公司信息对外公布等相关事宜。除监事会公告外，上市公司披露的信息应当以董事会公告的形式发布。董事、监事、高级管理人员非经董事会书面授权，不得对外发布上市公司未披露信息。

上市公司应当为董事会秘书履行职责提供便利条件，财务负责人应当配合董事会秘书在财务信息披露方面的相关工作。

**第四十六条** 上市公司的股东、实际控制人发生以下事件时，应当主动告知上市公司董事会，并配合上市公司履行信息披露义务。

（一）持有公司 5% 以上股份的股东或者实际控制人，其持有股份或者控制公司的情况发生较大变化；

（二）法院裁决禁止控股股东转让其所持股份，任一股东所持公司 5% 以上股份被质押、冻结、司法拍卖、托管、设定信托或者被依法限制表决权；

（三）拟对上市公司进行重大资产或者业务重组；

（四）中国证监会规定的其他情形。

应当披露的信息依法披露前，相关信息已在媒体上传播或者公司证券及其衍生品种出现交易异常情况的，股东或者实际控制人应当及时、准确地向上市公司作出书面报告，并配合上市公司及时、准确地公告。

上市公司的股东、实际控制人不得滥用其股东权利、支配地位，不得要求上市公司向其提供内幕信息。

**第四十七条**　上市公司非公开发行股票时，其控股股东、实际控制人和发行对象应当及时向上市公司提供相关信息，配合上市公司履行信息披露义务。

**第四十八条**　上市公司董事、监事、高级管理人员、持股 5% 以上的股东及其一致行动人、实际控制人应当及时向上市公司董事会报送上市公司关联人名单及关联关系的说明。上市公司应当履行关联交易的审议程序，并严格执行关联交易回避表决制度。交易各方不得通过隐瞒关联关系或者采取其他手段，规避上市公司的关联交易审议程序和信息披露义务。

**第四十九条**　通过接受委托或者信托等方式持有上市公司 5% 以上股份的股东或者实际控制人，应当及时将委托人情况告知上市公司，配合上市公司履行信息披露义务。

**第五十条**　信息披露义务人应当向其聘用的保荐人、证券服务机构提供与执业相关的所有资料，并确保资料的真实、准确、完整，不得拒绝、隐匿、谎报。

保荐人、证券服务机构在为信息披露出具专项文件时，发现上市公司及其他信息披露义务人提供的材料有虚假记载、误导性陈述、重大遗漏或者其他重大违法行为的，应当要求其补充、纠正。信息披露义务人不予补充、纠正的，保荐人、证券服务机构应当及时向公司注册地证监局和证券交易所报告。

**第五十一条**　上市公司解聘会计师事务所的，应当在董事会决议后及时通知会计师事务所，公司股东大会就解聘会计师事务所进行表决时，应当允许会计师事务所陈述意见。股东大会作出解聘、更换会计师事务所决议的，上市公司应当在披露时说明更换的具体原因和会计师事务所的陈述意见。

第五十二条　为信息披露义务人履行信息披露义务出具专项文件的保荐人、证券服务机构，应当勤勉尽责、诚实守信，按照依法制定的业务规则、行业执业规范和道德准则发表专业意见，保证所出具文件的真实性、准确性和完整性。

第五十三条　注册会计师应当秉承风险导向审计理念，严格执行注册会计师执业准则及相关规定，完善鉴证程序，科学选用鉴证方法和技术，充分了解被鉴证单位及其环境，审慎关注重大错报风险，获取充分、适当的证据，合理发表鉴证结论。

第五十四条　资产评估机构应当恪守职业道德，严格遵守评估准则或者其他评估规范，恰当选择评估方法，评估中提出的假设条件应当符合实际情况，对评估对象所涉及交易、收入、支出、投资等业务的合法性、未来预测的可靠性取得充分证据，充分考虑未来各种可能性发生的概率及其影响，形成合理的评估结论。

第五十五条　任何机构和个人不得非法获取、提供、传播上市公司的内幕信息，不得利用所获取的内幕信息买卖或者建议他人买卖公司证券及其衍生品种，不得在投资价值分析报告、研究报告等文件中使用内幕信息。

第五十六条　媒体应当客观、真实地报道涉及上市公司的情况，发挥舆论监督作用。

任何机构和个人不得提供、传播虚假或者误导投资者的上市公司信息。

违反前两款规定，给投资者造成损失的，依法承担赔偿责任。

## 第六章　监督管理与法律责任

第五十七条　中国证监会可以要求上市公司及其他信息披露义务人或者

其董事、监事、高级管理人员对有关信息披露问题作出解释、说明或者提供相关资料，并要求上市公司提供保荐人或者证券服务机构的专业意见。

中国证监会对保荐人和证券服务机构出具的文件的真实性、准确性、完整性有疑义的，可以要求相关机构作出解释、补充，并调阅其工作底稿。

上市公司及其他信息披露义务人、保荐人和证券服务机构应当及时作出回复，并配合中国证监会的检查、调查。

**第五十八条** 上市公司董事、监事、高级管理人员应当对公司信息披露的真实性、准确性、完整性、及时性、公平性负责，但有充分证据表明其已经履行勤勉尽责义务的除外。

上市公司董事长、经理、董事会秘书，应当对公司临时报告信息披露的真实性、准确性、完整性、及时性、公平性承担主要责任。

上市公司董事长、经理、财务负责人应对公司财务报告的真实性、准确性、完整性、及时性、公平性承担主要责任。

**第五十九条** 信息披露义务人及其董事、监事、高级管理人员，上市公司的股东、实际控制人、收购人及其董事、监事、高级管理人员违反本办法的，中国证监会可以采取以下监管措施：

（一）责令改正；

（二）监管谈话；

（三）出具警示函；

（四）将其违法违规、不履行公开承诺等情况记入诚信档案并公布；

（五）认定为不适当人选；

（六）依法可以采取的其他监管措施。

**第六十条** 上市公司未按本办法规定制定上市公司信息披露事务管理制度的，中国证监会责令改正。拒不改正的，中国证监会给予警告、罚款。

**第六十一条** 信息披露义务人未在规定期限内履行信息披露义务，或者所披露的信息有虚假记载、误导性陈述或者重大遗漏的，中国证监会按照《证券法》第一百九十三条处罚。

**第六十二条** 信息披露义务人未在规定期限内报送有关报告，或者报送的报告有虚假记载、误导性陈述或者重大遗漏的，中国证监会按照《证券法》第一百九十三条处罚。

**第六十三条** 上市公司通过隐瞒关联关系或者采取其他手段，规避信息披露、报告义务的，中国证监会按照《证券法》第一百九十三条处罚。

**第六十四条** 上市公司股东、实际控制人未依法配合上市公司履行信息披露义务的，或者非法要求上市公司提供内幕信息的，中国证监会责令改正，给予警告、罚款。

**第六十五条** 为信息披露义务人履行信息披露义务出具专项文件的保荐人、证券服务机构及其人员，违反《证券法》、行政法规和中国证监会的规定，由中国证监会依法采取责令改正、监管谈话、出具警示函、记入诚信档案等监管措施；应当给予行政处罚的，中国证监会依法处罚。

**第六十六条** 任何机构和个人泄露上市公司内幕信息，或者利用内幕信息买卖证券及其衍生品种，中国证监会按照《证券法》第二百零一条、第二百零二条处罚。

**第六十七条** 任何机构和个人编制、传播虚假信息扰乱证券市场；媒体传播上市公司信息不真实、不客观的，中国证监会按照《证券法》第二百零六条处罚。

在证券及其衍生品种交易活动中作出虚假陈述或者信息误导的，中国证监会按照《证券法》第二百零七条处罚。

**第六十八条** 涉嫌利用新闻报道以及其他传播方式对上市公司进行敲诈勒索的，中国证监会责令改正，向有关部门发出监管建议函，由有关部门依法追究法律责任。

**第六十九条** 上市公司及其他信息披露义务人违反本办法的规定，情节严重的，中国证监会可以对有关责任人员采取证券市场禁入的措施。

**第七十条** 违反本办法，涉嫌犯罪的，依法移送司法机关，追究刑事责任。

## 第七章 附 则

**第七十一条** 本办法下列用语的含义：

（一）为信息披露义务人履行信息披露义务出具专项文件的保荐人、证券服务机构，是指为证券发行、上市、交易等证券业务活动制作、出具保荐书、审计报告、资产评估报告、法律意见书、财务顾问报告、资信评级报告等文件的保荐人、会计师事务所、资产评估机构、律师事务所、财务顾问机构、资信评级机构。

（二）及时，是指自起算日起或者触及披露时点的两个交易日内。

（三）上市公司的关联交易，是指上市公司或者其控股子公司与上市公司关联人之间发生的转移资源或者义务的事项。

关联人包括关联法人和关联自然人。

具有以下情形之一的法人，为上市公司的关联法人：

1．直接或者间接地控制上市公司的法人；

2．由前项所述法人直接或者间接控制的除上市公司及其控股子公司以外的法人；

3．关联自然人直接或者间接控制的，或者担任董事、高级管理人员的，除上市公司及其控股子公司以外的法人；

4．持有上市公司5%以上股份的法人或者一致行动人；

5．在过去12个月内或者根据相关协议安排在未来12月内，存在上述情形之一的；

6．中国证监会、证券交易所或者上市公司根据实质重于形式的原则认定的其他与上市公司有特殊关系，可能或者已经造成上市公司对其利益倾斜的法人。

具有以下情形之一的自然人，为上市公司的关联自然人：

1．直接或者间接持有上市公司 5% 以上股份的自然人；

2．上市公司董事、监事及高级管理人员；

3．直接或者间接地控制上市公司的法人的董事、监事及高级管理人员；

4．上述第 1、2 项所述人士的关系密切的家庭成员，包括配偶、父母、年满 18 周岁的子女及其配偶、兄弟姐妹及其配偶，配偶的父母、兄弟姐妹，子女配偶的父母；

5．在过去 12 个月内或者根据相关协议安排在未来 12 个月内，存在上述情形之一的；

6．中国证监会、证券交易所或者上市公司根据实质重于形式的原则认定的其他与上市公司有特殊关系，可能或者已经造成上市公司对其利益倾斜的自然人。

（四）指定媒体，是指中国证监会指定的报刊和网站。

**第七十二条**　本办法自公布之日起施行。《公开发行股票公司信息披露实施细则（试行）》（证监上字〔1993〕43 号）、《关于股票公开发行与上市公司信息披露有关事项的通知》（证监研字〔1993〕19 号）、《关于加强对上市公司临时报告审查的通知》（证监上字〔1996〕26 号）、《关于上市公司发布澄清公告若干问题的通知》（证监上字〔1996〕28 号）、《上市公司披露信息电子存档事宜的通知》（证监信字〔1998〕50 号）、《关于进一步加强 ST、PT 公司信息披露监管工作的通知》（证监公司字〔2000〕63 号）、《关于拟发行新股的上市公司中期报告有关问题的通知》（证监公司字〔2001〕69 号）、《关于上市公司临时公告及相关附件报送中国证监会派出机构备案的通知》（证监公司字〔2003〕7 号）同时废止。

二○○七年一月三十日

# 《中华人民共和国民法总则》摘录

## （中华人民共和国主席令第六十六号）

**第三条** 民事主体的人身权利、财产权利以及其他合法权益受法律保护，任何组织或者个人不得侵犯。

**第四条** 民事主体在民事活动中的法律地位一律平等。

**第五条** 民事主体从事民事活动，应当遵循自愿原则，按照自己的意思设立、变更、终止民事法律关系。

**第六条** 民事主体从事民事活动，应当遵循公平原则，合理确定各方的权利和义务。

**第七条** 民事主体从事民事活动，应当遵循诚信原则，秉持诚实，恪守承诺。

**第八条** 民事主体从事民事活动，不得违反法律，不得违背公序良俗。

**第一百一十条** 自然人享有生命权、身体权、健康权、姓名权、肖像权、名誉权、荣誉权、隐私权、婚姻自主权等权利。

法人、非法人组织享有名称权、名誉权、荣誉权等权利。

**第一百二十三条** 民事主体依法享有知识产权。

知识产权是权利人依法就下列客体享有的专有的权利：

（一）作品；

（二）发明、实用新型、外观设计；

（三）商标；

（四）地理标志；

（五）商业秘密；

（六）集成电路布图设计；

（七）植物新品种；

（八）法律规定的其他客体。

**第一百七十六条** 民事主体依照法律规定和当事人约定，履行民事义务，承担民事责任。

**第一百七十九条** 承担民事责任的方式主要有：

（一）停止侵害；

（二）排除妨碍；

（三）消除危险；

（四）返还财产；

（五）恢复原状；

（六）修理、重作、更换；

（七）继续履行；

（八）赔偿损失；

（九）支付违约金；

（十）消除影响、恢复名誉；

（十一）赔礼道歉。

法律规定惩罚性赔偿的，依照其规定。

本条规定的承担民事责任的方式，可以单独适用，也可以合并适用。

# 《中华人民共和国侵权责任法》摘录

## （中华人民共和国主席令第二十一号）

**第一条** 为保护民事主体的合法权益，明确侵权责任，预防并制裁侵权行为，促进社会和谐稳定，制定本法。

**第二条** 侵害民事权益，应当依照本法承担侵权责任。

本法所称民事权益，包括生命权、健康权、姓名权、名誉权、荣誉权、肖像权、隐私权、婚姻自主权、监护权、所有权、用益物权、担保物权、著作权、专利权、商标专用权、发现权、股权、继承权等人身、财产权益。

**第三条** 被侵权人有权请求侵权人承担侵权责任。

**第四条** 侵权人因同一行为应当承担行政责任或者刑事责任的，不影响依法承担侵权责任。

因同一行为应当承担侵权责任和行政责任、刑事责任，侵权人的财产不足以支付的，先承担侵权责任。

**第五条** 其他法律对侵权责任另有特别规定的，依照其规定。

**第十五条** 承担侵权责任的方式主要有：

（一）停止侵害；

（二）排除妨碍；

（三）消除危险；

（四）返还财产；

（五）恢复原状；

（六）赔偿损失；

（七）赔礼道歉；

（八）消除影响、恢复名誉。

以上承担侵权责任的方式，可以单独适用，也可以合并适用。

# 最高人民法院关于审理名誉权案件若干问题的解释

（1998 年 7 月 14 日最高人民法院审判委员会
第 1002 次会议通过　法释〔1998〕26 号）

1993 年我院印发《关于审理名誉权案件若干问题的解答》以来，各地人民法院在审理名誉权案件中，又提出一些如何适用法律的问题，现解释如下：

一、问：名誉权案件如何确定侵权结果发生地？

答：人民法院受理这类案件时，受侵权的公民、法人和其他组织的住所地，可以认定为侵权结果发生地。

二、问：有关机关和组织编印的仅供领导部门内部参阅的刊物、资料等刊登来信或者文章引起的名誉权纠纷，以及机关、社会团体、学术机构、企事业单位分发本单位、本系统或者其他一定范围内的一般内部刊物和内部资料所载内容引起的名誉权纠纷，人民法院是否受理？

答：有关机关和组织编印的仅供领导部门内部参阅的刊物、资料等刊登的来信或者文章，当事人以其内容侵害名誉权向人民法院提起诉讼的，人民法院不予受理。

机关、社会团体、学术机构、企事业单位分发本单位、本系统或者其他一定范围内的内部刊物和内部资料，所载内容引起名誉权纠纷的，人民法院应当受理。

三、问：新闻媒介和出版机构转载作品引起的名誉纠纷，人民法院是否受理？

答：新闻媒介和出版机构转载作品，当事人以转载者侵害其名誉权向人民法院提起诉讼的，人民法院应当受理。

四、问：国家机关、社会团体、企事业单位等部门依职权对其管理的人员作出的结论引起的名誉权纠纷，人民法院是否受理？

答：国家机关、社会团体、企事业单位等部门对其管理的人员作出的结论或者处理决定，当事人以其侵害名誉权向人民法院提起诉讼的，人民法院不予受理。

五、问：因检举、控告引起的名誉权纠纷，人民法院是否受理？

答：公民依法向有关部门检举、控告他人的违法违纪行为，他人以检举、控告侵害其名誉权向人民法院提起诉讼的，人民法院不予受理。如果借检举、控告之名侮辱、诽谤他人，造成他人名誉损害，当事人以其名誉权受到侵害向人民法院提起诉讼的，人民法院应当受理。

六、问：新闻单位报道国家机关的公开的文书和职权行为引起的名誉以纠纷，是否认定为构成侵权？

答：新闻单位根据国家机关依职权制作的公开的文书和实施的公开的职权行为所作的报道，其报道客观准确的，不应当认定为侵害他人名誉权；其报道失实，或者前述文书和职权行为已公开纠正而拒绝更正报道，致使他人名誉受到损害的，应当认定为侵害他人名誉权。

七、问：因提供新闻材料引起的名誉权纠纷，如何认定是否构成侵权？

答：因提供新闻材料引起的名誉权纠纷，认定是否构成侵权，应区分以下两种情况：

（一）主动提供新闻材料，致使他人名誉受到损害的，应当认定为侵害他人名誉权。

（二）因被动采访而提供新闻材料，且未经提供者同意公开，新闻单位擅自发表，致使他人名誉受到损害的，对提供者一般不应当认定为侵害名誉权；虽系被动提供新闻材料，但发表时得到提供者同意或者默许，致使他人名誉受到损害的，应当认定为侵害名誉权。

八、问：因医疗卫生单位公开患者患有淋病、梅毒、麻风病、艾滋病等病情引起的名誉权纠纷，如何认定是否构成侵权？

答：医疗卫生单位的工作人员擅自公开患者患有淋病、麻风病、梅毒、艾滋病等病情，致使患者名誉受到损害的，应当认定为侵害患者名誉权。

医疗卫生单位向患者或其家属通报病情，不应当认定为侵害患者名誉权。

九、问：对产品质量、服务质量进行批评、评论引起的名誉权纠纷，如何认定是否构成侵权？

答：消费者对生产者、经营者、销售者的产品质量或者服务质量进行批评、评论，不应当认定为侵害他人名誉权。但借机诽谤、诋毁，损害其名誉的，应当认定为侵害名誉权。

新闻单位对生产者、经营者、销售者的产品质量或者服务质量进行批评、评论，内容基本属实，没有侮辱内容的，不应当认定为侵害其名誉权；主要内容失实，损害其名誉的，应当认定为侵害名誉权。

十、问：因名誉权受到侵害使生产、经营、销售遭受损失予以赔偿的范围和数额如何确定？

答：因名誉权受到侵害使生产、经营、销售遭受损失予以赔偿的范围和数额，可以按照确因侵权而造成客户退货、解除合同等损失程度来适当确定。

十一、问：名誉权纠纷与其他民事纠纷交织在一起的，人民法院应如何审理？

答：名誉权纠纷与其他民事纠纷交织在一起的，人民法院应当按当事人自己选择的请求予以审理。发生适用数种请求的，人民法院应当根据《中华人民共和国民事诉讼法》的有关规定和案件的实际情况，可以合并审理的合并审理；不能合并审理的，可以告知当事人另行起诉。

# 后　记

　　《中国银行业声誉风险管理理论与实务》课题由中国银监会指导，中国银行业协会牵头，中国银行业协会声誉风险管理专业委员会执行，委员会主任单位包商银行承办。课题历经 3 年，总结了近 10 年来我国商业银行声誉风险管理取得的成果，凝聚了行业声誉风险管理条线同仁的集体智慧。

　　本书各部分编写分工如下：

【主体部分】

　　第 1 章"声誉风险的国际视角"主要由交通银行郭廷有编写；第 2 章"商业银行声誉风险概述"主要由包商银行朱炜骞编写；第 3 章"商业银行声誉风险的管理环境"主要由中国银行业协会王静编写；第 4 章"商业银行声誉风险管理体系的构建"主要由中信银行甄世宇编写；第 5 章"商业银行声誉风险管理流程"主要由中国农业银行姚春雷编写；第 6 章"商业银行声誉风险处置案例分析"主要由兴业银行邵芳卿编写。

【附录部分】

　　由中国银行业协会王静收集整理和编制供稿。

　　同时，国家开发银行韩超、中国农业发展银行李恩泽、中国工商银行白靖、中国银行戴亮、中国建设银行韩玲艳、中国光大银行金立新、华夏银行欧卫超、上海浦东发展银行冀业、中国民生银行齐薇薇、渤海银行王莹、青岛银行徐馨、邯郸银行何广利、郑州银行王金召、中国华融资产管理股份有限公司陈冬冬、东亚银行（中国）刘喆参与了书稿编写工作。

本书在编写过程中得到银监会的大力支持和指导，银监会宣传工作部主任梅志翔担任书稿评审专家，对书稿的内容和架构提出了高质量要求，舆情处处长陈锋亦对编写工作提出了许多具体指导意见。中国银行业协会专职副会长潘光伟为本书作序，秘书长黄润中审阅稿件，副秘书长张亮统筹课题编撰工作。

中国银行业协会首席经济学家巴曙松、人民日报媒体技术股份有限公司总经理叶蓁蓁、中国人民大学新闻学院教授高钢、中国传媒大学新闻发言人研究中心共同主任王勇平、交通银行新闻发言人、企业文化部总经理帅师、中国银行业协会首席法律顾问卜祥瑞主任、《中国银行业》杂志主编戴硕等知名专家学者对书稿进行了评审，他们的真知灼见是书稿质量提升的重要因素。

课题承办单位包商银行对课题集中编写、评审及保障工作给予周到服务，声誉风险管理专业委员会第三届常委会常务副主任、包商银行行长助理刘鑫和包商银行办公室主任蒋守法自始至终参与报告的组织和修订工作，并做了全面安排。

在此对各位领导和评审专家表示衷心的感谢！

本书直接或间接地参阅了大量的国内外文献资料，特别是引用了我国多家商业银行的工作亮点和典型案例，他们的不吝分享提升了书籍的实操性。中国金融出版社在编辑、出版过程中给予了大量帮助。在此一并表示深深的感谢！

由于编写组水平有限，虽几易其稿，疏漏之处仍在所难免，望广大读者海涵。敬请读者不吝赐教、批评指正。

责任编辑：李　融
责任校对：李俊英
责任印制：程　颖

**图书在版编目(CIP)数据**

中国银行业声誉风险管理理论与实务（Zhongguo Yinhangye
Shengyu Fengxian Guanli Lilun yu Shiwu）/ 中国银行业协会声誉风险
管理专业委员会编著. — 北京: 中国金融出版社，2018.1（2022.8 重印）

ISBN 978-7-5049-9305-2

Ⅰ.① 中… Ⅱ.① 中… Ⅲ.① 银行业 — 风险管理 — 研究 —
中国 Ⅳ.① F832.3

中国版本图书馆CIP数据核字 (2017) 第280173号

出版
发行　中国金融出版社

社址　北京市丰台区益泽路2号
市场开发部　(010) 63266347，63805472，63439533 (传真)
网 上 书 店　http://www.chinafph.com
　　　　　　(010) 63286832，63365686 (传真)
读者服务部　(010) 66070833，62568380
邮编　100071
经销　新华书店
印刷　北京侨友印刷有限公司
装订　平阳装订厂
尺寸　169毫米×239毫米
印张　9.75
字数　133千
版次　2018年1月第1版
印次　2022年8月第4次印刷
定价　42.00元
ISBN 978-7-5049-9305-2
如出现印装错误本社负责调换　联系电话(010) 63263947